CB009572

1ª edição - Abril de 2022

Coordenação editorial
Ronaldo A. Sperdutti

Preparação de originais
Mônica d'Almeida

Capa
Juliana Mollinari

Imagem Capa
Shutterstock

Proibida a reprodução total ou parcial desta obra sem prévia autorização da editora.

Projeto gráfico e diagramação
Juliana Mollinari

© 2022 by Boa Nova Editora.

Revisão
Maria Clara Telles

Av. Porto Ferreira, 1031 | Parque Iracema
CEP 15809-020 | Catanduva-SP
17 3531.4444

Assistente editorial
Ana Maria Rael Gambarini

www.**lumeneditorial**.com.br
www.**boanova**.net

Impressão
Lis Gráfica

atendimento@lumeneditorial.com.br
boanova@boanova.net

Dados Internacionais de Catalogação na Publicação (CIP)
(Câmara Brasileira do Livro, SP, Brasil)

Aurélio, Marco (Espírito)
    A última chance / romance pelo Espírito Marco Aurélio ; [psicografado] Marcelo Cezar. -- Catanduva, SP : Lúmen Editorial, 2022.

    ISBN 978-65-5792-037-4

    1. Espiritismo 2. Obras psicografadas
3. Romance espírita I. Cezar, Marcelo. II. Título.

22-103897   CDD-133.9

Índices para catálogo sistemático:

1. Romance espírita : Espiritismo 133.9

Maria Alice Ferreira - Bibliotecária - CRB-8/7964

Impresso no Brasil – Printed in Brazil
01-04-22-3.000

MARCELO CEZAR
ROMANCE PELO ESPÍRITO MARCO AURÉLIO

A ÚLTIMA CHANCE

LÚMEN
EDITORIAL

" *O sangue que corre em minhas veias é rico, saudável e cheio de alegria. Assim como o sangue que corre em segurança em minhas veias, eu também caminho em segurança pela vida.* "

Louise L. Hay

UMA PALAVRINHA...

Ou, como diria um amigo espiritual, Calunga, um dedinho de prosa. Coisa rápida. Somente uma pequena introdução desta história que chega em suas mãos.

Todos os meus romances são inspirados pelo meu querido amigo espiritual Marco Aurélio. Para quem já frequentou uma Casa Espírita ou teve algum contato com o espiritismo e afins, não fica difícil entender o processo da psicografia. Por outro lado, inúmeros leitores e leitoras, oriundos de outras correntes que professam a fé, perguntam-me como se forma esse processo mágico de troca de informações entre este nosso mundo e o interessante mundo do Além.

Desde garoto pratico a psicografia. No fim da adolescência, o processo não era mais inconsciente, visto que os espíritos desejavam que eu também progredisse intelectualmente e conduzisse o meu espírito para o caminho da lucidez e inteligência.

Eu sempre escrevi historinhas. Minhas redações eram elogiadas no colégio e, na adolescência, eu escrevia contos de mistério, influenciado por Agatha Christie, uma de minhas escritoras prediletas. Se eu tinha certo dom, facilidade de escrever, por que iria receber histórias do outro mundo de maneira totalmente inconsciente? De que adiantava eu receber o livro pronto, sem ao menos participar de sua elaboração? Durante uma das sessões mediúnicas no Centro em que estudava e trabalhava para melhorar os potenciais do meu espírito, tive uma grata conversa com o Calunga.

Foi nessa conversa que esse espírito amigo, de maneira clara, profunda, porém não menos engraçada, explicou-me melhor os processos da psicografia e que os espíritos também desejavam que eu pesquisasse sobre os temas tratados, pois, segundo ele, não seriam nada convencionais.

Assim comecei meu primeiro romance, anos atrás. Marco Aurélio vinha, ditava algumas palavras, depois me dava uma ideia do próximo capítulo. Em seguida, mostrava-me imagens da história e sugeria temas de pesquisa. Curioso desde sempre, eu me debruçava em livros, revistas — e atualmente na internet — para aprimorar nossas histórias e esclarecer melhor quem lê nossos livros.

Dentre os muitos romances que desenvolvi em parceria com Marco Aurélio, este em particular foi-me difícil de escrever. Motivo? É que, no comecinho da década de 1980, o mundo entrou em verdadeiro pânico e nunca mais seria o mesmo. A aids era doença desconhecida, causada por um vírus também desconhecido. Jovens homossexuais ao redor do mundo padeciam da doença. Algum tempo depois, heterossexuais começaram também a morrer do mesmo mal. A aids deixava de se tornar o *câncer gay* e não tinha preconceito em relação a cor, raça, etnia, classe social, gênero ou orientação sexual. Tornou-se uma doença que atormentou a todas as pessoas. As lembranças voltaram vivas em minha mente, porquanto a minha geração pegou a aids de frente, e muitos foram os amigos queridos e conhecidos que morreram na carona da doença.

Foi só mais no finzinho daquela década que se fabricou a primeira droga para tentar controlar a doença que matava de imediato ou condenava o portador do vírus à morte certa. O remédio combatia o vírus; em contrapartida, os efeitos colaterais da medicação eram terríveis. Muitos preferiram deixar-se morrer a tomar o remédio.

Durante os relatos de Marco Aurélio, não pude deixar de me emocionar e lembrar de pessoas muito queridas que não mais se encontram neste mundo, vitimadas pela aids. Vítimas? Bom, creio que essas pessoas não pegaram a doença ao acaso e os amigos espirituais dão sua visão "espiritual" da doença, visto que hoje, mais de quarenta anos depois, todos sabem o que é HIV, o que é aids e como se pega o vírus.

Este livro é um romance que trata de aids e homossexualidade, de preconceito e homofobia, fala de dor, rejeição e sofrimento. Entretanto, trata, acima de tudo, de respeito a todos os seres deste nosso mundo, independentemente de sua orientação sexual. E de amor, pois o amor é capaz de verdadeiros milagres, inclusive cura física e, em último caso, cura do espírito. Afinal de contas, o amor cura todas as feridas, não?

Por tudo isso, A última chance não se trata, de forma alguma, de um livro baixo-astral, recheado de dor e sofrimento. Muito pelo contrário. Trata de superação de desafios, de encarar a doença como um alerta da vida, mostrando quão afastados estamos de nossa alma, de nossa essência divina.

A aids não é uma punição divina, tampouco uma maneira de pagar por graves erros cometidos em encarnações passadas. Vivemos outros tempos e os conceitos morais devem ser revistos, principalmente aqueles ligados à sexualidade humana. Vivemos séculos e séculos deturpando e reprimindo o sexo e suas várias formas. Quanto se matou por causa do sexo? Quantos morreram por causa do sexo? Quantas atrocidades foram cometidas por conta do sexo?

Atualmente, sabemos que, ao longo de centenas de anos, o sexo nada mais foi que uma poderosa ferramenta política e econômica. Uma filha virgem garantia um casamento vantajoso. Por outro lado, um filho homossexual era motivo de vergonha, pois, além de ser considerado um pervertido aos olhos de Deus, não procriaria e não deixaria herdeiros. De uns tempos para cá, ainda bem, temos olhado o sexo como algo belo e prazeroso, em vez de sujo e pecaminoso.

Mesmo vivendo num mundo cujo avanço tecnológico nos permite a comunicação em tempo real com qualquer pessoa, em qualquer parte do globo, além do acesso a todo e qualquer tipo de informações que a internet nos proporciona, muitos de nós ainda acreditamos que um homem velho e barbudo, sentado numa grande nuvem, esteja vigiando e controlando o uso de nossa genitália!

Ainda muito jovem, viajei aos Estados Unidos com Luiz Gasparetto, porquanto ele iria ministrar palestras em algumas cidades americanas e também apresentar suas famosas pinturas mediúnicas. Foi na Califórnia, no berço da Nova Era, que tive rápido contato com Louise Hay, para mim, a maior orientadora espiritual de todos os tempos. Participei de alguns seminários e palestras, e me encantei. Gasparetto já havia me falado dela, pois estava fascinado com um livro de Louise, lançado alguns anos antes, que tratava das causas mentais das doenças físicas e mostrava uma maneira metafísica de superá-las. Tratava-se de *Cure seu corpo*, conhecido pelos leitores americanos como *The little blue book* — O livrinho azul.

As ideias espiritualistas de Gasparetto somadas às ideias metafísicas de Louise Hay descortinaram-me um novo universo. Empolgado com a "descoberta" de que as doenças, de um modo geral, são fruto de nossos pensamentos inadequados, Gasparetto voltou de viagem e foi o primeiro a traduzir e publicar o livro no Brasil. Sucesso absoluto.

Louise Hay tornou-se conhecida no mundo todo e a maioria de seus livros foi traduzida para o português. Em qualquer livraria física ou on-line do país encontramos com facilidade títulos como *Você pode curar sua vida*, *Ame-se e cure sua vida* ou *Cure seu corpo A-Z*, atualmente publicados pela editora BestSeller, que por sua vez detém outros títulos da escritora em nosso país.

Os progressos da medicina em relação à aids foram enormes nos últimos anos. O paciente soropositivo, nos dias atuais, leva uma vida normal. Mas, por que razão, quem se infectou há mais de vinte ou trinta anos está vivo e bem de saúde? Por que alguns pacientes não precisam de medicamentos? Por que outros não respondem ao tratamento do coquetel e outros sofrem com terríveis efeitos colaterais? Por que no início da doença a esmagadora maioria de infectados era composta por indivíduos do sexo masculino e hoje a proporção entre homens e mulheres infectados é de um para um? Por que bebês nascem com o vírus HIV? E os que se infectaram por transfusão de sangue? São muitas as perguntas e bem poucas as respostas satisfatórias.

Por mais que a medicina continue lutando pela cura da aids, creio que o ser humano seja capaz de se curar, porquanto padrões mentais inadequados acerca de nós mesmos criam as doenças. Aprendi isso com Louise Hay; seus livros, amplamente aceitos e respeitados, mostram-nos uma nova forma de encarar toda e qualquer doença que se instale em nosso corpo.

A vida não pune ninguém. O fato é que quanto mais afastados estivermos de nossa verdade interior, quanto menos nos aceitarmos como somos, mais vulneráveis e mais desprotegidos estaremos pela natureza.

Escolhemos esse tema delicado e ainda muito controverso para mostrar a você uma nova maneira de encarar determinadas peças que a vida nos prega. Com base em fatos, é uma história emocionante, tocante, alto-astral, cujos personagens são apaixonantes. E, mesmo que nunca tenha lido um livro meu, prometo que vai deparar-se com uma leitura leve e agradável.

Outro ponto a ser esclarecido: este romance aborda o mundo gay desde meados da década de 1970 até os dias de hoje. O mentor espiritual decidiu pela utilização das palavras *gay* e *soropositivo*, independentemente da época abordada.

O termo *gay* só tomou força e entrou de vez no nosso vocabulário no fim da década de 1980, pois até aquela época, um gay se referia a outro como *entendido*; homossexual, no geral, era pejorativamente tratado por pederasta, sodomita e outros nomes vulgares; do mesmo modo, soropositivo passou a designar pessoa infectada pelo vírus HIV que, contudo, ainda não desenvolveu a doença. Quando a epidemia surgiu, os infectados eram conhecidos como aidéticos. Não usamos a palavra *aidético* pela dose de preconceito e discriminação contida na nomenclatura, colocando o indivíduo à margem da sociedade. No livro ela aparece — poucas vezes — na fala de personagens preconceituosos. Utilizamos doente de aids ou portador de aids ou mesmo pessoa vivendo com aids/HIV.

Aproveito estas linhas para manifestar a minha gratidão aos amigos espirituais que muito me ajudaram para a realização deste belo trabalho. Além dos espíritos queridos, recebi preciosos ensinamentos aqui neste nosso mundo. Por essa razão, além de agradecer a Luiz Gasparetto e Louise L. Hay — que já partiram para as Terras Altas — pelos brilhantes ensinamentos de vida, não poderia deixar de agradecer, em especial, ao doutor José Valdez Ramalho Madruga, médico infectologista do Centro de Referência e Treinamento (CRT) DST/Aids da Secretaria de Estado da Saúde de São Paulo, que muito me ajudou a entender todo o universo da aids. Foram muitas as vezes em que ele deixou seus afazeres — que não são poucos — para sanar muitas de minhas dúvidas.

Acima de tudo, em especial, este livro é dedicado a você, que se infectou ou convive com um(a) portador(a) do vírus HIV, e a você que perdeu uma pessoa querida em consequência da aids.

Porque, de uma maneira ou de outra, a vida impõe desafios a todos nós, sem exceção.

Com carinho,
Marcelo Cezar

PRÓLOGO

Naquela cinzenta tarde de julho, o vento soprava gelado, resultado de uma massa de ar frio que tinha invadido a cidade dias antes. As pessoas, mesmo bem agasalhadas, vestindo pesados casacos, cachecóis, luvas e protetores para as orelhas, sentiam-se incomodadas.

Alguns tentavam defender-se do inimigo invisível cobrindo o rosto; outros preferiam entrar num bar, numa padaria, num local fechado e esperar a ventania diminuir para seguirem adiante.

Sérgio estava completamente alheio a tudo, inclusive ao frio. Seus pensamentos estavam tão distantes, tão embaraçados, tão díspares, que ele mal sentia o vento frio e gelado tocar-lhe a face.

Ele havia esperado e era chegada a hora de saber. Pensou que sufocaria de ansiedade até o dia do resultado; por essa razão, procurou, naqueles dias, manter a cabeça distante.

Aproveitou as férias escolares de julho — ele era professor — e resolveu passar alguns dias no Rio de Janeiro, porquanto a clínica lhe informara que o resultado do exame não sairia em menos de dez dias.

Na cidade maravilhosa, ele contava com Cláudio, cuja amizade crescera e se solidificara havia alguns anos.

Eles eram amigos de longa data. Sérgio vira em Cláudio o irmão que nunca teve. Era o único que o compreendia. Cláudio tinha se mudado para o Rio alguns anos atrás e fizera novas e valiosas amizades. Dentre os novos amigos, tinha carinho especial e admiração por um deles, em particular. Seu nome era Romero[1]. A amizade de ambos se solidificara ao longo do tempo, principalmente na época em que Romero fora injustamente acusado e preso, digamos, por um crime que jamais cometera. Dissipada a nuvem escura que pairava sobre a vida de Romero, ele e seu companheiro Mozart pretendiam concretizar o sonho de viverem juntos. Viajariam para a Áustria.

Sérgio teve forte curiosidade em conhecer Romero, porém ficaria para outra oportunidade. Ele não achou de bom-tom acompanhar Cláudio até o aeroporto para se despedir do casal. Sentiu-se deslocado.

— Sabe que esses últimos tempos não têm sido fáceis para mim. Eu não tenho estrutura emocional para acompanhá-lo — disse, enquanto uma lágrima escorria no canto de seu olho.

— Compreendo.

— Depois que você voltar do aeroporto, vamos jantar. Ligue para o apartamento antes de sair do estacionamento e nos encontramos na entrada daquele restaurante em Botafogo — declarou ao amigo Cláudio.

Enquanto se banhava, Sérgio lembrou-se das inúmeras vezes em que Cláudio ligara para falar de quanto admirava pessoas fortes e iluminadas, como Romero e Mozart, de quanto transformara positivamente muitas de suas crenças

---

1 A incrível vida de Romero, amigo de Cláudio, é narrada no romance *O preço de ser diferente*, de Mônica de Castro, ditado pelo espírito Leonel, publicado pela Editora Boa Nova.

e atitudes, e hoje se sentia um homem melhor, mais lúcido e totalmente desprovido de preconceitos. E, acima de tudo, de quanto aprendera a aceitar-se e amar-se incondicionalmente.

Quando Sérgio reclamava que a vida era uma droga, que nada dava certo, Cláudio lhe contava sobre determinadas passagens da vida de Romero. Às vezes ele achava aquilo meio fantasioso. Afinal de contas, sua vida também nunca tinha sido um mar de rosas e ele sentia dificuldade em superar as adversidades.

Passadas algumas horas, Cláudio chegou ao restaurante e estava feliz. Falou da despedida dos amigos, do clima harmonioso entre os parentes e amigos. Ele sabia que Sérgio tinha passado por fortes emoções e queria distrair o amigo.

— Romero comeu o pão que o diabo amassou. Você não passou nem um décimo de sofrimento do que esse moço passou na vida. Não crê que esteja se sentindo muito vítima do mundo? — indagou Cláudio, diante das lamúrias do amigo.

Ao que Sérgio respondeu:

— Ser homossexual não é tarefa fácil.

— Mas também não é difícil, tampouco impossível. A bem da verdade, nem se trata de tarefa fácil ou difícil, mas de aceitação pura e simples de uma realidade.

— Realidade, sei...

— Negar a realidade e atirar-se no mar da ilusão não vai mudar o que somos nesta vida: homossexuais ou, se preferir, entendidos.

— Pelo menos na ilusão eu me protejo dos olhos acusadores do mundo.

— Tudo é uma questão de como enxergamos a situação. Veja Romero, por exemplo, teve uma vida de cão e, mesmo assim, passou por cima de todas as adversidades. Está feliz e vai viver com o amor de sua vida. Final feliz.

— Nós, viados, não temos direito a um final feliz.

— Viu como você se autodeprecia? Até mesmo depois de lhe contar a saga do meu amigo, de conversarmos anos a fio, tentando fazer você entender que homossexualidade

A ÚLTIMA CHANCE

não tem nada a ver com bandidagem ou marginalidade, que é apenas uma característica, uma tendência do ser humano, perfeitamente natural, que nada afeta nosso caráter e nada nos diminui como seres humanos, você ainda insiste em se colocar para baixo?

Sérgio não respondeu. Nem saberia o que responder. Sempre vivera um grande conflito em relação à sua homossexualidade. Também não estava com vontade de tocar mais no assunto. Cláudio iria tentar convencê-lo, pela enésima vez, sobre o lado positivo de ser gay, como se ele próprio acreditasse que existisse algum. Convivera com Vicente e sabia que todos os gays estavam condenados. Ainda mais agora, que ele suspeitava de algo grave que o afligia.

Sérgio procurou disfarçar e não demonstrar ao amigo o incômodo que atingia seu peito. Havia aparecido aquela manchinha avermelhada no pescoço, mas bem que podia ser uma espinha. Ele só tinha suposições, não tinha nada de concreto e dessa forma não queria preocupar Cláudio com hipóteses infundadas. Num momento oportuno abriria seu coração a Cláudio e lhe contaria o que o incomodava.

Foi depois desse jantar gostoso, regado a boa conversa, que Sérgio voltou a pensar no seu exame e no que queria de sua vida, dali por diante. As conversas com Cláudio sempre o deixavam mais otimista em relação à vida, mesmo que por pouco tempo.

Mesmo com dificuldade de me aceitar como sou, gostaria de ter paz no coração e ser feliz ao lado de alguém. Viver uma história de amor como desses amigos do Cláudio. Meus relacionamentos nunca foram lá grande coisa, e este último, com Vicente, foi mais um tormento que um namoro...

Sérgio estancou os pensamentos. Havia ido ao Rio para esquecer o seu conturbado relacionamento com Vicente.

Os dias seguintes no Rio foram bem prazerosos, e Sérgio, na companhia de Cláudio, pôde rever e visitar lugares que adorava, e, evidentemente, tomar seu cafezinho na tradicional Confeitaria Colombo, na rua Gonçalves Dias, ritual esse que ele cumpria toda vez que passava pelo centro da cidade.

Cláudio percebeu que algo não ia bem, que Sérgio estava impaciente com alguma coisa, entretanto, preferiu aguardar que ele manifestasse seu incômodo. Eles se conheciam havia tantos anos e Cláudio tinha certeza de que, se Sérgio precisasse de ajuda, não hesitaria em procurá-lo.

— Estou pronto para qualquer resultado — disse para si tentando convencer-se de que era forte enquanto sorria para a imagem do Cristo Redentor.

<hr>

Dias depois, de volta à capital paulista, Sérgio repetiu a mesma frase ao entrar no prédio do laboratório, não muito longe de sua casa.

Ele adentrou o prédio e uma simpática recepcionista o atendeu.

— Em que posso servi-lo?

— Vim pegar o resultado de meu exame.

A recepcionista esboçou sorriso agradável e baixou os olhos para uma prancheta à sua frente.

— Seu documento de identidade, por favor.

Sérgio sacou a carteira do bolso do casaco. Abriu-a de maneira brusca e todo seu conteúdo esparramou-se pelo chão.

— Desculpe-me — tornou ele. — Estou nervoso.

A recepcionista meneou a cabeça para cima e para baixo e nada disse.

Ele recolheu os documentos e os colocou na carteira. Pegou a identidade e a entregou à mocinha. Ela conferiu o documento e em seguida lhe entregou um cartão.

— O senhor pode se dirigir até o fim do corredor. Dobre à esquerda e entregue esse cartão a uma das atendentes. Logo em seguida receberá o envelope com o resultado. Ah, dependendo do resultado, o senhor poderá ser chamado para conversar com um de nossos médicos.

— Obrigado.

Sérgio percebeu uma gota de suor escorrer-lhe pela testa, mas se manteve firme. Afastou-se e caminhou em direção ao corredor. Suas pernas falsearam por instantes. Ele respirou fundo, soltou o ar e assegurou para si:

— Tudo está bem. É só o resultado de um exame, ora.

Enchendo-se de coragem, ele dobrou o corredor e entregou o cartão a outra recepcionista, que de simpática não tinha nada. Ela estava sentada com as pernas cruzadas, lixando suas compridas unhas vermelhas e nem se deu ao trabalho de levantar a cabeça. Em vez de uma palavra, ela bufou, como se Sérgio estivesse atrapalhando o polimento de suas unhas. De má vontade, pegou o cartão, talvez como sempre fazia durante o dia todo, por anos até, e virou-se de costas para ele. Ela passou a vasculhar um monte de envelopes numa grande caixa de madeira e de lá tirou um envelopinho branco. Voltou para o balcão e o entregou a Sérgio.

— Humpf! — ela resmungou qualquer coisa que Sérgio nem fez questão de entender. — Tem uma marca no envelope. Precisa aguardar e passar com o doutor Solano.

— Ele vai demorar?

Ela não respondeu. Sentou-se na cadeira e continuou a lixar as unhas. Sérgio tremeu um pouco. Nesse instante sua cabeça parecia estar oca. Ele não pensava em nada, nenhum pensamento de conforto, tampouco de tristeza. Era como se estivesse num vácuo, numa dimensão paralela. Pegou o envelope branco, lacrado, e viu uma marca no canto superior.

— Não vou passar com médico algum. Dane-se! — disse para si. Em seguida, dobrou o corredor.

A atendente nada simpática fez ar de mofa.

— Ele vai ter de voltar.

Sérgio estugou o passo e logo ganhou a rua. O vento frio ainda açoitava os pedestres. Ele mal se importou. Sentindo a boca seca, parou num bar e pediu uma garrafinha de água. Sorveu o líquido com vontade e tremenda rapidez. Depois, pagou a conta e saiu.

Algumas quadras adiante, ele parou em uma linda pracinha, rodeada de algumas árvores, poucas flores — por conta do frio — e dois bancos de cimento. Sentou-se num deles. Mal se importou com o gelado do banco.

— Preciso saber o resultado. Não aguento mais tamanha expectativa.

Sérgio disse isso e começou a abrir o envelope. Ele suspeitava que, talvez, pudesse estar infectado pelo vírus HIV, aquele vírus danado que enfraquece o sistema imunológico e abre caminho para a pessoa contrair um punhado de doenças.

Aquela mancha vermelha no pescoço era indício claro de que se tratava de algo preocupante. E a conflituosa história afetiva que vivera até pouco tempo apontava para o resultado positivo em seu exame de sangue. Além do quadro desolador, o clima de tensão causado pela doença, naqueles anos, era o pior possível. Os pacientes lotavam os hospitais e muitos nem eram atendidos, morrendo nos corredores. Eram centenas de mortes, todos os dias.

Não havia tratamento adequado para combater o vírus. A cura ou sua possibilidade eram coisas impossíveis, algo surreal. Naqueles terríveis anos 1980, qualquer pessoa infectada com o vírus da aids tinha uma única certeza: a morte cruel e dolorosa.

Sérgio abriu o envelope, respirou fundo mais uma vez. Seus olhos foram direto para o fim da página. Ele leu.

Reagente.

O teste anti-HIV dera positivo. Ele fora infectado pelo vírus da morte.

Sérgio apertou os olhos com força, leu de novo, acreditando que, talvez num passe de mágica, ele tivesse lido errado.

Reagente.

Ele fechou os olhos e moveu a cabeça para os lados; tentou, mas não conteve o pranto. Num gesto desesperado, levou as mãos ao rosto e chorou, chorou como havia muito tempo não chorava. As lágrimas quentes inundavam suas faces e, entre soluços, ele pôde balbuciar uma única pergunta, que parecia corroer-lhe a alma:

— Por que eu, meu Deus? Por quê?

PARTE I

⁂

ALGUNS ANOS ANTES...

CAPÍTULO 1

Naquele distante julho de 1978, o inverno não se mostrava tão rigoroso. Os dias gelados eram intercalados com dias de calor, conhecidos como veranicos, o que amenizava os efeitos da massa de ar fria que vinha do Sul.

As pessoas não estavam interessadas nas oscilações de temperatura. Estavam animadas com as noites dançantes, embaladas por músicas alegres, que convidavam todos a correr até uma discoteca, influência causada pelo filme *Os embalos de sábado à noite*, estrelado pelo ator John Travolta. Em qualquer lugar do mundo, as pessoas faziam filas para assistir ao filme e, em qualquer parte do globo, naquele ano, o programa noturno tornara-se um só: dançar numa discoteca, imitando os passos que o ator fazia no filme, fosse em Tóquio, Nova York, Paris, Rio, Salvador ou São Paulo.

De norte a sul, as discotecas pipocavam num ritmo alucinante e a nova novela das oito, *Dancin' Days*, ajudava a alimentar o desejo de qualquer pessoa, fosse de qualquer classe social, de ir a uma boate e dançar até não poder mais, divertir-se a valer, tal qual os inesquecíveis personagens daquela novela que havia se tornado um fenômeno de audiência em todo o país.

Roberto não tinha idade para ir a uma discoteca. Tinha dezessete anos de idade, e sua aparência delicada e traços finos faziam-no aparentar cerca de quinze anos. Na sua cidade natal, Jundiaí, a quarenta minutos da capital paulista, havia uma casa noturna desse tipo. O jovem até pensou em falsificar sua carteira de estudante, mas sua carinha de anjo não o ajudava a entrar numa boate.

Ele também tinha medo de sair sozinho. Imagine encontrar aqueles brutamontes do colégio pelo caminho? Apanhar de novo? Ser chamado de bichinha na frente de desconhecidos? Não. Definitivamente, Roberto iria esperar pela maioridade. Quem sabe fizesse novas amizades e então teria coragem para sair à noite. Por enquanto, era melhor ficar em casa, ouvindo música e dançando sozinho pelo quarto.

Roberto era o filho caçula de Otávio e Helena. Eliana, sua irmã, era dez anos mais velha e estava casada. Morava em São Paulo com o marido e uma filha pequena. Ricardo, onze anos mais velho do que ele, havia se graduado recentemente em engenharia química e passado num concurso. Conseguiu a sua tão sonhada vaga para trabalhar na maior indústria petroquímica do país, no Estado do Rio de Janeiro.

Roberto era filho temporão, viera de maneira inesperada, literalmente fora de hora. Otávio até pensou na possibilidade de aborto, mas Helena, religiosa convicta, embora fosse temente ao marido, sempre concordando com tudo o que ele dizia, dessa vez emitiu um de seus raríssimos "nãos" na vida. Foi categórica:

— Vou ter esse filho.

— Como tem certeza disso? Não acha que está muito velha para parir? — perguntava-lhe o marido com desdém, conforme a barriga da esposa crescia a olhos vistos.

Afinal, Otávio não era um homem de fé. Era descrente. Tivera uma vida dura e afirmava, constantemente, nunca ter visto o dedo de Deus nos momentos mais difíceis de sua jornada. Alguns anos antes uma tragédia em sua vida o fizera perder completamente a fé. Otávio tinha saúde, uma linda família, um ótimo emprego, mas dizia que tudo isso acontecera por sorte, pura sorte. Mais nada.

Helena, com muito jeitinho — para não aborrecê-lo — tentava animá-lo.

— E se vier outro garotão?

— O que tem isso?

— Ora, Otávio, você mal teve tempo para brincar com nossos filhos porque tinha de dar duro na empresa, fazendo hora extra para aumentar o salário no fim do mês. Agora que estamos mais tranquilos, você poderia se dedicar mais, ser um pai mais atencioso, mais amoroso...

— Pode ser.

Helena falava com sinceridade. Mesmo tendo medo do marido, tinha certeza de que a chegada de mais um filho poderia melhorar aquele casamento sem-sal. Até que, no quinto mês de gravidez, Otávio aquiesceu.

— Imagine um meninão parecido com Ricardo.

— Você tem razão. Nunca pude levar o Ricardo para assistir a uma partida de futebol. Até que outro filho, nessa altura de minha vida, não é lá tão má ideia.

Assim, de maneira doce e cativante, transmitindo ao marido ideias positivas acerca do novo rebento, Helena foi serenando a mente do marido turrão, e Otávio passou, inclusive, a curtir o barrigão da esposa. A gestação correu tranquila e o casamento pareceu melhorar um pouco. Helena sentiu-se feliz. Era como se estivesse vivendo uma fase boa de seu casamento como anos atrás, quando tudo parecia perfeito, até que aquela tragédia...

Helena empurrou os pensamentos com as mãos.

— Isso faz parte do nosso passado. Quero esquecer o que aconteceu — disse para si, num tom muito triste. *Não quero que meu filho sinta minha tristeza*, pensou, enquanto acariciava seu barrigão.

Meses depois, Roberto veio ao mundo. Logo a família e os amigos o chamavam carinhosamente de Beto.

Roberto foi um bebê adorável. Bonito, cabelos alourados e levemente encaracolados, olhos verdes expressivos e vivos. Otávio era fascinado pelo filho, o que causava certo ciúme em Ricardo, naquela época um garoto de pouco mais de onze anos de idade. Entretanto, Ricardo sentia forte vínculo com o irmão, tinha adoração sem igual pelo pequeno Beto. Eliana ajudava a mãe e adorava cuidar do irmão e brincar com ele. Ela também sentia um amor muito grande pelo irmãozinho.

Por um tempo, a família pareceu feliz e sem atritos ou conflitos, era como se fizesse parte daquelas propagandas de margarina que estamos acostumados a ver na televisão, em que a família é feliz e sorri o tempo todo, vinte e quatro horas por dia. Helena chegava até a se emocionar quando via Otávio largado no chão, brincando com o filhinho. Ela se lembrou do início de seu casamento, de uma fase muito feliz de sua vida. Mas a vida era regada de surpresas e um balde de água fria caíra sobre a cabeça do casal. Passou-se muito tempo até Otávio digerir o ocorrido. Agora, quem sabe, Deus os estava recompensando por tanta dor e tanto sofrimento. Era a hora de voltarem a ser felizes.

Os problemas, se assim podemos apontar, começaram quando Roberto completou dois anos de idade. O menino apegou-se em demasia a uma das bonecas de Eliana e arrastava o brinquedo para cima e para baixo. Otávio olhava o garoto de soslaio e reclamava com Helena.

— Não estou gostando nada disso. Meninos não brincam de boneca.

— Ele é uma criança.

— E daí?

— Beto não sabe distinguir o que é brinquedo de menino e o que é de menina. Para ele tanto faz uma boneca, um carrinho ou um peão. Tudo é brinquedo.

Otávio largou o jornal que estava lendo e aproximou-se do filho. Pegou-o no colo, e Roberto o abraçou com carinho. Beijou-o na face.

— Papai *quelido*!

Otávio emocionou-se. Adorava aquele garoto. Talvez até mais do que os outros dois filhos. Mas isso ele jamais poderia admitir. Afinal de contas, ele acreditava que um pai deve amar igualmente todos os filhos. Nem mais nem menos. E, embora tentasse igualar seus sentimentos, sentia por Roberto um amor especial, o mesmo sentimento que sentira por Otacílio. Ao lembrar-se daquele nome, Otávio sentiu um frio na espinha.

Desesperado, abraçou o filho e sussurrou em seu ouvido:

— Papai tem um presente para você.

Imediatamente ele arrancou a boneca das mãos de Roberto, atirou-a longe e depositou em suas mãozinhas uma bola de futebol:

— Vamos jogar com o papai — ele botou o menino no chão, encostou a bola nos pés e gritou: — Chuta!

Os lábios de Roberto começaram a tremer e ele logo abriu o maior berreiro. Apontava para a boneca caída no canto da sala.

— Minha boneca, *quelo* minha boneca...

Otávio empalideceu. Seu rosto transfigurou-se e ele perdeu as estribeiras. Agarrou o garoto pelos ombros e os sacudiu com violência.

— Filho meu não brinca de boneca! Isso é coisa de maricas.

Falou naquele tom explosivo e jogou o menino sobre o sofá. Helena veio correndo da cozinha e abraçou-se ao filho, que chorava sem parar, tamanha a violência e o choque com que o pai o havia tratado.

— Chi! Meu pequeno. Mamãe está aqui para protegê-lo.

Roberto grudou-se no pescoço da mãe e chorou copiosamente. Helena era uma boa pessoa, mas tinha muito medo de Otávio. Infelizmente, mesmo com tão pouca idade, em seu íntimo, Roberto sabia que a mãe, mesmo o amando acima de tudo, não era — e jamais seria — seu porto seguro.

— Não me deixe sozinho...

Conforme os anos foram passando, Otávio distanciava-se mais e mais do filho. Roberto cresceu um menino lindo e saudável. Adorava brincar com os meninos e as meninas da rua em que morava. Por uma questão de afinidade e até sensibilidade, dava-se melhor com as meninas. As brincadeiras às vezes brutas dos meninos não o agradavam.

Ricardo vivia namorando e, pela diferença de idade, mal se relacionava com o irmão caçula, agora com sete anos de idade. Ricardo queria saber de sair com as garotas e, naturalmente, tinha pouco contato com o irmão. Eliana, uma mocinha de quase dezoito anos, procurava dar-lhe toda a atenção do mundo, entretanto veio o preparatório para o vestibular e ela, nesse período, não pôde dar tanta atenção ao irmão como vinha dando até então. Roberto começou a se sentir só, muito só.

O primeiro xingamento de rua ninguém esquece. Infelizmente a taxa de ocorrência é maior entre garotos delicados na postura, que demonstram aparente fragilidade e certa delicadeza nos gestos. A cabecinha de Roberto não conseguia entender a distância e o tratamento cada vez mais seco do pai. Não imaginava que a distância de Eliana era porque sua irmã adorada precisava dedicar-se de corpo e alma aos estudos para ingressar numa universidade pública e alcançar sua independência. Ou mesmo que Ricardo estava numa idade em que os hormônios estavam em ebulição e ele só queria saber de namorar, mais nada.

Na cabeça de Roberto, as pessoas dentro de casa estavam se afastando porque ele era diferente, meio esquisito. Isso! Ele sentia-se diferente dos demais meninos da sua rua, até mesmo dos coleguinhas da escola.

O menino foi crescendo e não tinha gosto em jogar bola, não gostava de se meter em brigas. Era garoto estudioso, educado. Era muito novo para entender sobre homossexualidade. Para Roberto tudo era natural.

Até o dia em que ele chegou em casa esbaforido e com o uniforme da escola sujo de terra. Parte da camisa estava rasgada e seus olhos estavam inchados de tanto chorar.

Helena aproximou-se e o abraçou.

— O que foi, meu pequeno?

— Bateram em mim na saída do colégio — respondeu ele, com a voz embargada.

— Por que fariam uma coisa dessas com você, meu filho?

— Chamaram-me de viadinho.

As lágrimas escorriam sem parar. Helena abraçou o filho com força.

— Você não é vi... isso que falaram. Não ligue para esses garotos. Eles não sabem o que estão dizendo.

— Tem um grupo de meninos mais velhos e mais fortes que me odeia, mãe. O Dênis não larga do meu pé. Está sempre pronto para me intimidar e me xingar.

— Vou conversar com a diretora amanhã mesmo.

— Não faça isso! — ele implorou.

— Como não?

— Por favor.

— Vai defender esses marginais?

— Não é isso, mãe.

— Então o que é que é? Não o entendo...

— Se você for reclamar, eles vão ficar sabendo e nunca mais vão largar do meu pé. Aí é que vão azucrinar a minha vida. Por favor, mamãe, não reclame.

Helena não sabia o que fazer. Como mãe, notara desde o berço que seu filho era diferente. Ela criara Ricardo, e a diferença de comportamento entre os dois filhos era brutal. Roberto era sensível, tinha gestos bem delicados, emocionava-se à toa, gostava de ajudá-la nos afazeres domésticos. Sabia que seu filho precisava muito de seu apoio e de seu amor. Mais nada.

Os anos se passaram, os xingamentos continuaram. Ricardo graduou-se em engenharia química, passou num concurso e foi trabalhar em outra cidade. Eliana formou-se advogada, mas nem sequer prestou o exame da ordem. Durante o curso, interessou-se por Alaor, colega de turma. Após terminarem o curso, noivaram e casaram.

Roberto sentiu bastante a falta da irmã. Afinal, Eliana o compreendia e, percebendo suas tendências homossexuais, logo tratou de se informar a respeito. Consultou médicos, psicólogos e psiquiatras a fim de entender melhor o universo íntimo do menino.

Depois do casamento ela continuou tendo contato com Roberto, fosse por telefone ou carta. Ele compartilhava com ela todos os seus segredos. Mas já não era a mesma coisa. Eliana estava casada e tinha sua vida. Logo tinha uma filha para cuidar.

Com o passar dos anos, a distância com o pai havia crescido de maneira assustadora. Helena fazia, dentro do possível, enorme esforço para entender as diferenças de comportamento do filho, mas tinha tanto medo da truculência do marido, que nada fazia para impedir que, ao menos dentro de casa, Roberto não fosse agredido moral ou fisicamente.

Helena sempre fora uma mulher mais decidida, mais firme, mais cheia de atitude. O início de seu casamento fora uma das melhores fases de sua vida. Otávio era mais amigo, mais parceiro. Tinha um temperamento tranquilo e estava sempre com um sorriso nos lábios.

Contudo, a morte de seu irmão mudou-o radicalmente. Otávio transformou-se da noite para o dia. Logo após a tragédia que resultou na morte de Otacílio, ele surtou e teve uma crise. Chegou a ser internado num hospital, ficou em repouso por um bom tempo e, quando retornou para casa, nunca mais foi o mesmo.

Otávio passou a ser homem seco, monossilábico e agressivo. Ameaçava bater na esposa e, embora nunca tenha encostado um dedo em Helena, sua atitude e seu comportamento truculento fizeram-na se transformar numa mulher sem atrativos, passiva e medrosa.

Ela acreditou que o nascimento de Roberto faria novamente o marido voltar a ser o que fora no passado. Quando notou que o filho apresentava as mesmas inclinações sexuais que Otacílio, ela foi tomada de surpresa. Uma desagradável surpresa.

CAPÍTULO 2

Roberto contava agora com dezessete anos e nunca havia se interessado por uma garota. Tinha algumas amigas, mas nada de flerte, de namoro. Muito pelo contrário. Ele sentia atração por homens mais velhos e nutria paixões secretas e platônicas por muitos dos professores do colegial — atual Ensino Médio.

Roberto tornara-se um rapazote atraente, muito bonito. Usava roupas bonitas e chiques, sempre dadas por Eliana ou compradas por Ricardo em elegantes butiques de Ipanema. Seus tênis eram das marcas Rainha ou Topper cano alto e suas calças eram das marcas Soft Machine ou Gladson. Beto chamava atenção tanto pela beleza — parecia um anjo — quanto pela delicadeza e pelas roupas requintadas que usava.

Essa falta de meninas na vida do filho já havia dado chance para o surgimento de comentários maledicentes na vizinhança. Havia sempre um ou outro vizinho que tripudiava sobre sua maneira delicada, zombando de seu jeito de ser, fazendo brincadeiras de mau gosto com ele. Roberto não se defendia, corria para casa e trancava-se no quarto, apavorado.

Ele vivia enclausurado em seu quarto, ouvindo músicas em sua vitrolinha Philips, daqueles modelos que pareciam uma maleta. Ao abrir, uma das partes tocava os discos, e a outra servia como caixa de som. O menino passava horas entre o estudo e as músicas. Seu dia a dia consistia em ir à escola na parte da manhã. Ele cursava o terceiro ano colegial e não tinha dúvidas sobre qual carreira seguiria. Desde a infância tinha certeza de que iria cursar medicina.

A mãe tentara demovê-lo da ideia de prestar para medicina, porquanto a concorrência, ainda mais numa universidade pública, era acirradíssima. Helena acreditava que o melhor seria o filho ter feito um curso técnico, assim teria chances de arrumar emprego, começar a ganhar seu próprio dinheiro e, naturalmente, sair de casa. Em seu íntimo sabia que mais dia, menos dia, Roberto teria de partir. A relação entre ele e Otávio estava ficando cada vez pior.

No tocante à carreira, Roberto sacudia os ombros e afirmava que, com dedicação e bastante preparo, ele conseguiria passar no vestibular, nem que tivesse de fazer cursinho.

— Não temos dinheiro para pagar cursinho. O dinheiro da aposentadoria de seu pai dá somente para as despesas da casa.

— Eu arrumo um jeito. Vou trabalhar meio período, peço bolsa de estudos, faço qualquer negócio. Mas jamais vou deixar de me esforçar para passar no vestibular e me tornar médico.

Ao chegar do colégio, ele ajudava a mãe nos afazeres domésticos — eles não tinham empregada. Depois, subia para o quarto e ouvia suas músicas, estudava para as provas e descia uma hora antes da novela das oito, religiosamente de segunda a sábado, a fim de ajudar a mãe no preparo do jantar.

As férias escolares no meio do ano chegavam ao fim e Roberto aproveitava para gravar suas músicas prediletas em fitas cassete e ouvir programas de rádio que teciam comentários

A ÚLTIMA CHANCE

acerca da novela. Roberto era fã incondicional e não perdia um capítulo sequer.

A confusão se estabeleceu de vez naquela casa justamente durante um dos intervalos do capítulo de *Dancin' Days*. Roberto era apaixonado pela novela e estava feliz, porquanto ela começara justamente durante as férias escolares, e ele poderia dormir até tarde e passar o dia escutando as músicas do folhetim que as rádios tocavam à exaustão.

Os discos da novela ainda não tinham sido lançados, e Eliana mandara da capital a trilha sonora do filme *Os embalos de sábado à noite*, que Roberto tocava na sua vitrola ininterruptamente. Todo santo dia. Sem falar nas cantoras de discoteca que ele tanto adorava e idolatrava.

Otávio mal dirigia a palavra ao filho. Contudo, após se aposentar, passara a beber acima da média. Ao notar os gestos delicados do filho, lembrava-se de seu irmão.

— Otacílio morreu porque era assim. Essa raça não pode ter um futuro feliz. Nasceram condenados ao fracasso e à tragédia.

Como esse tipo de pensamento martelava-lhe a mente constantemente, Otávio preferiu a companhia da bebida para anestesiar a mente e ter um pouco de paz.

Foi durante o intervalo da novela que aconteceu o imprevisível. Ou melhor, o previsível.

— Roberto, vá buscar mais uma garrafa de cerveja no bar.

Ele nem sequer desgrudou os olhos da telinha.

— Agora não, pai. Assim que acabar a novela eu dou uma corrida até o bar da esquina.

— O bar vai fechar.

O rapaz, sem desviar os olhos da tela, respondeu de maneira delicada, mas sem afetação.

— Não vai, não. Tem gente que assiste à novela no bar. O bar só fecha depois que aparecem as cenas do próximo capítulo.

Otávio estava alterado pela bebida. Levantou-se da poltrona, aproximou-se do aparelho de televisão e desligou o botão. Roberto deu um grito de espanto.

— O que é isso? Bem na hora em que a Júlia vai se encontrar com o Cacá? Você é louco?

O tapa veio forte. Roberto sentiu a face arder. Este não fora o primeiro tapa na cara nem seria o último. Otávio batia no menino desde sempre. Quando percebeu que Roberto era diferente do que ele considerava normal, passou a surrá-lo sem dó nem piedade.

Roberto mordiscou os lábios, apreensivo. Sentiu o cheiro de surra no ar. Imediatamente, esqueceu-se da novela, dos personagens, daquele mundo de sonhos que o amorteciam e o anestesiavam da dura realidade que ele julgava ser sua vida.

— Não responda para mim, seu fedelho — vociferou Otávio. — Vá agora mesmo ao bar pegar mais uma garrafa de cerveja.

As lágrimas começaram a descer e Roberto fez tremendo esforço para não esmorecer na frente do pai.

— Sim, senhor.

Helena apareceu da cozinha. Esfregava as mãos no avental, tamanho nervosismo.

— Eu vou até o bar. Deixe o menino assistir à novela. Ele adora.

— Não. Ele vai buscar a cerveja para mim. Agora!

Roberto encarou a mãe com olhos de súplica, mas ela nada fez. Helena tinha medo de discutir com o marido e também levar uma sova. E, desde que Otávio começou a beber, os seus temores aumentaram. Em sua mente, se o marido era grosso, estúpido e agressivo quando estava sóbrio, imagine de porre! Helena timidamente baixou os olhos, mordiscou os lábios e voltou para a cozinha.

Roberto abaixou a cabeça e, triste por não ter, mais uma vez, o apoio da mãe, saiu. Vinte minutos depois retornou. Chorando e sem a garrafa de cerveja. Otávio mal notou o estado de desequilíbrio emocional do filho e foi logo perguntando pela bebida.

— Cadê minha cerveja?

O filho não respondeu.

— É surdo? Quero saber. Onde está minha cerveja, fresquinho?

Roberto subiu as escadas como um rojão. Entrou no quarto e jogou-se na cama. Agarrou-se ao travesseiro e chorou feito uma criança. Helena apavorou-se e, embora sentindo medo do marido, subiu as escadas de mansinho atrás do filho. Otávio meneou a cabeça para os lados.

— Fresco. Devem ter feito uma piadinha em cima dele. Bem feito.

Rodou nos calcanhares e foi até o bar. Enquanto isso, Helena tentava acalmar o filho.

— O que foi?

Roberto desvencilhou-se dela com força.

— Não me toque. Eu sou sujo.

— Como?!

— Isso mesmo, mãe. Eu sou sujo.

— Pare com isso, Beto.

— Eu sou pecador.

— Como assim?

— Mas não fiz de propósito. O Dênis estava no bar — sua voz era entrecortada pelos soluços — ele me obrigou...

— Obrigou a quê, meu filho?

— Ele me deu uma rasteira, jogou-me no chão. Aí apareceu um outro homem, bem mais velho e bem grandão. Ele era forte e me agarrou. Fui arrastado até o banheiro do bar e...

Roberto não conseguiu mais falar. Sentia vergonha, repulsa de si mesmo por não ter conseguido se livrar daqueles brutamontes. Helena fechou os olhos e, em seguida, abraçou o filho, tentando acalmá-lo.

— Não precisa falar mais nada, meu querido.

Helena, entre lágrimas, beijou-lhe os cabelos anelados.

— Você não é sujo.

Otávio entrou no quarto furioso, já carregando o cinto na mão.

— Sua bichinha ordinária! Quer me matar de vergonha?

— Como?

— Quer acabar de vez com minha reputação no bairro? Já não chega o que passei com Otacílio?

— Como? Do que está falando, pai?

— Você merece levar uma sova!

— O que foi que eu fiz?

— Ainda pergunta, com essa voz esganiçada?

— Mas...

— Engrosse a voz para falar comigo!

Helena, assustada e com medo, timidamente interveio.

— Não implique com o garoto. Não fale de Otacílio. Não vê que ele...

Otávio aproximou-se e lhe deu um tapa no rosto que a fez rodar e cair sobre si.

— Otacílio era meu irmão e eu posso falar seu nome. Você, não! Esse menino é a encarnação do demônio. Não chega o sofrimento pelo qual passei por conta de meu irmão? Agora vem você querer sujar minha reputação e fazer de minha vida um tormento?

Roberto não sabia o que dizer. Nunca ouvira falar no nome Otacílio. Sua mente não conseguia concatenar os pensamentos. Ele correu a acudir a mãe, que estava sentada no chão, chorando e passando a mão sobre a região do tapa que levara. Otávio continuava fora de si.

— Você criou uma menina, isso sim. Uma menina!

— Não sou menina — gritou Roberto. — Pare de me chamar assim.

— Eu fui motivo de chacota lá no bar — tornou Otávio.

— Motivo de chacota? Eles abusaram de mim, pai. Eu fiquei preso no banheiro e o Dênis mais aquele brutamontes me forçaram a... a... tocar neles. Não tive culpa.

— Não teve culpa? Como não teve culpa? — Otávio vociferava. Uma espuma branca escorria pelo canto de seus lábios, tamanha a fúria.

— Ouça seu filho — implorava Helena tentando se levantar e se recompor do tapa.

— Eu não tenho nada para ouvir.

— Por favor... — a voz de Helena era melíflua.

Otávio estava se tornando uma pessoa intratável. A bebida estava acabando com ele, com ela e com o casamento. Outra espuma branca de ódio formou-se no canto de sua boca.

— Você é um anormal.

— Não sou — choramingou Roberto.

— Anormal! — gritou.

— Não fale assim comigo, pai.

— Se soubesse que tinha nascido torto, mandava matá-lo. Bem que eu tinha sugerido o aborto. Mas Helena não me ouviu. Se tivesse me ouvido, estaríamos livres dessa aberração e eu não teria de passar outra vergonha na vida. Quanta desgraça por conta de um irmão e de um filho anormais.

Helena chorava copiosamente no canto do quarto. Mesmo ouvindo tantas sandices, não tinha coragem de enfrentar o marido, ainda por cima nervoso daquele jeito. O seu instinto maternal deu o alerta. Mas ela não tinha forças para enfrentá-lo.

Otávio estava fora de si, precisava descer a lenha em cima do filho. Ele mal continha a raiva que sentia de Roberto ou mesmo de Otacílio. Em sua mente vinham cenas da tragédia que modificara sua vida.

— Por favor, não bata em nosso filho — pediu Helena, de maneira tímida e levantando os braços para não levar outro tapa.

— Nosso filho? — vociferou ele. — Seu filho, isso sim. Roberto não é meu filho. Eu o odeio. Odeio, entendeu?

As lágrimas escorriam insopitáveis pelo rosto de Roberto. O rapazinho não sabia o que fazer. Sentiu uma vontade grande de orar, mais nada. Enquanto ele fechava os olhos, Otávio continuava com seus impropérios.

— Como chamar de filho esse ser que só me causa desgosto? Esse ser que nem sei ao certo se é homem ou mulher? Esse pervertido que pratica obscenidades na esquina de casa, bem embaixo do meu nariz?

— Eu não fiz nada. Eles me obrigaram, pai. Eu juro.

Helena interveio:

— Não escute seu pai. Ele não está falando coisa com coisa.

Otávio nem quis saber. Empurrou violentamente Helena para o lado, levantou a fivela e desceu o cinto sobre o corpo frágil e acuado de Roberto. Sem dó nem piedade. Outra surra, que doía por fora, porém machucava muito mais o menino por dentro.

CAPÍTULO 3

O telefone tocava insistentemente. Sérgio foi acordando aos poucos. Havia chegado da discoteca quando os primeiros raios de sol se esparramavam sobre a cidade. Ele revirou-se na cama de um lado para o outro. Colocou o travesseiro sobre a cabeça para diminuir o impacto irritante do som da campainha em seus tímpanos. Mas o telefone não parava de tocar.

Ele foi se arrastando até a beirada da cama e sentiu algo sólido, porém macio e peludo deitado ao seu lado. Ele passou o braço por cima do rapaz que dormia ao seu lado, esboçou um sorriso e alcançou o telefone.

— Alô.

— Dormindo até agora?

— Cheguei em casa às seis da manhã.

Cláudio censurou o amigo.

— Passa das três da tarde. Você ficou de me levar até a feirinha de antiguidades. Se quiser, pode levar o seu filho — disse, em tom de brincadeira.

— Que filho? Está louco, Cláudio?

— E o meninão que você levou para casa? Pensa que não o vi saindo da boate com um fedelho a tiracolo?

Sérgio passou a mão pela cabeça e reparou melhor no corpo nu deitado ao seu lado. O rapaz não devia ter mais que dezenove anos.

— Vou tomar um banho e comer alguma coisa. Eu te pego às cinco.

— Tudo isso? A feirinha acaba justamente às cinco da tarde.

— Melhor então irmos ao cinema e depois jantamos.

— No Sujinho, como de costume.

— Sim. Que tal algum filme novo em cartaz e...

Cláudio exultou do outro lado da linha.

— Oba! Vamos assistir *Os embalos de sábado à noite*.

— De maneira alguma, Cláudio. Você já assistiu ao filme umas dez vezes e me levou umas cinco. Chega. Isso está se transformando num vício maldito.

— Ver John Travolta nas telas não é um vício, é um colírio — retrucou, rindo.

— Então arrume outro parceiro. Eu não vou.

— Vai sim. E prepare-se porque daqui a pouco tempo vamos assistir *Grease — Nos tempos da brilhantina*, com o mesmo John Travolta e aquela gracinha da Olivia Newton-John.

— De novo? Só existe esse ator em Hollywood?

— Assim bonito e sensual... só! — respondeu Cláudio entre risos, do outro lado da linha.

— Convide outro amigo.

— Eu juro, eu prometo que vai ser a última vez. Você vem?

— Às cinco horas eu passo na sua casa.

— Pode trazer o garoto também.

— Nem sei o nome dele. De novo a história se repete. Eu conheço alguém que julgo ser interessante, trago para casa, dormimos juntos e, no dia seguinte, adeus. Nem trocamos telefone e, pior, quando eu encontro o fulano na boate, ele faz questão de fingir que não me conhece ou nem olha na minha cara.

Ambos riram.

— Você está com vinte e sete anos de idade nas costas. Não crê que agora esteja no momento de arrumar um companheiro e parar de ciscar?

— Olha quem fala — sorriu Sérgio.

— Mas eu sou diferente de você. Não quero saber de compromisso, por ora. Você está sempre querendo namorar, manter relacionamento sério e acaba metendo os pés pelas mãos.

— E lá no fundo não é o que todo mundo quer? Não é o que você quer?

— Meu verdadeiro amor não é deste mundo.

— Lá vem você de novo com esse papo maluco.

Cláudio riu.

— Eu não sou religioso, mas acredito piamente que a vida não acabe com a morte do corpo físico. E, de mais a mais, sempre tive uma forte impressão de que meu amor não pertence a este mundo.

— Os deuses, no Olimpo, não podem se casar.

— Engraçadinho.

— O Vicente anda atrás de você.

Cláudio resmungou do outro lado da linha.

— Por favor, essa não.

— Por quê? Está interessado nele e não quer admitir?

— Tenho os dois pés atrás com o Vicente.

— Por que diz isso?

— Cautela! Meu sexto sentido apurado e afiado me diz que ele não é confiável. Adora manipular e pisar sobre os sentimentos dos outros.

— Ele até que é interessante. É jovem, lindo do jeito que gosto, e parece ter uma cabeça ótima.

— Sérgio! Tem muitos outros caras interessantes para você se relacionar.

— Está com ciúmes?

— Ele não serve nem para mim, tampouco para você.

— Ele não é mau sujeito.

— Mudemos de assunto.

— Quero voltar a dormir mais um pouco. Às cinco continuamos o nosso papo. Um beijo.

— Outro.

Sérgio pousou o fone no gancho e virou-se de lado. Fixou os olhos no corpo do rapaz. Ele o cutucou de leve.

— Hum...

— Está na hora de se levantar.

O rapaz se espreguiçou e abriu os olhos.

— Quem é você?

Sérgio sorriu.

— Sou o rapaz que você convidou para passar a noite.

— Eu?!

— É. Na boate, ontem à noite. Quer dizer, nesta madrugada.

— Boate?

— Encontramo-nos na Medieval, esqueceu-se?

— Eu bebi muito, não me lembro de nada.

— Melhor tomar um banho para refrescar. Se quiser, depois, poderemos almoçar e...

O rapaz fez sinal com as mãos, endireitou o corpo na cama. Deu de ombros e, enquanto caminhava em direção ao banheiro, redarguiu:

— Nada de almoço ou de saídas diurnas. Não quero saber de compromisso.

— Tudo bem, mas não gostaria de me conhecer melhor? Afinal, passamos a noite juntos, tivemos intimidades e...

O rapaz o cortou seco.

— Pode parar com esse discurso. Na verdade, eu só estava de olho em você.

— Menos mal.

— Fiz uma aposta com os meus amigos de que iria seduzi-lo e levá-lo para a cama.

Aquilo pegou Sérgio de surpresa. Acreditava que ultimamente as pessoas andavam bem superficiais. Mas esse rapaz havia extrapolado. Sérgio sentiu-se uma mercadoria ganha num leilão. Nem sabia o que dizer.

— Está feliz? — balbuciou.

O rapaz respondeu com ar de mofa.

— Mais um para eu adicionar ao meu caderninho de conquistas.

Sérgio meneou a cabeça para os lados. Estava cansado desse tipo de envolvimento tão superficial. Havia prometido para Cláudio e para si mesmo que não mais sairia acompanhado da boate. Entretanto, a promessa durava somente alguns dias. Chegava sexta-feira e, já na badalada Medieval, Sérgio acabava cedendo aos encantos de algum jovem e, movido pelo desejo, arrastava-o para sua casa.

Não. Nem de longe era o que sonhara para si alguns anos antes. Sérgio havia passado dos vinte e cinco anos, e não era mais um garotão. Percebia que as pessoas não queriam comprometimento, somente pura diversão. Noites regadas a discoteca, bebida e sexo, muito sexo.

Também pudera. Naquela época, as pessoas não se preocupavam nem um pouco com quem se deitavam nem se importavam em fazer sexo seguro.

Aliás, o termo "sexo seguro" só surgiria após a descoberta da aids. Neste ponto em que nos encontramos na história — fim dos anos 1970 — o risco corriqueiro de contrair alguma doença era muito pequeno. E as doenças sexualmente transmissíveis, geralmente gonorreia e até a temível sífilis, tinham cura.

Sérgio era um homem experiente, havia assumido sua homossexualidade aos dezessete anos, de uma forma triste e dolorida, como ocorre ainda com a maioria dos gays. Ele havia sido um garoto como outro qualquer, muito embora sua preferência por rapazes fosse percebida desde a mais tenra idade. Seus pais trabalhavam como caseiros num sítio em Maringá, no Paraná, e mesmo criado neste ambiente humilde, ele gostava muito de filmes. Com o dinheiro que ganhava do proprietário para realizar pequenos serviços, ele comprava ingresso para a matinê de domingo — geralmente mais barata

— e ia sozinho assistir aos clássicos do cinema americano. Nem se importava com a distância entre o sítio e a cidade. Ia a pé e feliz para assistir a mais um filme e se entregar aos seus sonhos e desejos inconfessáveis, no escurinho do cinema.

Numa dessas sessões, Sérgio começou a sentir algo diferente. Ele venerava as grandes atrizes, mas algo dentro de si, um sentimento desconhecido, mas delicioso, o atraía para os galãs. Rock Hudson, John Gavin e Marlon Brando, todos os astros dos filmes despertavam-lhe um friozinho no estômago, um frisson, então desconhecido. Até mesmo os astros do cinema nacional, como Anselmo Duarte, Hélio Souto e Orlando Villar — com seu tórax definido e de causar inveja —, tiravam-lhe o sono.

Sérgio saía do cinema sempre alegre, com vontade de ser o protagonista junto aos galãs. Ele não se via como a atriz do filme, não sentia desejos de ser a heroína, não se identificava com isso. Ele se via no filme contracenando com o ator, sendo abraçado, acariciado...

Sentia-se confuso, mas esse sentimento era novo, gostoso e, ao mesmo tempo, assustador. Foi a primeira vez que se perguntou o porquê de sentir isso. Por que sentir atração pelos astros, e não pelas estrelas dos filmes? Por que não sentir atração pelas meninas na lavoura, e sim, sentir-se atraído pelos filhos homens? Quem poderia lhe ajudar nessas indagações de adolescente? Como discutir isso com sua mãe? O melhor mesmo era deixar de lado, sentir escondido, sozinho em sua cama, na hora de dormir.

Até que um dia, um dos filhos do dono do sítio — por quem Sérgio tinha uma queda especial — emprestou-lhe um livro muito popular entre os garotos de sua faixa etária. Tratava-se do popular *O que todo rapaz deve saber sobre sexo*. O livro, carregado de padrões ainda muito rígidos no tocante à moral, considerava a masturbação, por exemplo, um vício pernicioso, capaz até mesmo de conduzir à cegueira e à loucura.

Tais ensinamentos deixaram Sérgio confuso e temeroso. Mesmo assim, ele continuou a se masturbar e os anos lhe mostraram que o livro estava errado, porque ele continuava enxergando e não se considerava louco.

Depois de completar dezessete anos, com a libido à flor da pele, ele percebeu que um vizinho do sítio também o olhava de maneira diferente. Entre o flerte e o ato sexual foi um pulo. Encontravam-se numa choupana escondida no meio da mata e amavam-se à exaustão.

Infelizmente, a brincadeira durou pouco. Sérgio foi flagrado pelo pai. A surra e a expulsão de casa foram o preço pago por ter transado com alguém do mesmo sexo. Sua mãe, penalizada com a situação do menino, e que sempre desconfiara das tendências sexuais do filho, dera-lhe pequena soma em dinheiro — o suficiente para uma passagem de trem e uma refeição — e o endereço de uma prima de segundo grau que tinha se mudado havia alguns anos para São Paulo.

Envergonhado e humilhado pelos familiares, só lhe restou passar em casa, pegar algumas roupas e ir direto para a estação de trem. O vizinho, um rapaz solteiro e mais velho que Sérgio, fugiu para uma cidadezinha próxima. Reapareceu tempos depois, casado e com um filho nos braços.

Em São Paulo, Sérgio foi acolhido por dona Carolina, uma senhora solteira, sem parentes, que muito o ajudou. Pagou-lhe a faculdade de matemática e, com muita garra, ele se formou e decidiu dar aulas. Seu método de ensino era tão bom, que logo um dos maiores e melhores colégios particulares da cidade não hesitou em contratá-lo, a peso de ouro. Sua dedicação era extrema, e grande era o carinho e a admiração que recebia de seus alunos e demais professores.

Tempos depois, dona Carolina faleceu, deixando seu apartamento no centro da cidade e mais uma gorda poupança de herança para Sérgio. Isso lhe assegurava uma vida tranquila, juntando o excelente salário ganho no colégio. Havia terminado um namoro de três anos, no fim do ano anterior. O seu companheiro, na onda da liberação sexual que corria solta, foi embora do país com um rico casal que morava em São Francisco, nos Estados Unidos, considerada a capital gay do mundo ocidental.

Desiludido, Sérgio passou a frequentar bares e boates da cidade, onde acabou por se envolver com alguns rapazes — sempre mais novos que ele —, mas nada de grande importância. Não havia muito interesse em relações duradouras naquela época, porquanto o negócio era a discoteca, diversão e muito sexo, de preferência com parceiros diferentes.

Sérgio não se ligava muito nisso, não que fosse um puritano, pois, quando a "coisa" apertava, ele ia direto a uma casa de banho — sauna — num bairro tranquilo e residencial, perto do centro. Limpa, decorada com bom gosto e agradável, com muita gente bonita, a tal casa de banho era o local ideal para relaxar e realizar seus desejos mais íntimos.

Com alguns dias de férias, Sérgio passou a ter mais tempo para esticar nas noitadas. Era sexta-feira e a noite de dezembro, quente e agradável, convidava a todos para um passeio, uma dança... Sempre depois da novela das oito, é óbvio, pois *Dancin' Days* estava quase no fim, e Sônia Braga nos fascinava com sua Júlia Matos, uma mulher sofrida e marginalizada, que dava a volta por cima tornando-se rica e badalada, tentando desesperadamente ganhar o amor de sua única filha, interpretada, na época, pela adolescente — e já talentosa — Glória Pires.

Depois da novela, Sérgio se aprontou para uma saída. Iria à tradicional Homo Sapiens, ou HS, conhecida boate gay do centro da cidade. Era perto de casa e ele poderia ir a pé. Mas a insistência de Cláudio para irem até a Medieval, boate badaladíssima e transada na região dos Jardins, fez com que ele mudasse de planos.

E foi na tal boate badalada que Sérgio deparou com o rapaz que acabara de deixar sua casa. Não trocaram telefone, talvez nem mais se olhassem na cara, caso voltassem a se esbarrar numa noite qualquer. Afinal, esse era um tipo de código entre muitos gays que não queriam saber de compromisso. Conheciam-se, iam para a cama e, num eventual encontro adiante, fingiam não se conhecer.

Sérgio suspirou, terminou de se vestir. Desceu e, assim que ganhou a rua, dirigiu-se a um estacionamento a duas

quadras de onde morava. Seu prédio não tinha garagem —
como a maioria dos edifícios no centro da cidade — e ele alu-
gava uma vaga num galpão ali perto.

— Boa tarde, seu José.

— Oi, filho — José chamava todos os seus clientes de filho.
— Os olhos ainda estão inchados. A farra deve ter sido boa.

Sérgio sorriu.

— Mais ou menos.

Sérgio era um tipo que chamava a atenção. Tinha o corpo
bem-feito, os cabelos pretos jogados para trás, um bigodão
preto espesso e cheio, sem falhas. Os olhos amendoados e
o queixo quadrado lhe conferiam um ar extremamente viril.
Possuía a voz grave, tinha jeito e postura bem masculinos.
Ninguém diria que ele era homossexual. Os gays menos an-
tenados se surpreendiam ao constatar que Sérgio fizesse
parte do time.

Por essa razão, ao dar partida no carro e avançar para sair
do estacionamento, José foi claro:

— Você precisa se casar, menino. Está na hora de ter uma
vida regrada e uma esposa amorosa.

Sérgio sorriu e balançou a cabeça para cima e para baixo.

— Pode deixar, Zé. Um dia eu me caso.

Despediram-se e logo o carro de Sérgio ganhou a rua.
Alguns minutos depois ele estacionava na porta da casa de
Cláudio, um simpático casarão antigo, encravado na Vila
Mariana. Ele deu duas buzinadas — como de costume — e
logo Cláudio apareceu. Sérgio avistou o amigo e sorriu. Sen-
tia-se grato por ter conhecido uma pessoa tão boa.

Cláudio era mesmo uma boa pessoa, além de muito bonito.
Fazia belo par ao lado de Sérgio. Era louro, tinha cabelos lisos,
olhos de um azul profundo. Possuía estatura mediana, porte
atlético e um sorriso cativante. Era seletivo em suas amizades e fora apresentado a Sérgio numa festa, alguns anos
atrás. Nunca houve entre eles qualquer tipo de atração ou
envolvimento. Foi amizade à primeira vista, se assim podemos afirmar.

Cláudio era também um rapaz de jeito e postura bem masculinos. Às vezes dava uma escorregada e sua voz ficava um pouco mais fina, ou a mão sacudia mais do que o habitual. Contudo, era um rapaz bem discreto, da mesma idade que Sérgio, e apaixonado por filmes antigos e cinema em geral.

Sérgio devia todo o seu conhecimento de atores, atrizes, filmes e outras peculiaridades do cinema ao amigo Cláudio. Ele era uma enciclopédia viva, um rapaz que conhecia e sabia de muita coisa. Cláudio tinha mesmo bastante cultura. Crescera amando as artes em geral.

Contudo, não era um rapaz religioso, embora tivesse tido uma formação católica. Pela sua condição homossexual, Cláudio perguntava-se desde cedo o porquê de ser — ou sentir-se — daquela maneira. Afinal, se vivemos somente uma vida, por que diabos não viemos ao mundo de maneira semelhante? Por que temos de nascer brancos, negros, orientais? Por que nascemos e vivemos em classes sociais distintas? Por que alguns têm tudo e outros não têm acesso a nada, nem mesmo às condições básicas de vida? Por que alguns morrem muito cedo e outros morrem numa idade bastante avançada? Por que uns nascem heterossexuais e outros homossexuais?

Essas perguntas martelavam sua cabeça desde cedo e Cláudio tornou-se uma espécie de espiritualista independente e autodidata. Comprava livros, estudava, procurava conversar com pessoas ligadas às várias religiões que aceitavam a reencarnação. E se considerava um espiritualista porque de uma coisa tinha certeza: para ele, a vida continuava após a morte.

Por essa razão, ele procurava levar uma vida em que dava atenção aos seus pensamentos, e mais atenção ainda ao que sentia. Dessa forma, questionava com profundidade e mudava sua postura diante da vida. Procurava ser uma pessoa justa e acreditava viver essa condição homossexual a fim de rever sua posição em relação ao preconceito.

Cláudio não aceitava — como algumas correntes religiosas e até doutrinárias apontavam — que viera ao mundo nessa condição pelo fato de ter sido muito mau ou que estivesse pagando pelos seus pecados aqui na Terra. De forma alguma. Acreditava que havia nascido assim porque precisava experimentar uma nova maneira de se relacionar e, acima de tudo, aprender a nunca mais ser preconceituoso, com nada e ninguém.

Ele sorriu e abriu a porta do carro do amigo. Entrou e logo o seu perfume Lacoste invadiu o interior do veículo.

— Esse perfume é a sua cara, Cláudio.

— Eu sei.

— Por que não experimenta outros?

— Não tenho vontade. Creio que nunca vou deixar de usar esse perfume.

— Você e suas manias...

— Combina com meu jeito de ser e a química com minha pele deixa esse cheiro agradável no ar.

— Sedutor de araque — brincou Sérgio.

— Nem tanto — devolveu, sorridente como de hábito.

— Bem-disposto como sempre.

— Claro, tenho uma vida tão boa. Por que deixaria de sorrir e estar bem-disposto?

— Porque também temos muitos espinhos no caminho.

Cláudio fez ar de mofa.

— Está triste de novo?

— Sim.

— E já até sei o que aconteceu. Nem preciso pegar a minha bola de cristal — ele sorriu. — O rapaz de ontem acordou, banhou-se e ainda riu com desdém quando você lhe pediu o telefone.

— Isso mesmo. Outra frustração.

— Você leva tudo muito a sério, Sérgio. Precisa mudar sua postura, algumas atitudes. Você sai com o primeiro que lhe dá um sorriso. Precisa ser mais seletivo, ir com mais calma.

— Não é fácil.

— Mas também não é difícil. E é por essa razão, e só por essa, que vou deixar de ver o John Travolta para conversarmos — ele consultou o relógio. — Vamos beber, comer e conversar.

Sérgio sorriu e agradeceu.

— Você é mais que um amigo. É meu irmão.

— Ligue esse carro e vamos logo.

— Tem certeza de que nada de cinema?

Cláudio esboçou leve sorriso.

— Não, senhor. Direto para o Sujinho. Vamos sentar na nossa mesa de costume, pedir a nossa bisteca regada a muita cerveja. Só para começar, porque você deve estar morrendo de fome e temos mesmo de conversar.

— Só você me entende.

— Sempre serei seu amigo, você sabe disso — os olhos de ambos brilharam emocionados. — Jamais o recriminarei.

Sérgio concordou com a cabeça. Mesmo que fosse um dos locais preferidos de Cláudio, também gostava muito desse simpático restaurante. Estava havia quase um dia sem comida. Sérgio deu partida no carro e ligou o rádio; logo seu veículo sumiu na primeira curva enquanto os dois cantarolavam alegremente uma música de Donna Summer.

CAPÍTULO 4

O Natal se aproximava e aquele episódio no bar já havia caído no esquecimento, pelo menos para Otávio. Nos momentos em que se lembrava do ocorrido, ele se atirava na bebida e esquecia rapidinho a vergonha que sentiu pelas obscenidades cometidas por aquele filho torto, que nunca deveria ter nascido.

Roberto, certa vez, ao passar pelo corredor que ligava a sala à cozinha, ouviu uma discussão acalorada entre os pais. Foi a única vez, antes da última surra, que ouvira o nome de Otacílio no meio da discussão. Helena falava entre soluços:

— Seu irmão era um bom homem. Você o adorava.

— Por que é que eu tenho de me lembrar de Otacílio?

— Porque você o amava. Eram muito ligados. Não acha que devemos ajudar nosso filho?

— Otacílio era diferente. Matou-se.

— Você bem sabe...

Depois, Roberto não ouviu mais nada. A porta entreabriu-se e ele correu até a cozinha.

— Quem terá sido Otacílio? Por que se matou? — perguntou intimamente para si.

O jovem não se esqueceu e talvez nunca mais fosse se esquecer daquele triste episódio em sua vida. Após aquela surra, ele passou a ser mais introspectivo e só não cometeu uma loucura porque Eliana lhe escrevia palavras de consolo, carinho e encorajamento. E havia acontecido também algo inusitado naquela noite.

Depois de apanhar, cansado e com o corpo cheio de hematomas, Roberto logo adormeceu. Sonhou que estava num lugar que lhe era bastante familiar. Sorriu ao ver uma mulher de braços estendidos para ele.

— Beto, quanta saudade!

Ele estugou o passo e correu em direção àquele espírito de aparência cândida. Abraçou-a com afeto.

— Gina! Quanto tempo.

Ela o abraçou com carinho e em instantes sentaram-se num banco, encravado numa pracinha cheia de flores das mais variadas cores e numa profusão de aromas que inebriava a alma.

— Tenho comido o pão que o diabo amassou.

— Você escolheu ser filho de Otávio e Helena. Eles pediram para recebê-lo como filho e você aceitou. Tudo foi previamente acertado. Consideramos que Eliana e Ricardo formam uma dupla que muito o ama e vai ajudá-lo a ter condições de sair de casa e fechar esse ciclo.

— Mas eles estão longe, cada um cuidando de sua vida. Eu estou sozinho naquela casa, levando porrada, surra, sendo desrespeitado pelo meu próprio pai. Minha mãe não abre a boca com medo de apanhar. Creio que dessa forma eu não vou resistir.

— Vai conseguir. Seu espírito precisa tornar-se forte. Você escolheu Otávio e Helena como pais a fim de resolver pendências do passado. Prometeu respeitá-los e aceitá-los como são. Você tem feito tudo para ser um ótimo filho.

A ÚLTIMA CHANCE

— Eles não estão fazendo o mesmo.

— Problema deles.

— De que adianta eu fazer a minha parte se eles não fazem a deles? Por que ao menos não me respeitam? É só disso que preciso: respeito.

— De certa forma, talvez agora eles não enxerguem o tesouro que é tê-lo como filho. Com o tempo — e estamos falando de eternidade — eles vão mudar suas crenças e atitudes. No fundo eles o amam, mas não se esqueça de que seus pais fazem o melhor que podem. Se pudessem agir diferente, com certeza teriam outra maneira de lidar com a situação. Seu pai ainda sofre bastante pela perda do irmão.

— O que eu tenho a ver com essa história?

— Por enquanto nada. Quem sabe o próprio Otacílio não venha visitá-lo?

— Quando ele morreu eu nem havia nascido.

Gina pendeu a cabeça para cima e para baixo.

— Sua memória está presa nesta vida. Você ajudou Otacílio quando de seu regresso à pátria espiritual. Um dia vai se lembrar.

— Sei que esse nome não me é estranho.

— Não é mesmo — Gina pousou delicadamente a mão sobre a cabeça de Roberto. Transmitiu-lhe energias que pudessem serenar sua mente. — Quero que sossegue e fique em paz.

— Não é fácil ser gay.

— Dependendo do ponto de vista, viver na Terra não é fácil. Quando estamos do lado de cá, no mundo espiritual, traçamos planos, desenvolvemos metas etc. Aprisionados no corpo físico, esquecemos do passado e vamos aprender a desenvolver nosso potencial e fortalecer os pontos fracos.

— Poderia ser mais fácil.

Gina passou os dedos delicados sobre a fronte do rapaz.

— A sabedoria da vida trama em silêncio nosso reencontro com nossa verdade interior. É assim que ficamos mais fortes, que nosso espírito fica mais lúcido e se liberta das ilusões a que permaneceu preso ao longo de muitas vidas. Você quis retornar como homossexual, portanto, essa experiência não lhe é estranha.

— Aqui, ao seu lado, sei disso. Mas por que o mundo não me aceita? Pensei que, com uma sociedade tão evoluída, fôssemos ser mais bem compreendidos e aceitos.

— Você sofreu a dor do preconceito em última existência. Teve medo de assumir seus verdadeiros desejos e pagou alto preço. Quer pagar alto preço novamente?

— Não. Só de pensar nisso me dá arrepios.

— Antigamente, ser gay era passaporte para o escárnio e a punição. Atualmente, os médicos da Terra nem mais consideram a homossexualidade uma doença. Isso já é um avanço. E, conforme nos forem permitidos novos encontros, eu vou lhe esclarecer outros pontos no tocante à homossexualidade e ao trabalho que você se prontificou a abraçar nesta encarnação.

— A medicina! — exclamou Roberto, de maneira esfuziante.

— Isso mesmo.

Ele sorriu e logo seu semblante empalideceu.

— Eu sinto falta dele.

— Primeiro a medicina. Depois, se tudo correr bem, vocês vão se reencontrar.

— Ah, Gina, como eu gostaria de ficar aqui mais tempo. Quando estou ao seu lado, sinto-me mais forte, mais lúcido, mais poderoso.

— Não há diferença de postura entre o mundo astral e o mundo físico. Você pode ser assim na Terra. Foi por esse motivo que eu o chamei.

— O que quer dizer?

— Que está na hora de você mudar seu jeito de ser. Seu espírito tem potencial para crescer e não se deixar abater, não se deixar diminuir pelos outros. Se seus pais, que o amam, tratam-no dessa maneira, imagine como as pessoas no mundo vão tratá-lo?

— Eu fico inseguro, não sei como agir.

— Seja forte. Aceite-se como é. Não é sujo ser gay. Não é pecado ter desejo por pessoas do mesmo sexo. A moral humana é cheia de rancores e preconceitos. A moral divina não rotula os seres humanos. Aqui no astral não somos divididos em heterossexuais, homossexuais ou quaisquer outras denominações que nos aprisionam a determinadas características sexuais. Você sabe disso e precisa reagir.

— Reagir...

— Sim, reagir. Deixe que as pessoas o condenem. Tudo o que fazemos volta para nós, feito um bumerangue, que sempre retorna para as mãos do lançador. Aqueles que o acusarem terão de arcar com a acusação de alguma forma. Os que o ofenderem serão ofendidos. Portanto, fortaleça seu campo áurico, encha-se de bons pensamentos, reavalie suas crenças e posturas e aceite que você vive num mundo em que as pessoas necessariamente não partilham das mesmas crenças e opiniões que você. Daí que aprender a transitar pela diferença de opiniões fortalece nosso espírito para lidar com as nossas próprias diferenças. Não se esqueça de que você é amado e protegido por Deus.

Mesmo cheio de marcas roxas pelo corpo, na manhã seguinte Roberto acordou sorridente e bem-disposto. Mal se lembrava do encontro com Gina, mas uma frase não saía de sua mente: *"Você é amado e protegido por Deus"*.

❧

Depois desse encontro, Roberto continuou a se portar de maneira quieta, mas havia uma força dentro de si que nunca havia sentido. Antes, o jovem trancava-se no quarto para não ouvir piadinhas e agressões verbais do pai. Daquela surra e daquele sonho em diante, ele se tornaria uma pessoa cada vez mais bem resolvida com relação à sua orientação sexual. Nem ligava mais para os comentários maledicentes do pai.

No tocante à homossexualidade, o assunto já havia batido na porta da família, alguns anos atrás. Houve a história envolvendo o irmão de Otávio, cujo desfecho resultara numa tragédia.

Roberto pensou em dar cabo da própria vida, mas uma força maior o segurou e o sustentou. E, no fim das contas, ele não queria terminar sua vida como esse tio, que também fora gay.

Eliana estava sabendo das bebedeiras do pai e conversara com Alaor, seu marido, sobre a possibilidade de o irmão ir morar em definitivo com eles. Ela tinha certeza de que Roberto não passaria no vestibular. A escola em que ele ia se graduar não era lá tão boa assim. E, de mais a mais, era muito jovem e um ano mais de cursinho não iria atrapalhar em nada os planos de se tornar médico.

Alaor aparentava, ou melhor, fingia ser ótimo marido. Esforçava-se para entender a preocupação da esposa e concordara, meio a contragosto, em abrir sua casa para o cunhado. Ele não gostava de Roberto, achava-o uma aberração da natureza, mas não podia contrariar a esposa. Ele queria manter as aparências. Esforçava-se para manter tom natural na voz quando disse:

— Todavia, temos de fazer algumas reformas na casa. Podemos transformar a edícula dos fundos numa suíte e assim seu irmão terá total privacidade — ponderou.

— Obrigada — suspirou Eliana, feliz.

— Não usamos aquele espaço mesmo.

— Se eu não tirar meu irmão daquela casa, creio que meu pai possa cometer maiores desatinos. Ou até mesmo meu irmão. Temo que Roberto faça alguma besteira.

— Nós iremos ajudar seu irmão no que for preciso. Por que não conversa com seu pai?

— Impossível manter conversa com papai. Ele mudou muito nos últimos anos. Fora um pai amoroso, porém sempre um tanto distante. Parecia-me sempre que tinha medo de extravasar seu amor por nós.

— Seu pai tem seu jeito próprio de ser.

— Sim. Cada um é único, mas o seu comportamento com Roberto me assusta. Não tolero violência. Imagine se um dia eu levantaria a mão para a Rafaela! Nunca.

— Fazemos parte de outra geração. Somos mais esclarecidos e mais maleáveis na educação de nossa filha. Seu pai não teve muitas escolhas. Faz parte de uma época em que um filho era criado na base do tapa para entrar nos eixos.

— Papai nunca bateu em mim nem em Ricardo.

— Os filhos são diferentes. E, cá entre nós, Roberto às vezes até que merece.

Eliana não continha o estupor.

— Como se atreve?

— Seu irmão é diferente, só isso.

— Por acaso ser homossexual é crime?

— Não foi isso que quis dizer.

— Foi sim.

Alaor precisava contornar a situação. Ele sabia que Eliana não admitia que falassem mal do irmãozinho afrescalhado. Ele tinha de manter a boca mais fechada. O casamento estava se arrastando e ele não queria criar mais tensão na sua relação com a esposa. Procurou mudar o rumo da conversa.

— Desculpe meu tom. É que eu entendo seu pai. Só isso — e, antes que ela pudesse responder, Alaor sacou nova pergunta, para desviar a mente da esposa: — Seu Otávio anda bebendo muito?

— Entregou-se de vez à bebida. Mal se mantém em pé.

— Converse com sua mãe.

Eliana esboçou um sorriso amarelo.

— Minha mãe não tem opinião. Creio que nós teremos de conversar com Roberto e lhe propor que venha para cá. Ricardo poderá ajudar no pagamento das mensalidades do cursinho e nós lhe daremos casa e comida. E muito carinho — finalizou, emocionada.

Alaor assentiu com a cabeça e estreitou a cabeça dela em seu peito.

— Não acha que seu irmão pode se dar muito mal aqui na cidade?

— Por que pergunta isso?

— Ele tem esse jeito diferente, bem, sabemos que ele não gosta de meninas. E esta cidade está cheia de antros e guetos infestados desse tipo de gente. O viado faz parte de uma raça vingativa e hostil. São pessoas marginalizadas e cheias de ódio no coração.

Eliana desvencilhou-se dos braços do marido. Não podia acreditar no que estava ouvindo.

— Como pode dizer uma coisa dessas?

— Teremos de manter vigilância cerrada em cima do Beto, só isso.

— Crê que meu irmão, somente pelo fato de ser homossexual, seja um marginal? Por que essa mania de achar que todo gay é ruim?

— Não...

Eliana não cabia em si tamanha a ira. Falar mal de Roberto feria-lhe a alma.

— Você está sendo preconceituoso.

Alaor precisava desconversar, pois não estava gostando nem um pouco do rumo que a conversa estava tomando. Não suportaria outra discussão.

— Você não entende o que falo. Defende seu irmão com unhas e dentes. Só não quero que ele se perca na vida. Ele é garoto, é novo, sabe que pode cair em tentação e seguir facilmente para o mau caminho.

— Meu irmão é íntegro, tem bom coração. Não creio que se enverede por um caminho torto.

Alaor riu com desdém.

— Para que caminho torto se Roberto já é torto?

Eliana não se conteve e, quando percebeu, sua mão já havia descido sobre uma das faces do marido. Alaor passou a mão sobre a face avermelhada. E era isso que ele desejava, de maneira inconsciente.

— Nunca mais encoste o dedo em mim, pois da próxima vez você vai se ver comigo.

— Desculpe.

— E ainda defende a não violência?

— Não foi por mal. Você desrespeitou meu irmão.

— Se continuar defendendo seu irmão e batendo no marido, vai me perder.

— Estamos vivendo uma rotina sem igual. Nós dois andamos estressados. Vamos dar uma volta, tomar um sorvete, comer uma pizza.

— Eu vou, mas sem você — Alaor falou, rodou nos calcanhares, passou pelo hall. Pegou a chave do carro e, quando saiu, bateu a porta de casa com força. Rafaela começou a chorar no quarto. Eliana ainda estava aturdida com toda a desarmonia que ali se instalara.

Dalva, uma empregada com olhos vivos e expressivos, de estatura baixa e encorpada, dona de um coração boníssimo, aproximou-se.

— Eu escutei tudo, querida. Fique aqui na sala, recomponha-se. Eu subo e faço Rafaela dormir de novo. A pequenina deve ter se assustado com o barulho da porta batendo.

— Obrigada, Dalva — respondeu Eliana, envergonhada.

A empregada subiu e logo o silêncio se fez. Alguns minutos depois Dalva desceu.

— Rafaela voltou a dormir. Parece um anjinho.

Eliana sorriu.

— Que bom! Espero que ela não tenha escutado. Embora pequena, fico com medo de que ela se impressione negativamente por conta dessas discussões.

— Ela não percebeu nada. Sabe que é muito amada.

Eliana abaixou a cabeça e as lágrimas começaram a correr.

— Não sei o que fazer, Dalva. Alaor está ficando cada vez mais estúpido. Nosso casamento não vai bem há muito tempo.

— Eu percebi. Estou nesta casa desde que Rafaela nasceu. É gritante a mudança de comportamento e de tratamento de seu marido.

— Eu me casei porque gostava dele. Alaor era divertido, brincalhão, inteligente, boa companhia.

— Pareceu-lhe o marido ideal.

— Sim.

— Desculpe me intrometer, mas você o ama?

Eliana mordiscou os lábios.

— Confesso que não.

— Nem quando o conheceu?

— Preciso ser sincera com você e, acima de tudo, comigo mesma. Eu nunca amei Alaor de fato. Eu simpatizei com ele, tínhamos afinidades. Talvez isso seja amor, não sei ao certo. Eu cresci lendo romances e idealizando uma fantasia de amor, acreditando que um dia o príncipe encantado apareceria e me levaria, montada em seu cavalo branco, para seu castelo.

Dalva sorriu.

— Todas nós sonhamos com príncipes, cavalos brancos e castelos. Mas o amor existe, mesmo sem todo esse cenário romântico que idealizamos.

— Acredita no amor?

— Sim. E você ainda vai sentir esse sentimento.

— Do jeito que anda nosso casamento, não creio que esse seja o sentimento que vou ser capaz de nutrir por Alaor.

— A gente nunca sabe quem poderá aparecer em nosso caminho.

— Por que diz isso?

Dalva levantou-se e, enquanto caminhava para a cozinha, tornou:

— Vou lhe fazer um chá de cidreira para tomar antes de se deitar. Pelo jeito, seu Alaor não vai chegar tão cedo.

— Dalva, o que você disse sobre meu caminho? — perguntou, intrigada.

— A vida nos arma muitas ciladas. A gente nunca sabe quem vai aparecer e bater à porta de nossa casa amanhã.

— Novamente eu cairia no sonho de amor. Preciso melhorar meu jeito de ser. Eu provoquei a briga. Não deveria ter dado um tapa na cara dele.

— Quem foi que lhe disse que o seu futuro é mesmo ao lado de Alaor?

Dalva entrou na cozinha e Eliana continuou sentada no sofá. Achava que sua vida estava acabada, que ela havia se casado e agora deveria carregar esse casamento até o fim, mesmo sem amor. Depois de ouvir as palavras de Dalva, era como se um sopro de ânimo e de dias melhores acalentasse seu coração.

Eliana abraçou-se a uma almofada e esboçou lindo sorriso.

CAPÍTULO 5

Roberto estava ansioso e contando os dias para terminar o ano letivo. Havia fechado todas as matérias, mas tinha de ir à escola para não estourar em faltas. Ultimamente pensava na possibilidade de ir para São Paulo, porquanto Eliana lhe contara que havia conversado com Ricardo e ambos iriam ajudá-lo a sair de casa. Ela lhe ofereceria casa e comida. Ricardo pagaria as mensalidades do cursinho.

— Deus queira que essa possibilidade se concretize!

Roberto falou e o telefone tocou.

— Eliana. Que bom ouvir sua voz!

— Estava com saudades.

— Eu também.

— Tenho novidades para você.

— Não me diga que...

Eliana assentiu com a cabeça do outro lado da linha e completou:

— Seu sonho de morar comigo vai se tornar realidade.

— Mesmo?

— Alaor concordou em fazer reformas na edícula. Até o início do ano tudo estará pronto.

— Não quero atrapalhar sua vida de casada.

— Jamais vai me atrapalhar. A sua vinda para cá vai me fazer um bem danado. Na verdade — ela baixou o tom de voz — eu e Alaor não estamos passando por uma boa fase no casamento.

— Há algo que eu possa fazer?

— Aprontar as malas, empacotar seus discos e livros e contar os dias!

Roberto sentiu alegria indescritível.

— Se não fosse você e Ricardo, não sei o que seria de minha vida.

— Sorte sua ter irmãos como nós, que o amam e o aceitam como é.

— Quer saber? Não vejo mesmo a hora de sair daqui. Por mais que tente, papai não me dirige a palavra. Mamãe, bem, você sabe, sempre permanece quieta, sem voz, sem se posicionar.

— Sinto que você precisa mesmo sair daí.

— Obrigado, minha irmã. Sei que seu casamento não vai muito bem, mas desejo do fundo de meu coração que tudo se resolva. Quero que seja muito feliz!

Ambos desligaram o telefone emocionados. Eliana e Roberto tinham profundo carinho um pelo outro. E ele percebia o esforço da irmã e do irmão em tirá-lo daquela casa. Efetivamente não dava mais para viver sob o mesmo teto que seu pai.

Roberto afastou os pensamentos desagradáveis e lembrou-se de quando fora uma única vez a São Paulo. Alaor conseguira trabalho numa instituição financeira estrangeira com sede na capital. Ele e Eliana iriam se casar em Jundiaí, mas em seguida mudariam para uma casa que os pais de Alaor deram de presente ao casal, num bonito e tranquilo bairro habitado pela alta classe média paulistana.

Eliana, dotada de extremo bom gosto, mobiliara lindamente a casa e levara Roberto para ajudá-la a desembrulhar os presentes do casamento. O rapaz tinha ficado maravilhado com o sobrado espaçoso e ajardinado. Encantara-se com o bairro, com a vizinhança, com as ruas arborizadas e floridas. A cidade era grande, parecia ter muitas coisas interessantes para fazer e, o melhor de tudo, tinha várias discotecas e cinemas para frequentar.

O rapaz, depois que desligou o telefone, correu para contar a novidade para Helena. Ela já havia sido informada por Ricardo e Eliana de que queriam o irmão caçula estudando na capital e não se opusera. Muito pelo contrário, sentira certo alívio ao perceber que o garoto não viveria mais sob seus cuidados. Ela acreditava ter falhado como mãe. E via essa mudança como algo positivo.

— Vou sentir sua falta. Você é meu braço direito.

— Preciso pensar no meu futuro, mãe.

Helena foi até uma das estantes da cozinha e pegou um pote. Dele tirou umas notas de dinheiro.

— Tome.

— Para quê?

— Hoje é um dia muito especial para você. Vá tomar um sorvete, dar uma volta ou mesmo comprar um disco.

Roberto beijou-a na testa.

— Obrigado.

Ele mal falou e saiu em disparada para a rua. Pensou em ir a uma loja não distante de sua casa e comprar o disco do filme *Grease — Nos tempos da brilhantina*. Nem tirou os chinelos de dedo. Estava de shorts e camiseta.

— Vou assim. Um pulinho até a loja e volto para ouvir meu disco.

O rapaz ganhou a rua, dobrou a primeira esquina e sumiu. Ao dobrar a terceira quadra depois de sua casa, aconteceu o inesperado. Roberto arregalou os olhos e encostou o corpo no muro logo atrás, para não cair, tamanho o susto.

— Oi, viadinho.

Ele não respondeu.

— Além de bicha também é surda?

— Ah?

— Vou repetir. Oi, viadinho.

— O... oi.

— Vai aonde?

— Não interessa.

— Hum, a bichinha está bocuda, falando num tom que não estou gostando.

— Por favor, deixe-me em paz.

Dênis sorriu de maneira perversa.

— Não sem antes fazer algo que quero — ele falou e meteu a mão por dentro da calça. — Já sabe o que quero.

Roberto fez um esgar de incredulidade.

— Não! — gritou.

— Calma.

— Não vou fazer nada. Você não pode me obrigar.

— Como não? Você tem uma mão muito macia.

— Por favor, eu suplico, deixe-me em paz.

Antes que ele terminasse de falar, Dênis levou os dedos à boca e assoviou. Logo dois rapazes bem fortes e mais velhos apareceram.

— Ele disse que não quer nada — desdenhou Dênis. — Vocês não estão com vontade de se divertir com a "Mariquinha"?

— Estamos — disseram os dois brutamontes.

— Então vamos fazer a festa. Aqui está o brinquedo — apontou para Roberto.

O menino não teve tempo de correr nem de se defender. Os rapazes o puxaram com força e o meteram dentro de um fusca, estacionado ali na calçada. Dênis sorriu maliciosamente. Estendeu a mão a um dos rapazes e lhe deu algumas notas.

— Aqui está o dinheiro que lhe prometi.

— Valeu, cara. Pode deixar que a gente vai cuidar direitinho do menino.

Dênis acenou para Roberto, rodou nos calcanhares e logo desapareceu na curva.

A ÚLTIMA CHANCE

Um dos rapazes pegou no volante, deu partida e saiu com o carro cantando pneu. Só restava a Roberto orar. Pediu com tanta força, orou com tanta vontade, que foi atendido. Gina, do plano espiritual, captou-lhe os pensamentos e imediatamente lhe enviou vibrações de luz do local onde ela estava. Roberto foi tomado por uma força estranha e sentiu o medo se dissipar. Afirmou para si, com convicção:

— Sou amado e protegido por Deus!

Num dos cruzamentos, o sinal vermelho obrigou o carro a diminuir a marcha. O rapaz no volante passava a língua pela boca, antegozando o momento em que iria botar as mãos naquele menino delicado na aparência, porém com um corpo bem interessante. O outro rapaz se comprazia com os movimentos que obrigara Roberto a lhe fazer na genitália.

Roberto estava de olhos fechados. Sentia náusea por estar sendo forçado a uma situação tão humilhante. Foi nesse momento que ele se vestiu de coragem. Assim que o carro parou, ele não pensou duas vezes. Amparado pelas forças espirituais superiores, Roberto estufou o peito, abriu os olhos injetados de fúria. Apertou o membro do rapaz ao lado com tanta força que ele uivou e chorou de dor.

Enquanto o motorista tentava concatenar os pensamentos, Roberto empurrou o banco para a frente e desferiu um tapa na cara do outro moleque. Em seguida, girou a maçaneta e saiu em disparada.

Um policial aproximou-se do veículo, e os rapazes, assim que o sinal ficou verde, decidiram abandonar o plano e ir embora.

Roberto correu o mais que pôde. Quando sentiu dor no lado direito do ventre, resolveu parar. Estava cansado, arfante, mas sentia-se um vencedor. Havia driblado a situação, havia se safado dos brutamontes. Ele respirou fundo e tentou acalmar-se. Pelo menos não sofrera nenhum tipo de abuso. Não suportaria ser molestado por aqueles dois brutamontes.

Intimamente ele agradeceu a Deus e sentiu uma leve brisa tocar-lhe o rosto. Depois, entrou num bar. Pediu um refrigerante. O atendente abriu a garrafa e colocou-a na sua frente.

— Quer copo ou canudinho?

— Um copo, por favor.

Roberto pegou a garrafa e, com as mãos trêmulas, tentava acertar o líquido dentro do copo. Depois, com dificuldade, conseguiu levar o copo à boca.

No outro lado do balcão, uma simpática mulher, perto dos quarenta, muito bem-vestida, encarou-o de soslaio. Em seu íntimo, ela percebeu que Roberto estava agitado. Notou suas mãos trêmulas e o rosto pálido. Aproximou-se e, com delicadeza na voz, perguntou:

— Está perdido?

Ele não respondeu.

— Aconteceu alguma coisa?

— Estou bem.

— Não parece.

— Passei por um aperto agora há pouco, mas estou bem.

O jeito de ele falar a encantou. A firmeza na voz do menino não condizia com sua aparência delicada.

— Você me parece um rapaz de opinião.

— Digamos que sim.

Ela estendeu a mão.

— Prazer, meu nome é Leila.

Ele a cumprimentou e sorriu.

— Prazer, o meu é Roberto, mas também me chamam de Beto.

— Posso ficar sentada ao seu lado aqui no balcão?

— Sinta-se à vontade. Quer beber o quê?

— Um guaraná.

Beto pediu ao rapaz atrás do balcão. Estava mais calmo, o susto havia passado. E a firmeza também. Imediatamente ele se lembrou dos brutamontes, do sorriso sarcástico de Dênis e seus olhos marejaram.

— Por que tem de ser assim, meu Deus? — perguntou para si.

Leila percebeu que o semblante dele havia mudado. Roberto estava com um ar diferente, mais pesado, sisudo.

— O que foi? Você está com uma cara...

Ele não teve tempo de responder. Virou-se abruptamente e abraçou-se a ela, com tanta força e tanto desespero, que ela também o abraçou. O menino caiu num pranto sincero.

— Chi! Não fique assim. Estou aqui para ajudá-lo.

Ele continuava chorando.

— O que aconteceu? — quis ela saber.

— Eles quiseram me pegar.

— Mas não pegaram.

— Hoje. E amanhã?

— Ninguém vai pegá-lo.

— Eles me dão medo. Será que terei sempre de fugir?

— Estou aqui e ninguém vai machucar você. Confie em mim.

Roberto fez sinal afirmativo com a cabeça e continuou abraçado a ela, sentindo o calor de seu corpo, segurança e proteção. Nunca havia visto aquela mulher em sua vida, contudo, ela lhe transmitia uma paz, uma calma, uma bondade que nem mesmo sua própria mãe tinha sido capaz de lhe transmitir. Aliás, esse era o tipo de abraço e carinho que esperava sentir de sua mãe e nunca sentira. Ficou por alguns instantes sentindo o calor que emanava do corpo de Leila.

Ele se afastou, esfregou o nariz.

— Nossa, ao abraçar você senti um calor tão gostoso!

— Eu também — disse ela, emocionada. Aquele abraço fez Leila lembrar-se do passado. No momento precisava espantar esses pensamentos. Simpatizara com o garoto tão logo seus olhos se cruzaram.

— Quantos anos você tem, criança?

— Dezessete. Vou completar a maioridade logo, logo.

— Aparenta bem menos. Pensei que tivesse uns quinze, no máximo.

— É, eu aparento menos idade. Quero que os dezoito cheguem logo.

— Por quê?

— Não consigo nem driblar o lanterninha no cinema. Não com essa cara.

Ela sorriu. Seus dentes perfeitos e alvos a tornavam mais bonita e simpática.

— Melhor assim. Daqui a alguns anos, você vai agradecer por aparentar menos idade.

— E você, quantos anos tem, Leila?

— O suficiente para entender que você quase se meteu em encrenca e precisa de uma amiga como eu.

— Eu não queria e eles me forçaram.

— Forçaram a quê?

O rosto de Roberto ficou vermelho num instante. Leila era uma mulher experiente, aprendeu a ser forte com a vida dura que tivera e, de cara, entendeu o que havia acontecido. A fragilidade e delicadeza do rapaz eram facilmente notadas, e ela perguntou com carinho:

— Tentaram molestá-lo?

Roberto fez sim com a cabeça.

— Conseguiram?

— Não.

Ela fez o sinal da cruz.

— Graças a Deus!

— Nem sei explicar como consegui me livrar. Fui tomado por uma força descomunal. De repente, numa questão de segundos, eu consegui me livrar dos dois.

Roberto contou como havia conseguido se livrar dos brutamontes, e Leila riu satisfeita.

— Não poderia ter sido mais ousado. Você foi brilhante, criança.

— E assim vim parar aqui neste bar.

— Ótimo. Foi a maneira que a vida encontrou para que tivéssemos a chance de nos conhecer.

— Acha mesmo?

— Sim.

— Por que diz isso?

— Porque a vida nunca une as pessoas ao acaso, está sempre nos trazendo uma lição, um aprendizado.

O garoto pensou por instantes e bebericou um pouco de refrigerante. Suas mãos não estavam mais trêmulas. A cor do rosto voltara ao normal. Sentiu até vontade de pedir uma coxinha de frango, no balcãozinho de vidro à sua frente. Pediu e deliciou-se com o salgadinho. Enquanto comia com prazer, replicou:

— Não sei o que quis me mostrar com esses brutamontes. Brincadeira de mau gosto da vida, isso sim.

Leila sorriu e passou a mão pelos cabelos anelados do rapaz.

— Tem senso de humor, isso é bom. A presença do humor torna a nossa vida menos dramática. Mas, voltando aos sinais que a vida nos dá, ao aprendizado que ela quer nos trazer, penso que no seu caso, em particular, o sinal é bem claro.

— Qual?

— Você precisa aprender a se defender.

— Mas eles são mais velhos, mais fortes.

— O mundo é dos fortes.

— Eu não sou forte.

— Não adianta querer que tudo seja diferente, ou mesmo do jeito que você imagina ser.

— Quer dizer que sempre vou apanhar do mais forte, vou sempre sofrer porque há alguém mais forte que eu?

— Sim — rebateu Leila, com docilidade na voz. — Bem--vindo ao mundo.

— Não acho justo.

— Não é uma questão de justiça, minha criança, mas de realidade. O mundo é dos fortes. Os fracos não sobrevivem. Até no mundo animal é assim, somente os fortes é que se mantêm.

— Não me considero um fraco. Entretanto, também não me sinto forte para combater esses brutamontes.

— Não interessa. Você não veio "assim" ao mundo à toa.

— Assim como?

— Ora — tornou Leila —, você tem dezessete anos. Sabe do que estou falando. É um menino diferente, sente-se esquisito, não deve ter muitos amigos homens. E, para finalizar — ela baixou o tom e a voz —, não gosta de meninas.

Roberto arregalou os olhos.

— Está tão na cara assim?

— Está.

Eles riram.

— Nasci assim.

— Isso não é vergonhoso.

— Meu pai diz que é. Chama-me de anormal, de bichinha.

— Seu pai está enganado. Diz isso porque não sabe lidar com as diferenças.

— Ele sempre joga na minha cara que sou um erro da natureza.

— Não é à toa que a vida lhe deu um filho diferente do padrão, um filho que a sociedade julga ser anormal.

— Mas não conheço outro como eu. Sinto-me o único no mundo.

Leila riu com gosto.

— Existem muitos outros que sentem o mesmo que você. Um monte — juntou os dedos.

— Um monte? Igual a mim?

— Por certo.

— Eu não vejo isso na televisão, não escuto no rádio, não leio nos jornais. Pelo contrário, só vejo desgraça quando o assunto é homem com... homem.

— Está enxergando de maneira equivocada.

— A sociedade afirma que o certo é menino com menina, homem com mulher. Minha irmã Eliana muito tem me ajudado. Ela conversou com médicos lá na capital e tem me encorajado a me aceitar como sou. Mas fica difícil, porque eu não vejo os outros como eu. Não tenho referências.

— Sua irmã está certa. Você não pode dar ouvidos ao mundo. Precisa, sim, dar ouvidos aos anseios de sua alma.

— É difícil. Sempre ouço que a sociedade não tolera a homossexualidade.

— Isso é o que a sociedade diz ser errado. Entretanto, como acatar certo tipo de tendência como normal, se aí dentro — ela apontou e encostou a mão delicadamente no peito dele — você sente diferente dos demais?

— Como mudar?

— Não há o que mudar.

A ÚLTIMA CHANCE

— Não quero mais ser xingado na rua, não quero mais ser apontado como uma bichinha.

— Você não vai mudar aquilo que sente. Sua essência é essa, ou seja, você gosta de pessoas do mesmo sexo que o seu. Não adianta, de maneira alguma, mudar sua natureza. Todavia, você pode mudar atitudes e posturas.

— Como?

— Você precisa aprender a ser forte. Precisa aprender a dar valor a si mesmo, embora a maioria das pessoas diga que você esteja agindo ou comportando-se de maneira errada. Você deve estar em sintonia total com seu coração. Precisa parar de pensar no que os outros dizem e sentir o que realmente tem vontade de fazer.

— Essas suas palavras me estimulam a continuar lutando.

— Deixemos de lado esse tom melodramático. Você não precisa lutar contra nada. Basta aceitar-se como é. Aceite que você gosta de rapazes e procure jamais corromper sua verdade interior. Não queira forçar sua natureza por conta das convenções sociais.

Uma lágrima sentida escorreu pelo canto do olho de Roberto. Ele se abraçou a Leila.

— Esperava ouvir isso de minha mãe. Mas ela tem medo de meu pai. Nunca quis conversar comigo sobre esse meu sentimento.

— Não pode esperar que os outros façam o que você tem de fazer. Sua mãe tem limites e não enxerga a vida como você.

— Ouvi uma história atrás da porta, certa vez. Meu pai tinha um irmão assim como eu, creio. Ele se matou porque não suportou o peso de ser homossexual, eu acho...

— Infelizmente, muitos gays cometem suicídio porque se sentem injustiçados pela vida.

— E não são?

— Cada um é responsável por si.

— Acredita que isso seja genético?

— Não. Acredito que a gente venha ao mundo para ser feliz. Mais nada.

— Nunca tive o apoio de ninguém. Quer dizer, minha irmã, Eliana, sempre me entendeu. Meu irmão, Ricardo, embora vivendo longe de casa, também me trata com carinho e respeito. Ambos me aceitam como sou.

— A vida o amparou com irmãos que o respeitam e o admiram, que o aceitam como você é. Nem todas as famílias são assim. E agora você também tem uma amiga para ajudá-lo.

— Obrigado, Leila.

Roberto demorou para terminar seu refrigerante. Queria ficar mais tempo ao lado de Leila. Ela percebeu a ansiedade do menino e indagou, num tom natural:

— O que pretendia fazer quando foi abordado na rua?

— Ia comprar um disco.

— Eu tenho uma grande coleção de discos na minha casa. De filmes, de novelas, de cantores e cantoras nacionais e internacionais.

Os olhos de Roberto brilharam de felicidade.

— É mesmo? Você tem tudo isso?

— Sim.

— Um dia você me mostra?

— Gostaria de ir até minha casa? Tem também bolo de chocolate e guaraná. Podemos conversar mais um pouco e nos conhecer melhor.

— Eu adoraria.

Leila sacou o dinheiro da carteira e pagou a conta. Saíram do bar e dobraram a esquina em direção à casa dela, não muito distante dali.

Ela sentiu forte vontade de se aproximar mais de Roberto. O seu desejo materno voltou com força e ela viu no menino a possibilidade de extravasar todo o amor que represara por anos. Leila espantou os pensamentos com as mãos. Iria pensar nesse assunto depois. Agora queria conhecer melhor esse menino, que, se fosse um pouquinho mais velho, teria a idade de... Leila sacudiu a cabeça. E disse para si, em pensamento:

Agora não é hora. Não quero pensar nesse assunto.

Ela se abraçou a Roberto e foram conversando animadamente até chegarem à casa dela. Era um sobradão bem jeitoso. Tratava-se de uma construção antiga, de dois pavimentos. Na frente da casa havia um bem-cuidado jardim. Mesmo no inverno, em virtude das ondas de calor, o jardim mantinha-se florido. Um cachorrinho, cocker spaniel, de pelugem caramelo, correu saltitante até ela.

— Meu bebê! Sentiu saudades da mamãe?

O cachorrinho latia de felicidade e lhe lambia o rosto. Em seguida atirou-se sobre Roberto e fez o mesmo.

— Ele gostou de você — afirmou Leila.

— É o que parece.

— Sinal de que você é uma boa pessoa.

— Adoro cachorros.

— E por que não tem um? Os bichos nos ensinam a sermos mais dóceis e mais amorosos com nós mesmos e com os outros ao nosso redor.

— Meu pai diz que é coisa de gente fresca. E que cachorro dá muito trabalho.

Leila suspirou.

— Vamos entrar. Rex está feliz com nossa presença.

— Nome comum demais para cachorro.

— Eu sempre quis ter um cachorro com esse nome. A maioria dos cachorros nas fitas americanas tem o nome Rex.

— Tem razão.

— Você tem preferência por algum estilo musical?

— Adoro música, mas também adoro filmes. Procuro ser rápido depois do almoço. Ajudo minha mãe na cozinha e corro para assistir aos filmes antigos na televisão.

— Pena que muitos clássicos não passam mais.

— Mesmo assim me contento com os filmes da *Sessão da Tarde*.

— Você fala algum outro idioma?

— Estudei inglês e um pouco de francês no colégio. Entretanto, aprendi bastante com as músicas americanas. Posso garantir que sei me virar muito bem. Por que a pergunta?

— Porque eu tenho algumas fitas antigas, quer dizer, alguns clássicos aqui em casa e poderíamos assistir. Mas os filmes são importados, portanto não têm legenda.

— Adoro assistir aos filmes de rolo. Na escola eles passavam e...

Leila o interrompeu.

— Não. Aqui é tudo moderno. Já ouviu falar em videocassete?

— Já. Vi uma matéria num programa de televisão. Os aparelhos vão chegar em breve aqui no país.

— Eu já tenho um.

— Verdade?

— Hum, hum. Uma conhecida trouxe um aparelho dos Estados Unidos. Se quiser, podemos assistir a um filme nesse aparelho.

Roberto sorriu satisfeito. Horas atrás pensara que sua vida fosse se transformar em novo inferno. Entretanto, conseguira se livrar daqueles brutamontes e conhecera uma pessoa que, à primeira vista e de maneira natural, entendia-o e aceitava-o do jeito que era.

O rapaz esboçou novo sorriso e agradeceu por estar e por se sentir amparado na casa de Leila.

A alguns metros de distância, Dênis, que os tinha observado sair do bar até entrarem na casa de Leila, estava fulo da vida. Havia combinado com os dois amigos de darem um susto em Roberto e, na hora em que ele estivesse pronto para ser devorado por aqueles abutres, ele sentiria o gosto da vingança. Mas de que vingança?

Dênis não conseguia explicar, mas desde que conhecera Roberto na escola e percebera seu jeito, digamos, delicado, passou a azucrinar a vida do menino. Afinal de contas, tudo não passava de uma grande defesa. Dênis sentia-se também atraído por meninos e demoraria para aceitar essa verdade. Roberto era como se fosse sua imagem refletida num espelho. E Dênis não suportava olhar para esse espelho.

CAPÍTULO 6

Cláudio — por extenso Cláudio Ramos Beneducci — era filho de imigrantes italianos que chegaram ao Brasil durante a Segunda Guerra Mundial. Seus pais já eram casados na Itália e tinham dois filhos quando a guerra eclodiu. Deixaram tudo para trás e vieram para cá com uma mão na frente e outra atrás. Arregaçaram as mangas e trabalharam dia após dia numa fazenda de café na região do Vale do Paraíba. Passados alguns anos, seu pai transformou-se em comerciante, começou a ganhar dinheiro e a família veio para a capital. Logo depois nasceu Cláudio. Um menino muito bonito e inteligente.

Desde cedo Cláudio questionava os valores da Igreja, os dogmas religiosos. Era uma criança que estava sempre com um "por quê?" na ponta da língua, pronto para ser disparado. Estava sempre à cata de explicações acerca de tudo, principalmente acerca da vida e das forças que regem o universo.

Cláudio graduou-se em economia e trabalhava na diretoria de um banco estrangeiro, com sede no centro da cidade. O rapaz nunca se enamorara por ninguém, nunca se apaixonara de verdade. Saía de vez em quando, mais para satisfazer seus instintos do que para buscar um grande amor.

A afinidade entre ele e Sérgio crescera a ponto de algumas pessoas sentirem inveja dessa amizade tão bonita e tão sincera. Cláudio dava de ombros e não acreditava que a força do mal pudesse atrapalhar sua vida, ou mesmo sua amizade com Sérgio.

Seus pais sabiam de sua orientação, mas preferiam não tocar no assunto. Cláudio era maior de idade e independente. Faziam vistas grossas quando ele levava algum amigo para passar uns dias no apartamento de praia da família.

Na semana entre o Natal e o Ano-Novo, Cláudio convidou Sérgio para passarem o réveillon juntos, no Guarujá, onde seus pais tinham uma linda cobertura com vista indevassável para o mar.

— Meus pais vão ficar em casa e meus irmãos não querem ir à praia. Vou fazer uma reunião para poucos amigos.

— Sabe que não gosto muito de praia cheia, lotada. O que posso fazer é ir no dia 31 e voltar no dia seguinte.

— Não tem graça — protestou Cláudio. — Você é como um irmão para mim. Aproveite que está de férias e fique comigo uma semana. Prometo que a gente volta rápido e eu dirijo.

— Dessa forma o convite se torna irrecusável — ponderou Sérgio. — Aceito.

— Você vai comigo no dia 30. Eu já falei com papai e ele mandou que limpassem o apartamento. Uma das empregadas de casa vai para lá e assim ficaremos na maior mordomia.

— Quem você vai chamar?

— Pessoas amigas. Gente legal. Talvez umas três ou quatro. Um casal que trabalha no banco, mais uma amiga de infância. Talvez algum outro amigo.

— Podia chamar o Vicente e...

Cláudio meneou a cabeça para os lados, negativamente.

— Não quero.

— Até agora não entendo por que tanta implicância com o Vicente. Ele até que beija bem.

— Pare com isso, Sérgio. Há certas coisas na vida que a gente não tem como explicar. Não se trata de repulsa e eu não vou julgar ninguém. Não estou afirmando que Vicente seja boa ou má pessoa. Eu não simpatizo com ele.

— Fala com tanta propriedade!

— Carlos e ele já foram namorados.

— Ele namorou o Carlos?

— Sim. E Carlos me disse que Vicente é muito galinha, pula de galho em galho mesmo quando está namorando. Para que se envolver com alguém assim, ainda mais você que chama tanto a atenção e é paquerado a torto e a direito?

— Ele me parece ser um rapaz frágil, carente de afeto e de atenção.

— E você vai ser o homem que vai enchê-lo de carinho e afeto e vai ganhar o diploma de namorado do ano? Ou melhor, namorado do século?

— Não sei, é que...

— Nem quero que continue. Você é um homem bonito, bem situado na vida. Poderia estar namorando alguém que pelo menos fosse fiel. Fica sempre atraindo essas pessoas complicadas na sua vida. Por quê? Ainda quer se punir por ser gay?

— Não é isso.

— Pois para mim parece que é, sim — rebateu Cláudio. — Parece que você não se aceita, não engole o fato de ter nascido gay.

— Confesso que, se eu tivesse gosto por mulheres, tudo seria diferente, seria menos pesado. Não é fácil ser homossexual. Ter de mentir, inventar namoradas, chamar uma amiga para ir à festa de fim de ano do colégio a fim de não levantar suspeitas...

— Você se incomoda demais com o que os outros pensam.

— Sou professor. Tenho minha reputação a zelar.

— Para início de conversa, não gosto nem mesmo dessa palavra. Reputação, já tem palavrão no meio.

Os dois riram.

— Você tem de se dar o respeito, Sérgio. Não digo que precise levantar bandeira e sair gritando aos quatro cantos do mundo que é gay e o mundo tem de engoli-lo assim e assado. Nada disso.

— Mas...

— Nada de mas... precisa respeitar a si mesmo. Respeitar a si e aos outros. Todavia, precisa se bancar, não pode deixar se corromper pelos valores contaminados da sociedade.

— Não sei ao certo. É muito duro para mim. Eu sou homem, gosto de me sentir homem. Visto-me como tal.

— E o fato de sentir atração por outro semelhante o atormenta tanto assim?

— As pessoas têm uma ideia equivocada do que seja ser homossexual. Acreditam que todo gay é afetado, que falamos como se tivéssemos um saco de gatos na boca. E que somos todos, sem exceção, um bando de pervertidos.

— A sociedade tem uma maneira equivocada de nos ver. Isso faz parte do nosso aprendizado.

— Ora, que aprendizado?

Cláudio fez sinal para o garçom, e pediu mais duas tulipas de chope. Sérgio acendeu um cigarro e ofereceu outro para o amigo.

— Obrigado.

— Explique-me melhor tudo isso...

— É algo que sinto aqui — Cláudio apontou para o próprio peito. — Creio que viemos ao mundo para experimentar, trabalhar com nosso orgulho, com nossas emoções.

— Não sou orgulhoso.

— A partir do momento que você dá mais valor aos outros do que a si mesmo, isso para mim é sinal de orgulho, num grau bastante elevado.

— Você se sente bem sendo assim?

— Quer saber se me aceito do jeito que sou?

A ÚLTIMA CHANCE

— Isso mesmo.

— Sim, Sérgio. Estou em paz comigo. Desde cedo eu me questionei a respeito de minha homossexualidade. Por que vim assim ao mundo?

— E chegou a alguma conclusão?

Cláudio deu uma tragada no cigarro e fitou o nada. Em instantes soltou a fumaça pelas narinas e respondeu.

— Há várias considerações a serem feitas. Primeiro vem o preconceito. Quem sofre assim na própria pele é capaz de entender todo tipo de preconceito. Eu e você ainda conseguimos manter as aparências, se quisermos. E aqueles que por natureza demonstram certa fragilidade, são mais sensíveis e têm posturas mais delicadas?

— Sofrem mais.

— Sofrem porque acreditam que nasceram com defeito de fábrica. Em vez de darem valor a si próprios, preferem acreditar naquilo que os outros dizem. Por tudo isso, estou sempre ao meu lado, não importa o que aconteça.

— Mesmo que você erre?

— Sim. Eu me perdoo por errar. E encaro os erros como experiências para que eu melhore cada vez mais, como pessoa, cuidando melhor de mim e respeitando mais os outros à minha volta. O mundo pode estar contra mim, pode virar-me as costas, mas eu nunca posso me abandonar. Consegue compreender que é algo mais forte que a minha própria vida?

— Entendo. Todavia, não consigo pensar como você, amigo. Não me aceito assim.

Cláudio pegou sua tulipa e bebericou seu chope. Em seguida, estalou a língua no céu da boca, como de costume.

— Você escolheu vir assim ao mundo.

— Duvido. Nunca pediria para nascer com esses sentimentos.

— Claro que escolheu. Eu tenho certeza de que somos responsáveis por tudo o que atraímos na vida. Nós escolhemos nosso corpo, nossa família, o país em que nascemos, tudo por afinidade energética, se é que me entende.

— Acha que eu escolheria nascer viado e no Brasil?

— Sim.

— Muito fantasioso para o meu gosto. Não creio que tenhamos esse poder.

— Pois temos. Nós somos fortes. E somente os fortes é que sobrevivem. Não é à toa que ainda vivemos entre guerras. Os mais fortes derrubam e aniquilam os mais fracos.

— Dessa forma parece que você está defendendo a guerra, a violência — protestou Sérgio.

— Eu não estou defendendo nada. Eu não inventei a guerra, ela já existia quando eu nasci. Faz parte do mundo. E, se faz parte, é porque temos de aprender a ser fortes e a nos defender do inimigo. Esse mundo em que vivemos nos fortalece nesse sentido.

— Não consigo pensar como você.

— Sérgio, meu amigo, você precisa lidar com seus fantasmas interiores. Estamos há séculos sendo obrigados a alimentar uma culpa imposta pela Igreja. Faz quase dois mil anos que somos tratados como párias da sociedade por sermos gays. Isso precisa mudar, mesmo que seja pela dor.

— É duro. Sinto-me abandonado, órfão no mundo.

— Existem milhares, milhões assim no mundo como você, que sentem como você, que desejam o mesmo que você.

— Talvez tudo o que você tenha dito seja verdade.

— Em vez de trocar de parceiro como troca de cuecas e frequentar saunas e outros lugares de sexo fácil, é melhor ir a um consultório e procurar um especialista terapêutico. Isso sim poderá ser uma boa saída para você.

— Não sou um doente para ter de ir a um psiquiatra.

— Desculpe informá-lo — Cláudio bateu levemente no ombro de Sérgio —, mas seu campo emocional não está nada bem. Sua alma está começando a ficar doente.

Sérgio nada disse. Ficou a fitar o nada por alguns instantes. De repente, em sua mente vieram várias cenas. Era como se flashes, sem ordem cronológica, passassem a torto e a direito. Veio o primeiro xingamento de rua, as brincadeiras de mau gosto na escola, os olhares acusadores e maledicentes dos

A ÚLTIMA CHANCE

vizinhos, a saída traumática de Maringá, a culpa que sentia cada vez que saía com outro homem...

Cláudio o chamou para si.

— Começa a refletir sobre o passado?

— De que adianta trazer o passado à tona? Para eu me machucar ainda mais?

— De forma alguma. Relembrar o passado talvez o torne mais forte. Você pode, com uma cabeça melhor e emocionalmente estável, olhar com outros olhos para o passado e, acima de tudo, perdoar-se, afinal, você não fez nada de errado.

— Não?!

Cláudio sorriu.

— Enquanto você tiver dúvidas, não vai se livrar dessa culpa. Bom, melhor começar a se escutar e aprender a se aceitar incondicionalmente, seja pela estrada da inteligência ou da dor. Eu prefiro escolher o caminho da inteligência. Não quero sofrer para perceber o óbvio.

— Qual?

— De que não importa o que digam, o que pensem ou mesmo até que nos reprovem no comportamento. Temos de nos respeitar e ter orgulho de nós mesmos.

A conversa fluía agradável, porém, algum tempo depois, Vicente aproximou-se da mesa.

— Surpresa agradável. Estão matando o tempo? Não trabalham mais?

— As pessoas geralmente trabalham até às seis da tarde. São oito e meia da noite — rebateu Cláudio, num tom ríspido.

— Você nunca se mostra simpático, não é mesmo? — indagou Vicente a Cláudio enquanto puxava uma cadeira e sentava-se ao lado de Sérgio.

— Só me mostro simpático àqueles de quem gosto. Eu não gosto de você, Vicente.

Sérgio interveio.

— Não precisa ser grosso.

— Eu não estou sendo grosso. Meu tom de voz continua natural. Eu simplesmente estou sendo sincero. Não suporto fingimento.

— Não tem problema — aquiesceu Vicente. — Eu também não simpatizo com você, Cláudio. Estamos empatados.

— E o que faz aqui? Não tem outro grupinho para encher o saco?

— Eu estou tentando me aproximar do Sérgio, mas você parece um guarda-costas do tipo leão de chácara. Fica colado nele. Não pode desgrudar um pouco?

Sérgio procurou contemporizar. Cláudio terminou seu chope e levantou-se da mesa.

— Eu não sou obrigado a ficar sentado com quem não simpatizo. Pode ficar com o Sérgio, faça o que quiser.

— Espere aí, viemos e vamos embora juntos — replicou Sérgio.

— Não. Fique à vontade. Não adianta falar ou rogar para você ser assim ou assado. Você vai ter de experimentar para tirar suas próprias conclusões em relação às pessoas que o cercam. Eu não vou ficar aqui de anjo da guarda dizendo quem é bom e quem não é para você. Essa lição de casa é sua, Sérgio, e não minha.

Antes de Sérgio falar, um conhecido se aproximou e Cláudio sorriu.

— Oi, Edu, tudo bem? Por que a pressa?

— Quero pegar a próxima sessão de cinema. A fita começa em instantes.

— Aceita companhia?

— Claro, Cláudio. Vamos.

Cláudio deu um tapinha no ombro de Sérgio.

— Amanhã a gente se fala. Tchau.

Ele se despediu e, sem alterar seu humor, foi caminhando com Edu até o cinema, ali perto. Vicente deu de ombros. Pensou para si:

Ainda bem que essa bicha chata se mandou daqui. Cláudio é péssima companhia para Sérgio.

Na verdade, em seu íntimo, Vicente desejava esganar Cláudio. Tinha raiva dele, achava-o metido e arrogante. Estava tentando se aproximar de Sérgio havia um bom tempo, mas nunca conseguira. Agora era a hora.

A ÚLTIMA CHANCE

— Eu não queria que você se indispusesse com ele. Afinal de contas, Cláudio é seu melhor amigo.

— Eu sei — ponderou Sérgio. — Não é culpa sua. Cláudio fala o que sente. Ele nunca foi com a sua cara.

— E isso acaba por me manter afastado de você.

— Também não é assim. Cláudio não manda na minha vida.

— Não é o que dizem por aí.

Sérgio remexeu-se nervosamente na cadeira.

— O que dizem de mim?

Vicente ria por dentro. Notara que Sérgio dava muita trela para o que os outros falavam dele. Era por aí que iria começar a tentar afastar os dois amigos. Procurou manter um tom impessoal na voz.

— Dizem por aí que você só sai com rapazes que sejam aprovados por Cláudio. Que ele manda na sua vida, que você é o robozinho dele.

— Isso é mentira!

— Mas as pessoas dizem, comentam, ora. Fica chato para a sua reputação. Em vez de passar por homem, passa uma imagem de bichinha dependente. E, cá entre nós, você não tem mais idade para...

Sérgio irritou-se sobremaneira.

— Sou dono de mim!

— Dono de si? Desde quando?

— Ora...

— O Cláudio lhe deu carta de alforria?

— Não admito que fale assim de mim. Você está me humilhando.

Vicente repousou suas mãos sobre as de Sérgio. Fingiu um longo suspiro.

— De maneira alguma eu iria humilhá-lo. Longe de mim.

— É o que parece.

— Então prove.

— Como assim, Vicente?

— Prove que é dono de si. Estou há tanto tempo querendo conhecê-lo melhor...

— E?

— Agora chegou o momento. Eu moro ali no Copan — Vicente apontou para o prédio na esquina. — Podemos ir até minha casa, ouvir boa música, relaxar e conversar.

Vicente tinha um rosto e corpo bem interessantes. Era alto como Sérgio e pouco mais de vinte anos de idade. Somente aqueles com sensibilidade apurada certificavam-se de que por trás daquele sorriso maroto e cativante escondia-se um lobo em pele de cordeiro.

Infelizmente, Sérgio não tinha ainda essa percepção. Acreditava que Cláudio até sentisse um pouco de ciúme de Vicente. Não entendia por que seu amigo implicava tanto com um rapaz que aparentava ser boa pessoa.

— Quer que eu conheça seu apartamento?

— Adoraria.

Sérgio sacou a carteira do bolso, pagou os chopes e levantou-se da mesa. Vicente riu por dentro e tornou para si:

Agora ele não me escapa. Farei de tudo para ele se afastar desse pulha do Cláudio. Sérgio vai ser meu. Até eu me enjoar e o dispensar, como fiz com os outros.

CAPÍTULO 7

As festas de fim de ano correram céleres. Na semana seguinte às festas, Sérgio aproveitou seus últimos dias na praia, ficando à matroca. Ele estava sentado em uma espreguiçadeira, de sunga e cerveja em uma das mãos. A outra mão brincava com a água da beirada da piscina. Cláudio aproximou-se.

— Essa vista é linda de doer, não?

— Por certo. Olhar o mar daqui de cima é bem diferente. Não gosto daquela multidão lá embaixo se acotovelando e disputando a tapa um punhado de areia para poder se bronzear.

— As pessoas querem se divertir, relaxar, descansar.

— Eu prefiro ficar aqui em cima na sua cobertura — brincou Sérgio.

— Vamos mesmo voltar hoje?

— Hum, hum. Prometi ao... — ele parou de falar.

— Continue — estimulou Cláudio. — Eu não vou ficar chateado.

— Você não gosta do Vicente. E, desde aquela tarde, temos saído e estamos nos entendendo. Não quero que isso estrague nossa amizade.

— Não vai estragar. Eu sei separar as coisas. Você é meu amigo. Eu o adoro. Contudo, não vou ficar pajeando você. É maior de idade e sabe se cuidar. Se eu gosto ou não do Vicente, é problema meu.

— Será que com o tempo você não vai mudar de ideia?

— Não. É uma questão de sentir. Toda vez que o vejo, toda vez que ele se aproxima, sinto meu coração apertar.

— Talvez...

— Não há talvez — interrompeu Cláudio. — Um dia você vai enxergar além e descobrir que não estou sendo intransigente. Eu esperava que você pudesse se relacionar com um rapaz que realmente merecesse seu amor. Mas você não suporta ficar sozinho, precisa sempre de alguém na sua cola, por perto.

— Vou provar a você que Vicente é boa pessoa.

— Você não tem de me provar nada. Tem de provar a si mesmo que é capaz de perceber quais são as reais intenções das pessoas. Ninguém é feito de bobo. As pessoas se deixam enganar porque não escutam aquela voz interior amiga, que orienta e alerta.

— Assim você me ofende.

— Não é minha intenção. Mas faz poucos dias que você está saindo com o Vicente e está mudado. Percebo que anda mais arredio, mais introspectivo, não está mais sendo o Sérgio de sempre.

— Vicente acha que devo me portar melhor. Que não devo rir alto, que preciso controlar minhas emoções.

— Ah, sei. O Vicente lhe pediu.

— Pediu. E, de fato, creio que esteja melhor. As pessoas mudam. Eu talvez esteja ficando mais velho, mais maduro.

Não adiantava discutir com Sérgio. Cláudio não iria mudar o amigo. Isso não era seu trabalho. Continuaria gostando dele do mesmo jeito. Somente com o tempo ele iria enxergar e, talvez, mudar sua postura. Cláudio deu uma batidinha no ombro do amigo.

— Daqui a pouco está na hora de partirmos. É melhor você se levantar e ir tomar uma ducha.

Sérgio terminou sua cerveja. Cerrou os olhos. O relacionamento com Vicente parecia ir bem. Começava o ano acreditando que agora teria namoro firme, um relacionamento consistente, duradouro. Só não contava com a desaprovação por parte de Cláudio. Ele levava muito em consideração as palavras do amigo, mas acreditava ser absurda essa ressalva em relação a Vicente.

Ele se levantou, deu mais uma olhada para o mar. Em seguida, tomou sua ducha, arrumou sua mala e no fim da tarde subiram a serra. Vicente o estava esperando e ambos haviam planejado passar uns dias no interior, numa chácara de amigos.

Vicente parecia um deus do Olimpo. Tinha porte atlético e rosto redondo, que lhe conferia um ar juvenil. Nascido no Sul do país, aos dezoito anos ingressara numa companhia aérea e conseguiu o cargo que tanto almejara, o de comissário de bordo.

Educado em uma família de classe alta de Porto Alegre, Vicente falava dois idiomas, além do português. Dessa forma pôde concorrer à vaga que surgiu para trabalhar em voos internacionais. O rapaz conseguiu a vaga, e sua base — o lugar onde deveria estar disponível para a companhia — foi transferida para São Paulo.

Ele estava havia dois anos na capital. Era bem conhecido no mundo gay, visto que, entre um voo e outro, trazia produtos importados e vendia para conhecidos ou mesmo trazia produtos aos amigos, sempre por um preço acima do mercado. Frequentava os lugares da moda e vestia-se com apuro. Era muito desejado e escolhia a dedo com quem queria se relacionar.

Vicente tinha uma boa vida, fez bastante dinheiro e, junto a uma boa quantia que seu pai lhe dera — dinheiro esse para que Vicente sumisse de casa e nunca mais voltasse —, conseguiu comprar um apartamento de três quartos no Copan, um marco da revitalização habitacional no centro de São Paulo. Trata-se, até os dias atuais, de um edifício localizado no centro da capital paulista, desenhado pelo arquiteto Oscar Niemeyer e famoso no país inteiro por sua geometria sinuosa, que lembra uma onda.

Ele adorava dizer a todos que morava no edifício "mais eclético e charmoso" de São Paulo. Fazia questão de ressaltar que morava no bloco D — segundo ele, o mais chique —, porquanto o edifício era dividido em blocos, e a maioria dos apartamentos era tipo quitinete. O Copan era — e ainda é — um prédio residencial de trinta e dois andares com mais de mil apartamentos divididos em seis blocos, e área comercial no térreo com mais de setenta lojas.

De certa maneira, ele não estava errado. Entre anônimos e gente de baixa renda, também habitavam o prédio figuras ilustres da sociedade, como o cantor Cauby Peixoto e o pintor Di Cavalcanti.

O apartamento de Vicente tinha uma vista linda. De lá do alto dava para ver toda a cidade. À noite, era mais lindo ainda. Podia-se vislumbrar as várias luzinhas que os olhos perdiam de vista.

Entre uma viagem e outra ao exterior, Vicente trazia peças e outros objetos de decoração. Seu apartamento era decorado com muito bom gosto e choviam pretendentes nos pés do rapaz. Todavia, Vicente não gostava de ter uma pessoa só para si. Era assediado e paquerado, fosse nas ruas de São Paulo ou nas de Nova York. Saía com quem queria e não acreditava no amor. Era namorador, mas jamais fora fiel a seus parceiros.

Criado para ser o macho e sucessor do pai nos negócios agropecuários da família — a mãe havia dado à luz cinco meninas antes —, Vicente desde cedo apresentara, segundo palavras do próprio pai, fortes tendências de desvio de comportamento. O rapaz não namorava garotas, não queria seguir os negócios da família. Envolveu-se sexualmente com um dos funcionários do pai. O empregado, depois de ter praticado sexo com ele, passou a chantageá-lo. Vicente não era de levar desaforo para casa e não admitia subserviência de espécie alguma.

O jovem chamou a família e, na frente do empregado — que era casado e tinha filhos — contou tudo, detalhe por detalhe, desde o flerte até passar pelo coito e pela chantagem, para horror e vergonha de sua família.

O ato de coragem e a sinceridade custaram-lhe seu afastamento dos entes queridos. Seus pais e irmãs voltaram-se contra ele, acusando-o de ter sido o causador de toda aquela desgraça.

Vicente conseguiu ser promovido e veio para São Paulo. Embora fosse bonito, inteligente e bem-sucedido, em seu íntimo carregava a mágoa do abandono e da incompreensão por parte de sua família.

O rapaz afastou os pensamentos com as costas das mãos. Deu um longo suspiro e colocou sua mão sobre a perna de Sérgio.

— Estava pensando em quê? — interrogou Sérgio.

— Na minha vida. Em como tanta coisa triste aconteceu comigo. Ser expulso de casa só porque não correspondi às expectativas deles não é justo. Ainda tenho muita raiva do que meu pai me disse.

— O que ele lhe disse que o feriu tão profundamente?

Vicente não respondeu. Uma lágrima sentida escorreu pelo canto de seu olho.

— Não quero tocar nesse assunto. Foi e ainda é muito duro para mim.

— Mas...

Vicente o interrompeu.

— Por favor, Sérgio, não insista.

Sérgio emocionou-se. Entendia perfeitamente o que Vicente estava lhe dizendo. Afinal, passara por situação semelhante alguns anos atrás. Num gesto de carinho, ele passou seu braço pelas costas de Vicente e apoiou a mão sobre o ombro do namorado enquanto a outra permanecia firme no volante.

— Quem sabe juntos não vamos afogar nossas mágoas e nos tornar um casal feliz?

Vicente não respondeu. Não sabia o que responder. Gostava de Sérgio, mas não queria abrir mão de sua vida, de suas noitadas, de suas transas fortuitas quando viajava a serviço e passava alguns dias em Nova York. Estava indeciso e ainda não sabia direito o que fazer. Sentia muita inveja da amizade entre Sérgio e Cláudio. A tentativa de afastá-los e ter todo o carinho de Sérgio só para si o excitava. Não existia amor nessa história, somente uma tentativa de ele ocupar o lugar de Cláudio. Depois disso, talvez ele iria se afastar de Sérgio.

Vicente não era má pessoa. Até podia parecer, pelas atitudes e posturas fingidas, mas tudo não passava de fruto de sua defesa. Afinal, um homossexual se defende do mundo da maneira que pode. E a maneira fingida e dissimulada era a que Vicente encontrara para continuar a viver.

Ele não estava certo, tampouco errado.

Leila estava sentada na poltrona, remoendo seu passado. Conhecer Roberto despertou-lhe novamente o instinto maternal. Por mais que tentasse, era difícil para ela esquecer-se do passado. Sua filha. Onde estaria sua menina?

Roberto a chamou para a realidade. O rapaz estava animadíssimo. Contava os dias para partir, muito embora sentisse um aperto no peito porque não mais veria Leila com frequência. Havia também Rex. Roberto nunca tivera um cachorro e apegara-se ao bichinho.

— Leila, você não tem ideia do quanto estou feliz. Meus irmãos estão me enchendo de esperanças de uma vida melhor.

— Seus irmãos são pessoas boas. E, se eles não cumprirem o prometido, o que eu duvido, posso me comprometer a pagar seus estudos.

— Fala sério?

— Sim. Eu tenho uma boa vida. Poderei lhe pagar o cursinho caso Ricardo, por algum motivo, não possa se comprometer.

Roberto a beijou na testa.

— Você faria mesmo isso por mim?

— Sem dúvida. Além do mais, você é muito jovem e estudioso. Tem certeza de que é medicina mesmo a carreira que quer abraçar?

— Sim.

— Não tem dúvidas?

— Claro que não — tornou ele, num tom altivo e engraçado.

— Isso facilita muito as coisas.

— Eu já decidi minha carreira. Vou ser médico. Algo dentro de mim me empurra para a profissão. Não sei explicar. É mais forte que eu. Chego até a sonhar com isso.

— Isso se chama vocação. Você nasceu para cuidar dos outros.

— Tenho certeza.

— Espero que seja um bom médico.

— Eu serei. Pode acreditar.

— Eu tenho uma boa notícia para você.

— Outra? O que é?

— Bom, como você está de malas prontas para partir, eu também penso na possibilidade de me mudar para lá.

Roberto não cabia em si tamanho era seu contentamento.

— Está pensando em se mudar para São Paulo?

— Sim, muito embora já tenha me acostumado com essa vida pacata. Não sei se me acostumaria à vida agitada de cidade grande.

— São Paulo é confusa, agitada, mas é acolhedora e encantadora.

— Estive lá uma única vez, há alguns anos. É uma cidade que me encantou.

— Eu adoraria tê-la por perto.

— De mais a mais, não tenho parentes aqui em Jundiaí. Eu me apeguei demais a você e não suportaria viver longe. Nada mais me prende a este lugar.

— Você é sozinha?

— Sou.

— Não tem parentes em São Paulo?

— Não.

Leila fez tremenda força para engolir o pranto. Ela não queria estragar a animação de Roberto. O menino estava traçando os planos para o futuro e não era justo que ela se derramasse em lágrimas por conta do passado.

Não. Seu passado era uma página que, mesmo com dificuldade, ela tinha de virar. Fora obrigada a fugir de sua cidade na calada da noite e, por conta do medo de ser encontrada, resolveu esconder-se no meio do Estado de São Paulo, mais precisamente em Jundiaí. Acreditava que, depois de muitos anos, ela agora pudesse retomar sua vida, sem ter de se manter escondida. O homem que amara um dia agora estava morto e a família dele tinha parado de amedrontá-la.

Intimamente, uma ponta de arrependimento apoderou-se dela. Será que sua filha estaria viva? Se estivesse, estaria bem? A família que supostamente a adotara a estava tratando com amor e carinho?

Roberto a chamou novamente para a realidade.

— Onde estava com a cabeça? Você hoje parece tão distante...

Leila procurou disfarçar.

— Estava dando uma volta ao passado, meu querido.

— O que a prende ao passado?

Leila deu um longo suspiro. Não via por que não relatar parte da história de seu passado para Roberto. Confiava no garoto.

— Muitos anos atrás eu tive uma filha.

Roberto fez um esgar de incredulidade.

— Uma filha?!

— Sim.

— Eu fui mãe solteira e, por conta das convenções sociais, a criança foi-me tirada dos braços assim que nasceu.

— Nunca mais viu sua filha?

Uma lágrima escorreu pelo canto do olho.

— Não. Hoje ela deve ter pouco mais de vinte anos de idade. Deve ser uma moça linda.

— Não quis procurá-la?

— Por anos fiquei com medo da família do meu ex-noivo. Depois que ele morreu e a família parou de me importunar, tomei coragem para tentar localizá-la.

— Você vai encontrá-la. Se quiser eu a ajudo.

Leila emocionou-se.

— Obrigada, minha criança. Sei que sempre poderei contar com seu apoio e carinho. Vamos continuar falando dos seus planos? — inquiriu ela, de maneira a afastar os pensamentos.

— Poderíamos ir juntos para lá.

— Eu adoraria, mas, por enquanto, não posso.

— Por que não? Afinal, se nada mais a prende aqui, vamos embora.

— Eu ainda não tenho condições para me mudar. Preciso colocar a casa à venda. Não dá para eu me desfazer de tudo e ir embora de um dia para o outro. Mas, como você afirmou, eu não tenho mais nada que me prenda aqui — ela apontou e sorriu delicadamente para ele —, estou fortalecendo a ideia de me mudar em breve.

— Meu pai não me quer por perto. Minha mãe não tem atitude, mas às vezes tem seus arroubos, enfrenta papai, entretanto dura muito pouco. Ela logo se fecha em seu mundo. Meus irmãos têm a vida deles. Eu vou ficar muito só.

— Podemos ficar juntos.

Ambos abraçaram-se emocionados. Uma luz colorida formou-se ao redor daquele abraço. Leila e Roberto eram almas afins que se encontravam mais uma vez, unidos por muitas vidas, cujos laços de amor e gratidão perdiam-se no tempo.

CAPÍTULO 8

Dênis não era má pessoa, muito embora tenha tirado muitas noites de sono de Roberto. Só de lembrar-se dele, Roberto sentia um medo sem igual. Nem sempre a amizade deles tinha sido assim. Conheciam-se desde pequenos, contudo, quando estavam despedindo-se da infância, Dênis percebeu os gestos delicados do amiguinho.

Não demorou para que viessem as brincadeirinhas de mau gosto, os xingamentos e, conforme Roberto respondia com insegurança, com os olhos tingidos de medo, Dênis e outros amigos aproveitavam e azucrinavam cada vez mais a vida do pobre coitado.

Como todo adolescente, Dênis acreditava que os afeminados deveriam ser castigados, porque ele próprio fora criado num ambiente machista. Seu pai sempre lhe dizia que os gays eram a escória da sociedade, eram seres desprezíveis, um mal que deveria ser dissipado da humanidade. Dênis cresceu acreditando nessa história, sem nunca ter questionado por que as pessoas eram diferentes. Ele até nutria bom sentimento por Roberto. O problema era que ele sabia, lá no fundo, que era igualzinho ao amigo, no tocante à orientação sexual. Mas Dênis nunca poderia admitir isso. Preferia morrer. O pai sempre dizia que um homossexual era um ser repugnante. E ele não se considerava um ser repugnante, por isso vivia em conflito. Para diminuir essa confusão que se estabelecera em sua mente, descontava em Roberto.

O ano letivo havia terminado e ele agora teria de dar duro. Não tencionava continuar os estudos. Seus pais não tinham condições de pagar-lhe uma faculdade particular e Dênis não estudara o suficiente para conseguir tentar ao menos uma vaga numa universidade pública. No meio do ano ele arrumou trabalho de meio período numa fábrica de plásticos nos arredores da cidade.

Foi no vestiário da empresa que ele teve sua primeira experiência sexual. Um colega de turno já estava se insinuando para ele. Dênis lutou, mas seu desejo era bem maior que os pensamentos contraditórios. Ele deu trela e acabaram se amando entre os armários do vestiário. A experiência se repetia com frequência, e Dênis não teve mais dúvidas: ele gostava de homens e precisaria, em breve, partir para a cidade grande. Na capital, com uma população bem maior, ele poderia facilmente aceitar o que vinha negando desde adolescente. Dênis era gay.

Não tinha mais visto Roberto, e todas as noites quando ia para a cama pedia perdão a Deus e proteção ao amigo que tanto azucrinara. Roberto era bom e, quem sabe um dia, entenderia que ele o atacara porque não aceitava sua condição sexual. Agora, mais esclarecido, torcia para que Roberto se desse bem na vida.

Com o fim da escola, Dênis iria trabalhar o dia todo e ganhar mais. Ansiava por sua liberdade. Foi na saída da fábrica que aconteceu a quase tragédia. Dênis despedia-se dos amigos quando uma carreta desgovernada atravessou a pista expressa e foi pegando tudo o que tinha pela frente.

Dênis não teve tempo de fugir e foi atropelado pela carreta. Perdeu muito sangue e ficou inconsciente por horas. Levado às pressas para o hospital, os médicos constataram as fraturas e uma transfusão de sangue era necessária a fim de que seu quadro clínico não piorasse.

A notícia se espalhou rapidamente pela cidade, visto que outros funcionários da mesma fábrica haviam se acidentado. Roberto estava escutando um programa de música de discoteca na rádio e o locutor interrompeu a programação para falar do acontecimento.

Sem saber quem havia se acidentado e mais por um sentimento nobre de ajuda, Roberto se arrumou e passou na casa de Leila. Ambos se dirigiram ao hospital para doar sangue para quem precisasse, pois as reservas do hospital estavam muito baixas.

Dênis começou a entrar em convulsão e por pouco o sangue de Roberto não salvou sua vida.

Alguns dias depois, com as pernas engessadas e aparentando melhora sensível, Dênis foi transferido para a enfermaria. A ala era dividida em biombos e no total cabiam quatro pacientes. Era dia de visita e Roberto quis dar uma palavrinha com ele.

— Como está?

Dênis falava com um pouco de dificuldade. Sentia o corpo todo moído e sorriu ao vê-lo.

— Estou melhor. Quer dizer, estou vivo. Graças a você.

— Fiz o que meu coração mandou. Nem sabia que você estava entre os acidentados.

— Se soubesse não iria doar seu sangue.

— Não diga uma coisa dessas!

— Por que não? Você salvou minha vida, Roberto. Salvou a vida de um cara que sempre o azucrinou, que sempre pegou no seu pé e que nunca o aceitou de fato.

— Não posso exigir que o mundo me aceite. Nem mesmo meus pais me aceitam. Como poderia querer isso de você? Fomos educados para não aceitar as diferenças.

A ÚLTIMA CHANCE

— Agi errado.

— Nem certo nem errado. Agiu porque o educaram assim.

— Meu pai encheu-me a cabeça de preconceitos. Sempre me disse que os gays são o mal do mundo. Tão logo notei que você era homossexual, passei a desprezá-lo.

— Posso imaginar.

— Não pode. Não imagina o sentimento de desprezo que sinto por mim mesmo. O seu sangue salvou minha vida. Somos feitos do mesmo material. Nem mesmo os nossos pensamentos são diferentes! Eu o maltratava porque não queria aceitar o fato de que somos iguais. — Dênis abaixou o tom de voz e disse: — Eu também sou gay.

Roberto foi tomado de surpresa.

— Você?!

— Sim. Eu descontava em você a raiva de ser diferente. Mas não tenho como negar. Eu fiz sexo com outro homem e gostei. Muito. Não posso mentir para mim mesmo. Quero e vou respeitá-lo a partir de hoje.

— Agradeço.

— No fundo sempre gostei de você. Como amigo, quero dizer — Dênis enrubesceu e Roberto riu.

— Mesmo que gostasse de mim de outra forma eu não iria lhe dar bola. Você nunca fez o meu tipo.

Dênis sorriu e levantou timidamente a mão.

— Você poderia tentar se esquecer de todas as barbaridades que cometi contra você?

— Esqueço. Vamos passar uma borracha por cima de tudo e recomeçar.

Uma lágrima sentida escorreu pelo canto do olho de Dênis.

— Tenho orgulho em dizer que sou seu amigo. Que Deus o abençoe!

Roberto saiu do hospital sentindo bem-estar. Nunca odiou Dênis, muito embora tinham sido muitas as vezes que ele fora submetido a tratamentos de escárnio, e, se não fosse a presença de espírito algum tempo atrás, ele teria sido currado pelos amigos de Dênis.

Não obstante, isso fazia parte do passado. Roberto não podia culpar as pessoas. Elas eram criadas para odiar os homossexuais. Nunca vira uma aula na escola que tratasse sobre as diferentes orientações sexuais das pessoas. Os parcos livros que caíam em suas mãos ou nas dos colegas tratavam do tema com desprezo e preconceito.

— Fico feliz que Dênis tenha mudado e se aceitado. Pelo seu próprio bem — disse para si.

Ele decidiu passar na casa de Leila e contar-lhe as novidades. Passaram uma tarde agradável embalados por conversa, música e filmes.

∞

Na semana seguinte, Roberto procurou seu nome na lista dos aprovados para o vestibular. Nada. Ele não conseguira, como suspeitara. Acreditava mesmo que seria difícil, visto que a concorrência para uma vaga no curso de medicina era muito acirrada. Mas para ele até tinha sido melhor assim. Iria para São Paulo, aproveitaria as aulas do cursinho, estudaria dia e noite e, sem sombra de dúvidas, no ano seguinte ingressaria no curso desejado.

Ricardo enviou a quantia de dinheiro para a irmã a fim de que ela fizesse a matrícula de Roberto no cursinho, bem como comprasse material e tudo o mais que fosse relacionado aos estudos do irmão. Ricardo tinha certeza de que num futuro não muito distante Roberto iria se graduar com louvor e tornar-se-ia um médico de respeito, independentemente de sua orientação sexual.

Eliana terminou as obras nos fundos da casa, uma edícula que ela reformara e transformara num bonito e espaçoso ambiente. Assim, seu irmãozinho teria privacidade e poderia estudar em paz. Afinal, Rafaela era uma menina que ocupava todos os cantos da casa com suas bonecas e seus brinquedos. E Roberto também não teria o desprazer de encontrar-se com Alaor, cada vez mais insuportável na maneira de tratar as pessoas.

A princípio, Alaor não gostou da ideia de receber Roberto em sua casa. Não via com bons olhos o comportamento "anormal" do cunhadinho, mas não queria de maneira alguma arrumar mais confusão com a esposa. Estavam vivendo uma crise no casamento. Alaor achava que a esposa lhe cobrava atenção demais. A vinda do irmãozinho acontecia em boa hora, pois desviaria um pouco a atenção de Eliana e assim ele poderia dar suas esticadas e chegar em casa bem tarde da noite, sem cobranças ou pegadas no seu pé.

Pensando na sua própria liberdade, Alaor tratou de contratar uma arquiteta e fazer as mudanças necessárias para transformar a edícula num miniapartamento, dividindo o espaço em quarto com banheiro, sala de estudos e uma pequena cozinha.

Todos estavam animados com essa mudança na vida de Roberto. Inclusive sua mãe. Helena julgava-se impotente para desafiar as ordens do marido. Depois daquela briga com Otávio e impotente em proteger o filho da surra, vivia amedrontada pelos cantos da casa e mal conversava com o marido e com o filho.

Helena, após perceber que seu casamento não seria mais o mesmo depois da morte de Otacílio, fazia os deveres de uma dona de casa, da maneira como observara sua mãe fazer. Preparava as refeições, limpava a casa, tudo no mais absoluto silêncio. Intimamente agradecia a Deus por ter tido Ricardo e Eliana, filhos amados que estavam ajudando o caçula a ter condições de se endireitar na vida. Ela se culpava por Roberto ser daquele jeito. Acreditava piamente que errara na educação do menino.

Não conseguia nem queria entender que havia recebido esse filho a fim de reformular suas crenças. Helena havia sido muito religiosa e preconceituosa por vidas a fio e agora era brindada com a oportunidade única de receber um filho homossexual, reavaliar seus pensamentos moralmente rígidos e dar-lhe todo apoio, carinho e atenção.

A vida já havia lhe testado e colocado Otacílio em seu caminho tempos antes. Helena aprendera a amá-lo e respeitá-lo. Viviam juntos a maior parte do tempo. Eram cúmplices e amigos, muito amigos. Mas depois de toda a confusão e a tragédia... bem, Helena acreditou que aquele tipo de comportamento só atraía maus presságios. Não havia um dia sequer que ela não pensasse no cunhado e temia, intimamente, que seu filho caçula padecesse do mesmo mal.

Infelizmente, seu medo era maior que sua capacidade de mudar seus conceitos. Quem sabe um dia ela ainda iria olhar Roberto como filho amado e querido, e não como um erro, fruto de uma educação desorientada, com medo ou mesmo de que ele fosse terminar sua vida como o tio.

Otávio parou de implicar com o garoto depois que passou a ouvir comentários, no bar que frequentava, de que seu filho estava andando sempre na companhia de uma dona bonita, vistosa e mais velha. Ele preferiu começar a acreditar que o filho tivesse mudado o gosto asqueroso por rapazes e de agora em diante seria um homem íntegro e reto, como se orientação sexual tivesse alguma coisa a ver ou estivesse estritamente ligada ao caráter e à dignidade da pessoa.

Roberto estava radiante. Finalmente ia se ver livre dos olhos acusadores do pai. Cada vez que seus olhos e os de Otávio se encontravam, Roberto sentia na alma a dor da rejeição. Os olhos do pai faziam-no sentir-se a pior das criaturas terrenas.

Um dia antes de ir morar com a irmã, Roberto correu até a casa de Leila para contar-lhe as novidades.

— Arrumei as malas. Coloquei meus discos numa caixa, livros em outra e embalei a vitrola para que não sofra arranhões.

— Nem precisou de minha ajuda.

Roberto estava muito feliz.

— Finalmente vou me mudar para a capital. Graças à generosidade de Ricardo e ao carinho e amor de Eliana, eu terei condições de começar uma nova etapa.

— Eu fico tão feliz com essa sua atitude — respondeu emocionada. Leila levantou-se da poltrona e o abraçou como se estivesse abraçando a um filho. Beijou-lhe a testa. — Você é um menino de ouro. Tenho certeza de que tudo na sua vida vai dar certo. Muito certo.

Rex correu ao seu encontro e atirou-se em seu colo. Roberto encheu o bichinho de afagos.

— Também vou sentir sua falta. Espero que logo você se mude para ficarmos novamente próximos.

Roberto brincou com o cachorrinho e, pouco tempo depois, afastou-se e tirou do bolso um pacotinho.

— O que é isso?

— Um presente.

Roberto entregou o pacote a Leila. Ela o abriu e havia uma correntinha dourada, um pingente com a frase: *Sou amada e protegida por Deus.*

— Essa frase há muito tempo não sai da minha cabeça. Ela tem uma força incrível e acredito que seja por esse motivo que hoje me sinto mais forte, mais confiante e dono de mim. Quero que você compartilhe dessa mesma sensação. Desejo que esteja forte e protegida para quando reencontrar sua filha.

Leila não sabia o que dizer. Ela não conseguiu segurar as lágrimas. Abraçou-se demoradamente a Roberto.

— É uma boa pessoa, criança. Está ligado ao bem.

— Obrigado.

— Só coisas boas poderão lhe acontecer no futuro.

— Mesmo me sentindo mais forte, sinto um pouco de receio.

Leila limpou as lágrimas com as costas da mão e tornou, sorridente:

— Ora, é natural ter medo. Você sempre viveu aqui nesta cidade, muito menor e mais pacata. Vai viver numa metrópole e sabe lá Deus se não vai morar fora do país.

Roberto meneou a cabeça para os lados.

— Não é disso que falo. Quanto a ir para São Paulo, fico contente. Nunca me esqueço do dia em que lá estive para conhecer a casa de Eliana. Fiquei fascinado com o agito da cidade, com aquela multidão de gente e um monte de carros, com as inúmeras possibilidades que a cidade oferece de estudo, trabalho, cultura e lazer.

— Se pensa assim, não entendo seu receio. Tem a ver com sua mãe?

— Não. Ela não está nem aí para o que eu decidir. Se quer saber, sinto que ela está aliviada de eu me mudar. Minha mãe é muito medrosa, vive atormentada com a possibilidade de sofrer reprimendas do meu pai. E, como lhe disse uma vez, sinto que você é mais mãe do que ela, que me trouxe ao mundo.

As palavras comoveram Leila. Ela realmente sentia um amor muito grande por Roberto. Além da forte afinidade de muitas vidas, via nele a filha que tivera de abandonar anos atrás. As lágrimas vieram novamente de supetão e ela não conteve o pranto. Abraçou-se novamente ao garoto e assim ambos permaneceram por alguns minutos.

Até que ela afastou-se e secou as lágrimas. Esboçou um sorriso

— Bom, diga-me então qual é o seu receio, criança?

— Embora vá viver numa cidade grande, e mesmo me sentindo mais forte, ainda tenho certa dificuldade em lidar com esse meu gosto diferente.

— Pensei que já tivesse superado isso depois de tantas conversas. O que o assusta?

Roberto passou nervosamente a mão nos cabelos. Deu um longo suspiro.

— Ter a sua compreensão é uma dádiva para mim. Suas palavras gentis e encorajadoras têm me ajudado a me tornar uma pessoa melhor. Eu tenho pensado muito a respeito de tudo o que você tem me falado. Mas as pessoas — apontou para a janela da sala — no mundo lá fora não pensam como você ou como eu. A sociedade não aceita o homossexual.

— Você tem de se aceitar primeiro. Não se esqueça de que veio ao mundo nessa condição por necessidade, e não por acaso do destino.

— E não vim?

— Claro que não — afirmou Leila, abrindo largo sorriso e mostrando os dentes alvos e perfeitos.

— Já conversamos a respeito, porém para mim é difícil acreditar que não esteja vivendo em pecado. Não se esqueça de que fui criado num ambiente católico.

— Infelizmente, a religião afastou-se de sua função, que era a de ligar o homem às forças superiores da vida. Ela acabou por se tornar poderosa e controlar a vida dos fiéis.

— Mas por que isso?

— Imagine o homem livre, no sentido de pensar livremente e poder fazer suas escolhas, seguir o caminho que quiser, viver de acordo com o que sente. Essa postura independente assusta os poderosos, porque o homem livre não se deixa aprisionar por convenções externas, tampouco é escravo de dogmas preestabelecidos. A partir do momento em que você descobre que Deus não está em templos, mas sim dentro de si próprio, tudo se torna diferente. E nós nos tornamos pessoas mais fortes e donas de nosso próprio destino.

— Eu acredito em Deus e sempre olho para o céu na tentativa de que Ele esteja me escutando.

Leila riu.

— No céu só tem nuvens, mais nada. A igreja humanizou Deus, transformou as forças invisíveis que regem o universo em formas humanas, confundindo nossa cabeça, como se tivéssemos um pai de verdade, que determina o que devemos fazer, como devemos agir e, pior, com quem devemos nos relacionar.

— Eu sempre ouvi dizer que é errado ser assim como sou.

— Errado é acreditar que todos devem pensar da mesma forma, amar do mesmo jeito.

— Eliana já me falou sobre isso. E você também. Contudo, é difícil aceitar com naturalidade. Minha cabeça anda muito confusa em relação à sexualidade.

— Infelizmente, você não terá em quem se espelhar. Para um homem que nasceu na condição heterossexual, tudo fica mais fácil. Ele olha ao redor, vê que há muitos como ele e vai procurar seguir os passos daqueles que deram certo na vida, que tiveram um caminho brilhante, cheio de vitórias. Os gays não têm referência alguma. Precisam ter referência em si próprios, acreditar que não são mais nem menos que ninguém. Entretanto, jamais devem abaixar a cabeça e perder sua dignidade. Se você veio assim ao mundo, trate de lutar para seu aprimoramento moral.

— Como?

— Fortalecendo sua autoestima. Deixando de julgar a si mesmo e ao próximo. Você nasceu numa condição em que é imprescindível estar além de todo e qualquer preconceito, seja de raça, de cor, de religião. Como homossexual, você tem condições de rever posturas, atitudes, entender que as pessoas são como são porque faz parte da natureza delas. Creio que deva ser uma experiência inesquecível.

— Sim, todavia, quando aparece um afeminado na televisão, ele sempre é mostrado de maneira estereotipada, caricata. Ou então é visto como um pervertido, que só pensa em sexo vinte e quatro horas por dia.

— Quem lhe disse isso?

— Eu li numa revista tempos atrás. A imagem que a sociedade tem dos gays é terrível. Acham que somos pervertidos, arrogantes, drogados e errados em ser assim. Numa pesquisa recente, nessa mesma revista, mais de noventa por cento das pessoas admitiram que não suportariam ter um filho gay.

— Não dê ouvidos à maldade do mundo.

— E outro dia, antes de terminar meus estudos, eu fiquei estarrecido ao ler na parede do banheiro da escola: *"Faça o mundo melhor. Mate uma bicha por dia"*.

Leila o abraçou com carinho.

— Não ligue para o que os outros pensam, minha criança. Sei que é difícil, mas tem muita gente que não condena a homossexualidade. Você tem a mim, tem seus irmãos. Muitos na sua condição, a maioria, para dizer a verdade, não têm apoio dentro de casa. São rejeitados e tratados como aberrações. As famílias, em vez de procurarem entender e ajudar, buscam logo alternativas que as livrem do que acreditam ser um grande e grave problema. Os que têm dinheiro mandam os filhos estudarem no exterior ou viverem longe de casa. Outros forçam seus filhos a casarem-se e fingirem ser "normais", dentro dos padrões estabelecidos pela sociedade. Muitos viram as costas aos filhos. Afastam-se e cortam o convívio, o contato. Por tudo isso, muitos de vocês são tristes, sentem-se abandonados, culpados por serem como são.

— É uma experiência que eu não desejo a ninguém...

— Você é especial, criança. Tem maturidade e já pensa como adulto. Olhe para a frente. Deixe o passado para trás. Você enfrentou uma das fases mais difíceis a que um garoto é submetido na vida, a adolescência. Passou pelos xingamentos, pelas gracinhas, pelas brincadeiras de mau gosto, pela desaprovação de seus pais. E está aqui comigo, pensando no seu futuro, na sua vida profissional, em se tornar uma pessoa boa e útil para si e para o mundo. É isso o que conta. O resto é história.

— Tem certeza?

— Sim. Agora vamos tomar nosso lanche. Quero aproveitar sua presença aqui o máximo que puder. Vou sentir tanta falta de sua companhia!

— Por que você não vai logo para São Paulo? Se quiser, eu a ajudo a vender a casa. Faço propaganda, vou até a rádio, converso com o locutor.

Os olhos de Leila brilharam emocionados. Ela mordeu levemente os lábios e, de costas para Roberto, desconversou.

— Eu fiz bolo de chocolate. Do jeito que você gosta.

Roberto acompanhou-a e, ao chegar à cozinha, sentou-se na cadeira e apoiou os cotovelos na mesa, encarando a travessa com o bolo.

— Eu sei que vou me dar bem em São Paulo. Minha irmã é um amor de pessoa, eu a adoro, mas não tenho intimidade com meu cunhado. Aliás, nunca me senti bem perto dele.

— Você tem ciúme dele, é natural, afinal, Alaor tirou e o privou do convívio diário com uma pessoa com a qual você contava bastante, que lhe dava apoio e suporte.

— Não é isso. O Alaor me olha de maneira esquisita. Creio que ele também não goste desse meu jeito de ser.

— Isso você saberá quando estiver morando com sua irmã.

— Por que não acerta suas pendências aqui na cidade e se muda logo? Você é jovem ainda, tem dinheiro. Pode fazer o que quiser.

Ela abaixou os olhos, desconversou, pegou uma fatia de bolo e mordeu um pedaço.

— Hum, delicioso mesmo!

— Você cozinha melhor que minha mãe.

— Não a deixe saber disso.

Os dois riram.

— Leila, quem era aquele homem de sobretudo, cara amarrada, que saiu daqui ontem?

Ela estremeceu. Então Roberto havia visto o sujeito? Ela procurou dar um tom natural na resposta.

— Um velho conhecido. Um grande amigo que está me ajudando na resolução das pendências.

— Ele me lembrou aquele detetive, como é o nome? Ah, o Columbo.

— Está assistindo muito à televisão.

— Mas ele usava uma capa igualzinha à do detetive Columbo. Aliás, ele parecia mesmo um detetive.

Leila procurou dar novo rumo à conversa.

— Garoto perspicaz — ela falou e afagou os cabelos sedosos do menino. — Venha comigo até a saleta de leitura. Tenho alguns livros reservados para você. Está na hora de começar a aumentar sua bagagem cultural.

— Oba! — exclamou Roberto feliz.

O rapazote terminou de comer seu bolo, tomou um gole de guaraná e a acompanhou até a saleta. Enquanto Roberto se entretinha com os livros, Leila agradecia a Deus por ele ter esquecido a conversa. Ainda não era o momento de falar sobre Nelson. Ela não se sentia confortável em compartilhar essa experiência com ninguém, nem mesmo com Roberto.

Da próxima vez devo tomar mais cuidado. Nelson precisa ser mais cauteloso. Hoje foi Roberto quem o viu. E se outra pessoa o vir também? Não posso deixar isso acontecer.

Leila afastou os pensamentos que perturbavam sua mente e procurou se entreter com Roberto e os livros.

A ÚLTIMA CHANCE

CAPÍTULO 9

A despedida de Roberto não chegou a ser emocionante. Para melhor relatar, não houve mesmo um pingo de emoção, pois o menino não via o momento de sair de casa e libertar-se da rejeição do pai e da falta de apoio da mãe. A sua presença em casa era como uma espécie de culpa em forma de gente, o que causava total constrangimento aos pais.

Otávio nem ao menos quis abraçar o filho. Inventou uma desculpa qualquer e correu até o boteco mais próximo de casa. Preferiu encher a cara, embriagar-se de ilusão e esquecer a realidade.

Helena não estava nem triste nem contente. Sentia, na verdade, uma ponta de alívio. Ver o filho no dia a dia lhe causava tremenda sensação de culpa e de que Roberto tivesse sido fruto de uma péssima educação. Helena julgava-se inábil e sentia tremendo peso na consciência por achar que havia errado na educação dele.

— Eu o mimei demais. Por esse motivo ficou *desse* jeito — dizia repetida e mecanicamente para si. — Talvez com Eliana as coisas sejam diferentes e ele mude, seja um rapaz normal como outro qualquer.

Ela não conseguia enxergar que Roberto era um rapaz normal e adorável. Ele era bonito, saudável, inteligente, prestativo, generoso e, acima de tudo, dotado de extrema sensibilidade.

Esses últimos tempos foram eficazes para que o menino fortalecesse sua autoestima e tivesse ferramentas emocionais suficientes para lidar melhor com sua condição homossexual. Claro que ele sofria de vez em quando com os dedos acusadores da sociedade sobre seu nariz, mas Roberto sentia em seu íntimo que sua orientação sexual era um detalhe em sua vida. Mais nada. Era como se o seu espírito já estivesse preparado para viver dessa maneira.

Helena nem sequer cogitava pensar nisso. Ela acreditava que o filho seria mais bem-cuidado por Eliana e essa fase passaria. Logo Roberto estaria casado, feliz e enchendo sua casa de netos. Pelo menos tentava incutir essas ideias na própria cabeça para não pensar na terrível possibilidade de o filho ter o mesmo fim que Otacílio.

Ela beijou o filho na testa e, assim que ele se afastou para entrar no carro, Helena abraçou a filha.

— Eliana, por favor, cuide bem do nosso menino.

— Nem precisa pedir, mãe. Roberto é como se fosse um filho para mim. Tenho certeza de que ele vai ficar muito bem.

— Alaor não se importa?

— Não. Disse-me que Roberto é bem-vindo e pode ficar quanto tempo quiser em nossa casa. Também — ela considerou — Beto não vai ficar na minha casa para sempre. O que são um punhado de anos? Nada. Depois ele vai seguir sua vida. E vai ser feliz. Tenho certeza.

— Confio em você. Obrigada.

— E o pai?

O semblante de Helena transformou-se. A dor era notável.

— Não quis ficar. Pretextou compromisso. Acho que foi dar umas voltas.

— Ele está bebendo muito?

— Quer dizer, ele... ele...

— Mãe, não me enrole! — protestou Eliana. — O pai foi beber, não é?

— Seu pai bebe de vez em quando. É a ocupação que encontrou depois que se aposentou.

— Existe um mundo de atividades e de ocupações para o papai. Ele não precisa se afundar nesse vício.

— Seu pai não é viciado.

— Por que você se recusa a enxergar a realidade à sua volta? Acredita que vai desmoronar caso deixe de viver na ilusão?

— Melhor viver assim. A dor é menor. De que adianta mudar minha maneira de ver ou pensar a vida? Seu pai vai continuar a beber e seu irmão... bem...

— O que tem o Beto?

— Ainda é difícil para mim acreditar que meu filho não seja aquilo que sonhei.

— Não percebe que está sendo mesquinha?

— Não precisa ser agressiva comigo. Sou sua mãe.

Eliana meneou a cabeça para os lados.

— Você não entende, mãe. Roberto é o que é. Nasceu de maneira única. Em vez de se prender na aparência, por que não olha seu filho com olhos de puro e verdadeiro amor? Roberto é educado, gentil, inteligente, tem um coração de ouro. Tenho plena certeza de que ele será uma pessoa da qual ainda muito iremos nos orgulhar.

As lágrimas rolavam e Helena não mais fazia força para não deixar que caíssem.

— Não consigo enxergar seu irmão por esse lado. Minha mente volta ao passado e tenho medo de que ele...

— De que ele o quê, mãe?

— Nada. Não quero reviver o passado.

Eliana não entendeu direito o que a mãe lhe falava. Ela e Ricardo nunca tinham ouvido falar em Otacílio ou mesmo sabiam que esse tio havia morrido anos atrás. Era um assunto que Otávio e Helena jamais se permitiram compartilhar com os filhos. Roberto sabia de algo porque ouvira sem querer atrás das portas. Ela deu de ombros e julgou que a mãe estivesse fragilizada emocionalmente.

Eliana nem percebeu o que disse.

— Talvez o dia em que aprender a amar seu filho incondicionalmente, você veja o Beto com outros olhos. Espero que não venha a se arrepender.

Helena sentiu as pernas falsearem por instantes. Lembrou-se do cunhado, de como o amara incondicionalmente. Em seguida ela pigarreou, desconversou e abraçou-se à filha para que Eliana nada percebesse.

— Fique no pé do papai. Ele precisa ter outras atividades para esquecer a bebida. Ou mesmo procurar ajuda médica. Eu e Ricardo estamos dispostos a contribuir com o pagamento de consultas ou até mesmo com uma possível internação para ele se desligar da bebida.

Helena ia se lamentar mais uma vez, entretanto, Eliana a cortou.

— Não está mais aqui quem falou. Paciência. Se você não quer enxergar, problema seu. O marido, aliás, é seu.

Enquanto Eliana despedia-se da mãe, Roberto ajeitava duas malas e uma caixa cheia de discos e outra de livros no porta-malas do carro. Não se esqueceu de levar também sua vitrola. Deu meia-volta, abriu a porta do passageiro, empurrou o banco e sentou-se atrás. Ao seu lado a pequena Rafaela dormia, agarrada a uma boneca. Alaor estava sentado no banco do motorista. Pelo retrovisor encarava Roberto de maneira nada agradável.

O rapaz percebeu e, por instantes, sustentou o olhar. A expressão facial de Alaor não era das mais agradáveis.

— Algum problema, Alaor? — perguntou, de maneira polida e num tom de voz mais baixo para não acordar a sobrinha.

— Não.

A ÚLTIMA CHANCE

— Sei que vou morar na sua casa, estou invadindo a área — ele deu uma risadinha —, mas prometo que vou me fazer praticamente invisível. A rotina da casa não será alterada.

— Desde que você se comporte, está tudo bem.

— Mas eu sou um rapaz comportado.

Alaor nada disse. Meneou a cabeça para cima e para baixo, expressão sisuda. Roberto sentiu o clima estranho e abaixou a cabeça, pensativo. Eliana entrou logo em seguida. Olhou para trás.

— Rafaela está dormindo tão gostoso que me deu pena de acordá-la para se despedir da avó.

— Não viemos aqui para temporada. Viemos para buscar seu irmão.

— Por que está agressivo? — inquiriu Eliana.

— Não estou agressivo — Alaor procurou ocultar a contrariedade na voz —, é que estou atrasado para a reunião do banco. E se pegarmos trânsito na Marginal?

— Corte caminho — interveio Roberto, de maneira espontânea.

Pelo retrovisor, Alaor o fuzilou com os olhos. Eliana não percebeu. Ele respondeu procurando manter tom natural na voz.

— Isso mesmo, cortaremos caminho.

Assim que o carro dobrou a esquina e sumiu no meio da poeira, Otávio saiu por trás de uma árvore e foi para casa. Estava meio cambaleante. Havia bebido além da conta. Ele se aproximou do portãozinho.

— Já foram? — perguntou, numa voz trêmula.

— Sim — respondeu Helena, chorosa. — Agora você não tem mais com o que se preocupar.

— Creio que a cidade grande fará bem ao nosso filho.

— Quanto mais longe Beto estiver, melhor, certo?

— Não é isso, é que...

Helena o repreendeu severamente. Aproveitou que o marido estava meio de porre, portanto, mais fraco e bradou num tom explosivo, carregado de emoção:

— Chega! Nós falhamos, Otávio, entendeu? Falhamos na educação de nosso filho. Não fomos pais suficientemente bons para ele. Poderíamos tentar entendê-lo e, em vez disso, preferimos nos livrar do estorvo, mandando-o para longe de casa, longe de nossas vistas.

Otávio tentava se equilibrar sobre as próprias pernas. Ele baixou o tom de voz.

— Olhe aqui, sua...

— Vamos, diga! Xingue-me, bata-me. Faça o que quiser, mas jamais poderá livrar-se da culpa de ter falhado na educação de nosso filho. Roberto sempre o amou e você nunca se fez de rogado. Muito pelo contrário, sempre o amou, muito mais do que amou Ricardo ou mesmo Eliana. Foi só perceber que seu filho era diferente e pronto, você tentou ocultar o sentimento. Mas de que adianta? — ela gargalhou, nervosa.

— Não quero que...

— Não quer o quê? Que outra tragédia se abata sobre nossas cabeças, é isso?

Os olhos de Otávio marejaram.

— Não quero que meu filho termine como meu irmão. Viu o que aconteceu com Otacílio? Tudo porque ele também era diferente. Não percebe que ajo assim por puro medo?

Helena entendia o marido. Até mesmo ela se sentia assim de vez em quando. Temia que o filho sofresse e tivesse um fim tão desolador como seu cunhado. Entretanto, seu caçula tinha ido embora. O que faria da vida dali em diante? Ela colocou as mãos na cintura.

— De que adianta tentar ocultar o que sente? Você está muito mais irritado porque o ama e não consegue deixar de amar seu filho, assim como até hoje não consegue deixar de amar seu irmão. Se conseguisse, sua mente estaria serena e o coração em paz.

As palavras de Helena estavam carregadas de sentimento verdadeiro. Ela falava, afinal, com a alma.

Otávio ficou sem saber o que fazer. Por mais que tentasse odiar o filho, não conseguia. Amava Roberto acima de tudo, muito mais do que os outros filhos ou até mesmo a esposa. Entretanto, seu filho amado nascera torto, com defeito, do

A ÚLTIMA CHANCE

mesmo modo que seu próprio irmão, como ele acreditava. Não era justo amar alguém assim. Otávio não podia amar uma criatura que fosse diferente do padrão socialmente aceito. Para quê? Para sofrer mais ainda depois que seu filho se metesse numa enrascada? Não.

Otávio tentava expulsar esse sentimento pelo filho, contudo seu amor por Roberto era mais forte do que ele. Mais forte que tudo.

Inebriado pela bebida, ele esmoreceu um pouco. Coçou a cabeça, deixou uma lágrima escapar pelo canto do olho.

— Vamos entrar. Não quero que os vizinhos escutem essa discussão.

Helena assentiu e entraram em casa. Ambos se sentaram cada um numa poltrona. O silêncio na sala era assustador. Otávio foi até a pia da cozinha e meteu a cabeça sob a torneira. Um pouco de água fria talvez o livrasse daquele torpor que a bebida ocasionava. Voltou à sala. Enquanto secava os cabelos com uma toalha, jogou o corpo cansado e alquebrado sobre uma poltrona.

— Eu não errei em nada. Criei nosso filho como criei os outros dois.

— Beto precisava de nosso amor. Nós poderíamos ser mais compreensivos.

— Compreender o quê? Como aceitar um filho invertido?

— Somos instruídos, poderíamos fazer como Eliana nos disse, consultar um especialista, conversar, tentar entender.

— Não sei, não.

— Eliana me falou algumas coisas e eu estou pensativa. Claro que em São Paulo nosso filho terá melhores condições de estudo e poderá ter a chance de seguir uma carreira brilhante. Entretanto, eu e você poderíamos dar a ele o que todo pai e toda mãe devem dar aos filhos e que não custa nada: amor, entendimento, apoio...

Otávio remexeu-se na cadeira de maneira nervosa.

— E entender vai mudar alguma coisa? Entender meu filho vai fazer com que ele mude aquele jeito estranho de ser?

— Deus não o mandou para o nosso lar à deriva. Creio que, se ele nasceu nosso filho, é porque também devemos aprender alguma coisa com a situação. Se não aprendemos com Otacílio...

Otávio levantou-se de maneira abrupta. Elevou as mãos tentando tapar os ouvidos.

— Chega! — bradou. — Não fale mais o nome de meu irmão dentro desta casa. Nunca mais! Esse nome só me traz péssimas recordações!

Ele rodou nos calcanhares, ganhou a rua e voltou em direção do bar.

Helena suspirou triste.

— De nada vai adiantar afogar-se na bebida. Isso só vai piorar a situação.

Ela meneou a cabeça para os lados e foi para a cozinha, cuidar do jantar. Olhou ao redor e o silêncio no sobrado era aterrador. Mesmo com as esquisitices do filho, acostumara-se com seu jeito meigo, com a música alta que enchia a casa de alegria. De agora em diante não teria mais vitrola, mais música, mais filho, mais nada. Helena foi até o quarto, abriu o guarda-roupa e lá do fundo tirou uma caixa antiga de sapatos. Dentro havia algumas fotos. Ela pegou uma foto onde ela estava sorridente e era abraçada por dois homens. Otávio e Otacílio. Uma saudade imensa apoderou-se dela. Helena pegou a foto com delicadeza, beijou-a, sentou-se na cama, abraçou-se a uma almofada e se pôs a chorar.

A ÚLTIMA CHANCE

CAPÍTULO 10

Eliana tentou de todas as formas alegrar o irmão, mas em vão. Ela percebera o clima esquisito, a animosidade perturbadora que se estabelecera entre o marido e Roberto. De soslaio ela olhava Alaor e percebia que seu rosto estava contraído, expressão fechada. Talvez fosse a pressa em chegar à cidade para não perder a reunião. Alaor era muito metódico e não queria chegar atrasado. Estava namorando uma promoção e a tal reunião seria de suma importância para efetivar esse namoro num verdadeiro casamento profissional.

Por sorte, no meio do trajeto, Rafaela acordou e Roberto brincou com a menina e distraiu-se. Assim, logo estavam em casa. Alaor ajudou a descarregar os pertences de seu cunhado, beijou a esposa e a filha, e saiu em disparada para o centro da cidade. Felizmente, ele não perdeu a reunião, mas perdeu a promoção, o que o tornou uma pessoa mais irascível.

Dalva apareceu sorridente e pegou Rafaela no colo. Eliana ajudou o irmão com os pertences e o apresentou a Dalva.

— Prazer.

Roberto sorriu de maneira cativante e, em vez de somente cumprimentá-la com um aceno, espontaneamente abraçou-a e beijou-a em uma das faces.

— O prazer é todo meu. Você parece ser muito boa pessoa.

Dalva adorou receber esse tipo de carinho. Eliana a tratava muito bem, Rafaela era muito apegada a ela também. O único inconveniente na casa era Alaor. Sempre nervoso, agitado, precisava descontar seu nervosismo, seu estresse em alguém. E sempre sobrava para a pobre Dalva. Ele tinha a capacidade de passar o dedo sobre móveis para detectar algum vestígio de poeira. Estava sempre chamando a atenção da empregada. Sorte que ela trabalhava de segunda a sexta-feira e só dormia no serviço quando ele e Eliana saíam para algum evento — cada vez mais raro — a fim de tomar conta da pequena e adorável Rafaela.

Dalva sorriu feliz e seus olhos marejaram. Sentiu que Roberto havia sido verdadeiro e espontâneo e nutriu imediatamente por ele uma simpatia sem igual. A fim de ocultar o sentimento, perguntou:

— O que o menino gosta de comer?

— Tudo.

— Tem algum prato especial?

Ele colocou o dedo no queixo e em seguida respondeu:

— Bife à milanesa com batatas fritas. Adoro.

— Pode ficar sossegado que vou lhe preparar o melhor bife com batatas que você já provou.

Roberto sorriu feliz e passou o braço pela cintura da irmã. Foram em direção à edícula.

— O seu pequeno apartamento ficou muito bonito. Espero que você goste do seu cantinho. Fiz o melhor que pude.

Roberto acompanhou a irmã carregando suas malas. Assim que avistou a edícula, ele se encantou. Ficava ao lado da lavanderia ou área de serviço. Assemelhava-se a uma sobreloja.

A ÚLTIMA CHANCE

Havia uma escada de cimento e corrimão de ferro fundido em forma de caracol que levava até o andar de cima. O espaço era bem dividido: havia uma pequena saleta para estudos, mobiliada com uma TV e um móvel para os discos. Eliana comprara uma escrivaninha, um livreiro e um sofá. Ao lado da saleta ficava o quarto, pintado num tom azul-claro e com móveis brancos. Uma cama de solteiro, uma mesinha de cabeceira, um guarda-roupa e uma cômoda. Para completar a decoração, um espelho próximo à porta e um pôster bem grande do filme Grease.

— Fiquei em dúvida quanto ao pôster. Talvez você preferisse Os embalos de sábado à noite.

Beto não cabia em si de contentamento.

— Você fez tudo isso para mim?

— Sim.

— Eu sou mais o Grease. A Olivia está linda nesse pôster, sem contar que as músicas são deliciosas. Vou furar o disco de tanto que escuto.

Ele correu e passou delicadamente as mãos sobre o pôster colorido do filme.

— Esse pôster é lindo!

— Uma amiga minha trabalha num cinema e, quando saiu de cartaz, ela guardou e mandou para você.

— Todo esse espaço é meu?

Eliana sorria feliz.

— Ainda não terminamos. Você não viu o banheiro e a cozinha, quer dizer, uma pequena área ligada à saleta para você poder fazer refeições leves e cobrir seu estômago nas madrugadas em que estiver estudando. Eu pensei em tudo.

Roberto abraçou-a emocionado.

— Você é a melhor irmã do mundo. Na verdade, você é como uma mãe para mim. Eu sempre lhe serei muito grato.

— Eu também o amo muito, meu irmão querido. Eu o tenho como a um filho. Sempre prezei por sua educação e confesso ter ficado triste quando me casei e vim para São Paulo. Mas veja como a vida dá suas voltas e agora estamos juntos de novo.

— Prometo que não vou atrapalhar a sua vida, a rotina que vocês têm diariamente. E prometo ajudar no que precisar.

— Temos a Dalva que cuida desta casa com carinho e esmero. Quero que você se concentre nos seus estudos. Agora precisa se dedicar ao cursinho. Amanhã vamos fazer uma vistoria na escola, conhecer as dependências, retirar o material que você vai utilizar. São muitas apostilas, alguns livros, e os cadernos que eu mesma encapei, como fazia com seu material de colégio.

Roberto a abraçou novamente, enchendo-a de beijos.

— Você gosta mesmo de mim. Você e o Ricardo.

— Por que diz isso?

— Porque vocês me amam de verdade. Aceitam-me como eu sou. Respeitam-me e não me condenam.

— Jamais nós o condenaríamos. Por quê? Você é diferente, único, nasceu dessa maneira. Creio que devemos respeitar as diferenças. Eu e Ricardo compreendemos isso.

— Mas o papai e a mamãe...

Eliana pegou o irmão pelo braço. Sentaram-se no sofá.

— Escute, Beto, sei que você passou maus bocados, principalmente ao lado de papai. Mamãe sempre foi alheia a tudo, sempre preferiu viver no seu mundo cheio de ilusões e nunca quis lidar com a realidade. Papai sempre o amou muito.

— Não é verdade. As surras que levei não podem vir de alguém que me ama.

— Mas ele o ama. Papai infelizmente não aceita você como é. Ele luta diariamente contra esse sentimento ambíguo. Por dentro ele o ama, o quer bem, o admira. Entretanto, sua postura, seu jeito de ser não são exatamente como ele sonhou. Devemos perceber que ele e mamãe fazem parte de uma geração em que foram obrigados a seguir regras sem poder contestá-las. Eles foram criados para obedecer, foram moldados por padrões muito rígidos de comportamento.

— Eu sei. Mas a rejeição doeu muito.

Eliana apertou a mão do irmão como prova de sua compreensão.

A ÚLTIMA CHANCE

— Imagino que doa muito. Você parou para pensar que papai e mamãe nunca tiveram opinião formada sobre nada?

— Como assim?

— Eles foram criados para ser uma máquina que vive em função de padrões sociais preestabelecidos. Eles não tiveram juventude. Saíram da infância para logo enfrentarem casamento e família. Ninguém lhes perguntou se queriam estudar isso ou aquilo, se queriam se casar com fulana ou beltrano. Hoje há moda para o jovem, divertimento, programas televisivos. Parece que o mundo descobriu no jovem um mercado potencial. Mas papai e mamãe, quando jovens, não tiveram muita escolha. Ou melhor, não tiveram nenhuma escolha. Percebe o conflito de gerações?

— Isso não os exime da responsabilidade de procurar me entender. Poderiam ser mais compreensivos. Por que mamãe não teve essa mesma conversa comigo? Sempre ficou fechada em seu mundo e nunca fez muito para tentar enxergar o que ia aqui, no meu coração.

Eliana o abraçou.

— Eu sei, meu querido. Não deve ter sido fácil. E creio que não será fácil por muito tempo, ou mesmo por toda sua vida. Lidar com o preconceito, com o diferente, não é tarefa das mais fáceis. É uma tarefa nobre, porquanto você necessita se dar muito respeito, encher-se de coragem e precisa, acima de tudo, jamais deixar-se de lado. É um exercício contínuo de autoestima.

— Você fala tão bonito!

— Sabe que, desde que você começou a mostrar suas tendências, fiquei preocupada e, em vez de condená-lo, fui atrás de profissionais que pudessem me esclarecer. Além disso, se você se interessar, eu posso falar com o Ricardo e podemos lhe pagar sessões de terapia. Consultar um bom terapeuta talvez o ajude a lidar melhor com sua homossexualidade.

— Eu agradeço bastante. Você e Ricardo têm feito muito por mim. Estão me dando casa e pagando cursinho. Eu não quero abusar.

— Não se trata de abuso. Talvez você precise de respostas que só mesmo os terapeutas são capazes de dar.

— Sei disso. Entretanto, tenho conversado muito com Leila. Ela tem se mostrado muito amiga e tem me explicado muita coisa sobre esse meu jeito de ser.

Eliana levantou o sobrolho.

— Quem é Leila?

Roberto sorriu.

— Não fique com ciúme. Ela é somente uma amiga.

— Não estou com ciúme — ela sorriu. — Você nunca mencionou esse nome antes.

— Faz algum tempo que nos conhecemos. Ela tem perto de quarenta anos de idade. É muito bonita.

— E onde a conheceu?

— Na rua, num dia... — ele hesitou. Não queria que a irmã soubesse que ele quase fora molestado pela turma de Dênis. Procurou dissimular e mentir: — Eu a conheci num parque, em Jundiaí. Ficamos amigos. Torço para que ela venha morar aqui na capital. Poderia ser nossa vizinha. Este bairro é muito bonito, bem arborizado, cheio de casas lindas.

— Ela pretende se mudar para cá?

— Sim. Está resolvendo alguns assuntos e assim que vender a casa virá para cá. Você vai gostar muito da Leila. Tenho certeza.

— Ela sabe que você é gay?

— Hum, hum. Ela me apoia e tem me ajudado muito com palavras amorosas. Também conversa muito comigo, como se fosse uma terapeuta.

— Vou gostar de conhecer a Leila. Se ela gosta de você e o aceita como é, deve ser uma pessoa de bem.

— Você vai ver, Eliana. Ela é muito especial.

Ela sorriu.

— Não se esqueça de que você está a cada dia se tornando uma pessoa melhor. É isso que conta.

— Eu amo muito você. Espero que possamos sempre ser amigos.

— Claro que sempre seremos!

A ÚLTIMA CHANCE

Roberto mordiscou os lábios.

— Mas o comportamento de Alaor me preocupa um pouco.

— Ele tem tentado entender. No convívio diário, tenho certeza de que Alaor vai gostar de você. Acredite.

— Espero.

— Ah! — ela sorriu e levantou-se. — Tenho uma surpresa.

— Qual é?

— Ricardo vem passar um fim de semana qualquer aqui em casa. Vai trazer uma namorada nova. Parece que é sério.

— Ricardo com compromisso sério? Duvido.

Eles riram.

— Vamos aguardar e saber quem é essa misteriosa mulher que enfeitiçou nosso irmão.

Continuaram a conversa enquanto arrumavam o quarto com os pertences que Roberto havia trazido nas bagagens. Em pouco mais de uma hora o apartamento, se assim podemos dizer, estava arrumado, com as roupas nos armários, os artigos de toalete diligentemente colocados no armário do banheiro, tudo em ordem. Roberto apanhou sua vitrolinha e a pôs no móvel ao lado do aparelho de TV. Apanhou o disco da trilha sonora do filme e logo o ambiente foi contagiado de música agradável aos ouvidos. Roberto pegou a irmã pelo braço e ambos ficaram rodopiando na saleta, imitando os passos que os astros John Travolta e Olivia Newton-John faziam no filme *Grease*. Divertiram-se a valer.

No resto da tarde, Roberto escutou mais alguns discos e depois brincou com a sobrinha. Rafaela era uma garotinha adorável, estava sempre de bom humor e com um sorriso nos lábios. O jantar foi servido e, em seguida, Roberto retirou-se para seus aposentos. Estava cansado e queria dormir cedo. No outro dia iria com Eliana à escola e não via o momento de botar as mãos nas apostilas e começar a estudar, mesmo antes do início das aulas.

— Eu vou entrar na faculdade de medicina. Vou conseguir. Deus vai me ajudar.

Não demorou muito para ele conciliar o sono. Assim que adormeceu, seu espírito desprendeu-se do corpo físico.

Roberto sentou-se na beirada da cama. Meio sonolento, avistou uma figura feminina, cujo sorriso era cativante.

— Gina! — exclamou.

— Como vai, Beto?

A voz do espírito era de uma docilidade incrível.

— Estou bem. Sinto certa apreensão, mas é natural. Minha vida está num processo de grandes mudanças. Sei que já passei pelo pior.

— Tem razão. Sua adolescência está chegando ao fim. Você conseguiu superar o relacionamento conflituoso com seu pai e sua mãe, além de superar as adversidades naturais pela escolha de sua sexualidade.

Roberto esfregou os olhos e, mais lúcido, levantou-se.

— Gina, sinto que poderia ter tido um relacionamento mais harmonioso com meus pais

— Você fez o seu melhor. Nunca os desrespeitou, sempre procurou ser um filho amável, responsável. Se eles não aprenderam a lição, talvez aprendam numa próxima oportunidade.

— Mesmo tendo sofrido nas mãos do meu pai, não tenho raiva dele, mas senti grande alívio ao sair de casa, porque seus olhos inquisidores muito me incomodavam.

— Otávio o ama muito. Vocês têm uma profunda ligação que se perde nos fios do tempo. Antes de reencarnarem, ele se prontificou a recebê-lo como filho e na condição de homossexual. Mas, como você bem sabe, ao reencarnar esquecemos muitas coisas. Só mesmo na matéria, vivendo aprisionados no corpo físico, é que vamos ter certeza se nosso espírito está ou não pronto para lidar com os propósitos anteriormente combinados.

— Ele sente culpa pela morte de Otacílio, não é mesmo?

— Sim. Mas seu pai não foi culpado de nada. Era uma situação que o espírito de Otacílio precisava vivenciar.

— E como ele está?

— Bem. Em breve você vai se encontrar com ele. Otacílio faz parte do grupo de espíritos que estão trabalhando na nova colônia.

— Papai e mamãe acham que ele se matou.

— Não foi assim que aconteceu. No fundo sua mãe sabe da verdade. Ela não quer reviver o passado e, portanto, o distorce, pois ele lhe traz dor e sofrimento.

— Eu vou torcer para que papai e mamãe fiquem bem também.

— Eles vão ficar. Agora, vamos dar uma volta? Quero levá-lo para um passeio em nossa colônia.

— Estou com saudade.

— Feche os olhos e me dê as mãos.

Roberto assentiu mexendo graciosamente o queixo. Em segundos estavam numa linda colônia próximo ao orbe terrestre, lindamente arborizada. A profusão de tipos de árvores e flores, a coloração das folhas e pétalas, tudo enchia os olhos de profunda beleza e convidava à contemplação.

Aproximaram-se e sentaram-se num banco.

— Estava com saudade deste banco — disse Roberto.

— Você fez questão de que ele ficasse aqui, bem no meio da praça, a fim de servir como local de refazimento àqueles que se deixam atormentar por pensamentos negativos.

— Vou começar a estudar dentro de algumas semanas. Tenho certeza de que vou conseguir.

Gina sorriu.

— Sei que vai. Sua alma anseia por isso. Você estudou com médicos do astral e o seu trabalho na Terra será de suma importância para aqueles que vão padecer da nova doença.

— Ainda não soube de nada a respeito.

— O vírus já saiu do mundo astral e penetrou no mundo físico. Constatamos um ou outro caso isolado no planeta. Logo haverá uma concentração maior de casos, principalmente nos Estados Unidos. Quando o vírus chegar ao Brasil, você estará quase formado.

— Eu poderia ter reencarnado um pouco antes. Desta forma estaria formado antes de o vírus se alastrar pela Terra.

— Está olhando sua encarnação do ponto de vista individual. E os outros que reencarnaram e interagem com você nesta vida? Não se esqueça de que muitas vidas estão entrelaçadas e tudo foi planejado para acontecer dessa forma. A vida planeja tudo da melhor maneira possível, de forma que todos os envolvidos tenham chances de melhorar e crescer.

— Eu me esqueci dos outros. Por falar em outros — Roberto suspirou —, onde ele está?

Gina deu-lhe um tapinha nos ombros.

— Ainda não é hora de vocês se encontrarem. Você precisa estudar, dedicar-se de corpo e alma à carreira que vai abraçar. Há médicos aqui no astral esperando você se formar para poderem trabalhar ao seu lado, ou seja, inspirar-lhe bons pensamentos, soprar-lhe dicas de estudo e de tratamento dessa nova doença.

— Sinto tanto a falta dele!

— Quando voltar ao corpo físico, você vai esquecer. Prometo que vocês vão se ver muito em breve, mas só vão se ver. Se tudo correr conforme o combinado, alguns anos lá na frente vocês vão se reencontrar de fato. E não se esqueça de que vão se encontrar num momento muito conturbado de suas vidas. Estarei ao seu lado para ajudá-lo a enfrentar o que virá pela frente.

— Sei que poderei sempre contar com sua ajuda, Gina. Você é mesmo um anjo. Não sei se reencarnaria caso você não estivesse deste lado de cá me ajudando a superar as adversidades da vida terrena.

— Não subestime sua capacidade de lidar com as adversidades. Você é forte, Roberto. Escolheu nascer gay, enfrentar preconceitos dentro e fora de casa. Preferiu encarar uma vida cheia de rejeições e condenações a fim de subir mais rápido em sua escala evolutiva. Não são muitos os que pensam como você e aceitam essa árdua tarefa.

— Sei disso. E você muito tem me ajudado.

— Também tenho aprendido muito com você.

A conversa fluiu agradável e, antes de o sol nascer, Gina conduziu Roberto até seu corpo. Em seguida, retornou à colônia espiritual. O espírito de Roberto encaixou-se no corpo físico e ele continuou dormindo, de maneira serena e tranquila.

CAPÍTULO 11

O tempo correu célere. As aulas começaram e Roberto dedicava-se com afinco aos estudos. Acordava cedo, tomava um banho e em seguida sentava-se na copa para o café, que Dalva fazia questão de lhe servir. Depois, ele se arrumava, saía carregado de apostilas numa mochila e ia a pé ao cursinho. O prédio não ficava muito distante de sua casa.

Roberto havia mudado muito seu jeito, sua maneira de falar, até o seu andar era mais firme. Dificilmente alguém diria que ele fosse gay. Às vezes ele tinha um ou outro jeito mais delicado na fala, no entanto isso em nada atrapalhava o convívio com os outros adolescentes.

O garoto ficara mais confiante, mais dono de si. E, de tempos em tempos, lembrava-se daquela frase que ecoava em sua mente. Não cansava de repetir para si:

— Eu sou amado e protegido por Deus.

Nas cartas que trocava semanalmente com Leila, o rapaz era encorajado a se aceitar incondicionalmente e valorizar-se, pois ele era único, além ter sido feito à imagem e semelhança de Deus. Além das frases positivas e de estímulo, Leila lhe mandava livros de autoajuda, como também livros que tratavam da homossexualidade de maneira natural e sem as tintas do preconceito. Como Roberto era bom em inglês, ela lhe enviava livros que um conhecido lhe comprava no exterior, principalmente nos Estados Unidos, onde o movimento pelos direitos homossexuais estava em franca expansão e pipocavam livros editados por médicos e psicólogos que davam suporte e apoio, além de ajudar os homossexuais a se sentirem pessoas normais, contrariando determinados setores da sociedade moralista e rígida, avessa às mudanças naturais que a vida nos impõe.

Roberto sorvia cada palavra do cálice do conhecimento. Quando não entendia o texto, pegava um dicionário e, com a tradução da palavra para o português, toda a frase lhe fazia sentido. Não obstante, cabe ressaltar que ele havia tido contato com a língua inglesa em várias outras vidas, o que lhe facilitava bastante a leitura nesse idioma.

Ele fez amizades com meninos e meninas no cursinho. Era benquisto pelos colegas, porquanto era um rapaz muito simpático, que sempre ajudava os colegas em dificuldade com os massacrantes exercícios das mais variadas matérias.

Nesse mesmo dia, um pouco mais tarde, como havia tempos não acontecia, Alaor e Eliana tomavam o café da manhã.

— Ontem você chegou tarde de novo. Não pode dizer ao seu chefe que tem uma filha pequena que o espera para receber um beijo de boa-noite?

— O trabalho me consome. Depois que o idiota do Rubens pegou meu lugar...

— Na hora certa você será promovido.

— Qual nada! E pare de me cobrar.

— Não o estou cobrando, somente o chamando para as suas responsabilidades de pai. E ademais eu senti hoje cedo um cheiro forte de cigarro em sua camisa.

— Anda cheirando minhas roupas? Tornou-se um sabujo, um cão farejador?

— Você não fuma. Onde tem se metido?

Alaor não quis responder. A fim de desconversar sobre as escapulidas noturnas, questionou a esposa, de maneira a provocá-la:

— Onde está meu cunhadinho feliz?

Eliana sentiu o tom maledicente na voz do marido. Não estava com vontade de brigar logo cedo.

— As aulas começam bem cedo. Enquanto você está aí sentado tomando seu café e lendo seu jornal, meu irmão já está num banco de sala de aula.

Alaor deu de ombros. De fato, reconhecia que Roberto era esforçado. Ele mal via o garoto. Quando acordava, ele já havia saído para o cursinho. Quando retornava do trabalho, ou dos bares que frequentava, geralmente tarde da noite, Roberto estava estudando ou dormindo. Moravam na mesma casa e mal se viam. Entretanto, havia algo em Roberto que incomodava Alaor. Profundamente. E ele sempre arrumava uma maneira de provocar o menino.

— Não vai estragar esse menino mais do que já foi estragado.

— Ele não foi e não está estragado. Que jeito é esse de falar?

— Nada.

Alaor pegou o bule de café e despejou um pouco do líquido em sua xícara. Depois, pegou uma fatia de bolo. Enquanto comia e sorvia o líquido quente, continuou no ataque.

— Esse menino pode influenciar minha filha. Não o quero muito perto de Rafaela.

— Por quê? Acha que a presença dele ao lado de nossa filha vai fazer com que ela *vire* alguma coisa?

Alaor desconversou.

— Não é nada disso. Seu irmão veio para cá para estudar e não para ficar brincando dentro de casa ou ficar escutando música dia e noite.

— Isso é mentira. Você sabe o quanto meu irmão tem se dedicado aos estudos. Beto chega do cursinho, almoça, dá uma descansada e depois se debruça nos livros. A música de que você fala é nos fins de semana. Creio que seja justo ele descansar um pouco no fim de semana e ouvir música. Que mal há nisso?

— Mal nenhum. Espero que ele entre logo na faculdade, forme-se logo e suma da minha casa.

Eliana não estranhou o tom. Há muito tempo Alaor mudara sua postura, seu comportamento. Dentro de casa ele era mal-humorado, insuportável. Destratava Dalva por qualquer bobeira ou deslize. Brincava muito pouco com a filha. Ele andava muito esquisito, para falar a verdade, principalmente depois de perder a tão sonhada promoção.

— Você não é mais o mesmo. O que está acontecendo?

— Não está acontecendo nada.

Eliana não se deu por vencida.

— Você concordou em receber o meu irmão aqui em casa. Participou da reforma da edícula. Foi um dos que acharam que seria bom o Beto ficar longe da presença dos meus pais. Agora que ele mora conosco há meses, você o trata com frieza e desdém. Por quê?

— Não é isso. Só não quero que nossa rotina seja alterada — disse.

— Nossa rotina continua a mesma. Aliás, enfadonha como sempre.

— Vai reclamar de novo?

— Alaor, há quanto tempo não saímos para jantar?

— Ora, por que sair para jantar? A Dalva cozinha tão bem!

— E o romantismo? Cadê o nosso namoro, as nossas idas ao cinema, as noites dançantes... Você adorava sair para dançar comigo.

Alaor levantou-se rapidamente. Sorveu o resto de café na xícara.

— Não somos mais namorados. Casamos — ele levantou a mão e fez um gesto apontando para a aliança dourada no dedo anular da mão esquerda.

— E qual a diferença?

— A diferença é que agora eu não sou mais um namorado porra-louca. Tenho obrigações. Agora sou casado, tenho uma casa para cuidar, contas para pagar, uma filha para sustentar, empregada, um cunhado...

— Eu sei de tudo isso, mas podemos manter a chama da nossa paixão com certo encantamento. Um jantarzinho de vez em quando, uma esticada numa boate...

— Você é romântica e sonhadora, Eliana. Não percebe que não tenho mais idade para essas futilidades?

Alaor falou, beijou-a na testa e saiu apressado, como de costume. Apanhou a pasta, o paletó e em poucos minutos o ronco de seu carro sumiu na curva da esquina. Eliana sentou-se na cadeira e serviu-se de café. Enquanto tentava se alimentar, as lágrimas corriam insopitáveis.

Na hora do almoço, Roberto chegou do cursinho. Estava animado como sempre e também faminto como de costume. Beijou Dalva e Rafaela na cozinha e entrou na copa. Encontrou a irmã cabisbaixa. Sabia que Eliana não estava bem. Aproximou-se e sentou-se ao seu lado.

— Bom dia. Ou boa tarde.

Ela o encarou de maneira surpresa.

— Já chegou? Nem vi a manhã passar — os olhos dela estavam inchados de tanto chorar. — Você está com ótima aparência, meu querido.

— Dormi muito bem. Não sonhei, mas fazia tempo que não acordava assim tão disposto e feliz. E o dia de aula foi muito proveitoso. Tirei muitas dúvidas com os professores. Estou cada vez mais confiante de que vou passar no vestibular.

— Vai ver é a sua casinha — ela apontou para o lado da edícula. — Reformei e decorei com muito amor. — Eliana falou, mas não conseguiu conter o pranto. Estava desiludida, cansada de esconder sua tristeza. Queria poupar o irmão para que ele se dedicasse tão somente aos estudos. Contudo, a conversa com o marido logo cedo a deixara devastada emocionalmente. — Oh, Beto, desculpe-me. Não queria que você me visse nesse estado tão lastimável.

Roberto a abraçou e, enquanto alisava os cabelos da irmã, disse baixinho:

— Chi! Eu estou aqui para ajudá-la. Tenho percebido a distância entre você e Alaor, mas o assunto não é de meu interesse. Você sabe o quanto sou discreto.

— Você tem percebido nossas diferenças?

— Sim. Agora moro aqui e, mesmo que fique trancado na edícula e me dedique aos estudos, vejo que o relacionamento de vocês não vai bem.

— Alaor mudou muito desde que nos casamos. Ele foi um namorado excepcional, atencioso, amoroso, brincalhão. Depois que nos casamos as coisas foram mudando aos poucos. Hoje, olhando para trás, percebo que as mudanças ocorreram depois da lua de mel.

— Alaor deixou de ser ele mesmo para se transformar no esposo. Perdeu o viço, a espontaneidade e crê que o papel de marido seja mais importante do que ser ele mesmo.

— Ele não brinca mais, leva tudo muito a sério. Quando Rafaela nasceu, tudo ficou bem pior. Até a nossa intimidade... — ela ruborizou. — Desculpe. Você é meu irmão querido, é tão novinho.

— Sou maior de idade e fui inclusive dispensado do serviço militar. Não sou mais o seu irmãozinho. Quer dizer, serei sempre o caçula, mas me sinto mais adulto e responsável. Eu nunca namorei, não posso ainda avaliar o significado do amor para mim, no entanto, pelo que tenho notado, Alaor vestiu a roupa de marido e vai ser muito difícil tirá-la. É como aquele moletom puído que a gente gosta de usar quando está em casa. Não o jogamos fora por nada deste mundo.

Ela sorriu.

— Tem razão. Alaor não me valoriza mais. Outro dia reclamou que as contas para pagar estavam crescendo, que após o nascimento de nossa filha tudo aumentou. Eu lhe disse que poderia voltar a trabalhar, fazer alguns cursos de atualização e voltar a advogar. Tive até medo. Ele quase avançou sobre mim.

— Não posso acreditar! Alaor ia bater em você?

O sangue subiu nas faces de Roberto.

— Não é bem isso. Foi mais o nervoso da hora. Alaor pode ser o que for, mas nunca levantou a mão para mim ou mesmo me desrespeitou. Ele simplesmente mudou o jeito de ser. Agora fica dizendo que é esposo e pai. Tem obrigações demais.

— Eu diria que são as responsabilidades da vida a dois. Ele não quis casar e ter um filho, constituir família? Pois tudo tem seu preço, ora.

— Ele não me procura mais, Beto.

— Desde quando?

Eliana se recompôs. Passou as costas da mão pelo nariz. Sorveu um gole de café preto.

— Alaor começou a se distanciar quando fiquei grávida. Tinha medo de que nossas relações íntimas prejudicassem a gravidez. Depois que Rafaela nasceu, ele não me procurava porque dizia que eu precisava me recompor do parto. Atualmente, pretexta trabalho e cansaço.

— Vai ver ele está com muito trabalho. Você mesma disse que, depois de perder a promoção, ele tem trabalhado mais. Não é?

Eliana assentiu com a cabeça.

— Sim. Ele está para ser promovido.

— Aguarde e mantenha a mente tranquila. Você tem a Dalva, uma empregada maravilhosa. Tem a Rafaela, uma filha adorável. E tem a mim.

Eles se abraçaram emocionados.

— De onde tirou essa?

Ele sorriu satisfeito.

— Para não morrer de tanto estudar, leio alguns livros que a Leila me manda. São livros de autoajuda, e lá aprendi muita coisa para me fortalecer como pessoa. Tem um livro que trata do relacionamento a dois. Fiz algumas anotações e daí percebi que seu casamento está balançado.

— Sei que sua presença nesta casa me dá mais forças para levar a vida adiante.

— Talvez essa fase de trabalho passe e Alaor volte a ser como antes.

— Você acha?

— Nem tudo está perdido.

Roberto fez tremenda força para não desapontar a irmã. Amava Eliana e não queria vê-la sofrer. No entanto, em seu íntimo, percebia que o casamento ia de mal a pior. Ele podia ser jovem, mas sua intuição era bem afiada. Roberto tinha certeza de que Alaor estava traindo a esposa.

Esse casamento não vai ter um final feliz, disse para si enquanto alisava, novamente, os cabelos sedosos de sua irmã.

ⵣ

A campainha tocou e Leila correu para atender. Há muito queria notícias do paradeiro de sua filha. Por onde andaria?

Leila fizera parte de uma humilde família de camponeses numa cidadezinha encravada nos confins do Rio Grande do Sul. Ela era uma garota linda. Olhos verdes, sobrancelhas perfeitamente desenhadas, cílios longos. Seu rosto era o de uma princesa de contos de fada. A pele rosada contrastava com os lábios carnudos e vermelhos. Os dentes eram alvos, e os cabelos compridos e dourados.

Aos dezesseis anos ela se apaixonou pelo filho do prefeito da cidade, um rapaz muito bonito, que na época tinha vinte anos de idade. A paixão entre os dois foi algo incontrolável, beirando as raias da insensatez. Encontravam-se às escondidas e amavam-se a torto e a direito. O resultado desses encontros foi uma barriga proeminente e a constatação: Leila ficou grávida.

Aturdida, ela procurou o noivo e decidiram casar-se, mesmo fazendo parte de classes sociais bem distintas. A família do noivo foi totalmente contra, porquanto sonhavam com um futuro político promissor para o jovem. Um casamento, naquela altura do campeonato, com uma garota pobre, ia contra os interesses da família.

Depois de muitas brigas e desentendimentos, Leila foi levada a um convento e lá ficou trancafiada até o nascimento da menina. Ela mal teve tempo de ver sua pequena. Devastada pela dor do parto, ela desmaiou tão logo deu à luz. A criança foi levada e entregue para adoção.

Leila não foi mais bem-vinda em sua própria casa. Seus pais viraram-lhe as costas. Uma filha deflorada, na década de 1950, era motivo de muita vergonha para qualquer família. A jovem, com o coração partido e sem saber do paradeiro da filha, aceitou o dinheiro da família do ex-noivo e correu até a pequena estação de trem. Ela nunca havia saído de sua cidadezinha e, quando ouviu o condutor gritar o nome da cidade de destino — São Paulo —, decidiu ir para a cidade grande. Na capital, ao desembarcar na estação da Luz, ouviu ao longe alguém gritar: "Jundiaí", e não titubeou. Resolveu ir até essa tal cidade. Escolheu morar em Jundiaí. Com o dinheiro recebido para sumir da vida do jovem político, Leila comprou uma casa modesta e trabalhava como vendedora numa loja de calçados femininos.

Aquele tal do ex-noivo, cujo nome de batismo era Herculano — que depois de ser afastado de Leila nunca se casou —, tornara-se político conhecido e chegara a ocupar o cargo de embaixador num país da Ásia. Anos depois, Herculano morreu num desastre aéreo, nas imediações do aeroporto de Orly, na França, acidente esse que ficou gravado na cabeça dos brasileiros pelas perdas de personalidades, como o senador Filinto Müller, o cantor Agostinho dos Santos e a socialite Regina Léclery.

Leila quase não acreditou quando os advogados da família de Herculano conseguiram localizá-la e lhe entregaram um cheque cheio de zeros à direita. No testamento, talvez por remorso, o seu outrora noivo lhe deixava generosa soma em dinheiro. Ela deixou a loja de calçados, aplicou o dinheiro e passou a viver de renda.

Agora, depois de tanto tempo, queria morar em São Paulo. Sentia saudades de Roberto. Apegara-se a ele como se fosse a um filho. Enquanto ela não encontrasse sua criança, daria todo seu amor a Roberto.

Ela abriu a porta e foi logo perguntando:

— Você demorou para dar notícias. O que aconteceu? Por que sumiu dessa maneira? Faz tempo que não tenho notícias suas.

O homem entrou na casa, tirou o chapéu e o casaco. Como Roberto havia dito tempos atrás, ele parecia mesmo o detetive Columbo. Leila pegou o chapéu e o casaco, e os colocou sobre o cabideiro.

— Sente-se.

— Obrigado.

— Descobriu mais alguma coisa?

— Sim.

Leila sentiu o coração ir à boca.

— O que foi?

Nelson passou os dedos sobre a barba, de maneira que denotava um gesto característico seu. Era alto, forte, tez morena, cabelos negros, as têmporas grisalhas. Tinha perto de cinquenta anos de idade. Sempre gostara de romances policiais e sua profissão não podia ser outra. Era conceituado detetive e amigo de delegados e policiais. Trabalhava com dedicação e afinco, além de ser de extrema confiança e ter uma carteira selecionada de clientes. Era muito discreto e seus serviços eram conhecidos através do boca a boca. Ele jamais faria publicidade de sua atividade. Era uma boa pessoa.

— Não existem registros sobre o nascimento de sua filha.

— Não é possível. Eu lhe dei a data. Pelo menos a data em que ela nasceu, eu jamais vou esquecer.

— Depois que o convento foi fechado, as freiras se dispersaram.

— Sumiram todas?

— Encontrei uma em São Borja, mas estava bem velhinha e bem doente. Não tive como coletar dados.

— Uma pena.

— Entretanto, passando pela cidade de Santo Ângelo, encontrei outra freira. Ela não quis falar muito, mas me afirmou que talvez sua filha não tenha sido registrada, porque as crianças nasciam e eram entregues logo para adoção, geralmente para famílias que não morassem nas redondezas.

— Como faremos?

— Essa freira em Santo Ângelo sabe de mais coisas. Ela deixou escapar que uma outra freira, conhecida como irmã Agnes, sabe de alguma coisa porque era a responsável por entregar as crianças para os futuros pais.

— Conseguiu localizá-la?

— No momento sei que ela está numa missão na África. Deve retornar em alguns meses ou até um ano.

— Eu pago o que precisar para você ir atrás dela. Nem que seja nos confins do mundo.

— Não se trata disso. Ela vai voltar. Pelo menos temos pistas quentes, depois de tanto tempo.

— Por que diz isso?

— Meu faro de detetive — ele riu. — Quando disse seu nome para a freira, percebi um brilho estranho no olhar dela. Tenho a certeza de que ela sabia de quem eu estava falando. Algo me diz que a irmã Agnes sabe do paradeiro de sua filha.

Leila desesperou-se.

— Então precisamos de sua confissão. Temos de ir até lá. Eu vou providenciar as passagens e...

Nelson a cortou com docilidade na voz.

— Nem pensar.

— Por quê?

— Temos de ir com calma. Você espera há mais de vinte anos e não serão alguns meses que vão estragar o meu trabalho.

— Ela pode desaparecer nessa missão. Pode morrer.

— Está sendo dramática demais. Ninguém vai morrer. Eu preciso esperar a chegada da freira. Vamos devagar. Assim teremos datas e nomes concretos. Vim aqui para acalmá-la. E também para saber dessa sua súbita vontade de vender tudo e ir embora.

— Decidi mudar.

— Por quê?

— Desejo viver na capital. Não quero mais morar aqui.

— O que quer de mim?

— Um advogado de confiança que trate dos papéis. Quero vender esta casa o mais rápido possível e transferir minhas aplicações financeiras. Quero comprar uma boa casa em São Paulo.

— Isso será fácil. Conheço um excelente advogado na capital.

— Quero resolver tudo o mais rápido possível.

— Algum novo amor?

Leila esboçou o primeiro sorriso da tarde.

— Não. Depois da desilusão pela qual passei, quero ficar longe do amor. Ele só machuca.

— Você ainda não sabe o que é amor. Viveu uma paixão intensa, o que é bem diferente do amor.

— Talvez. Mas os anos passaram e me dei muito bem sozinha. Por que precisaria de alguém nessa altura de minha vida?

— Uma companhia sempre é agradável. O ser humano nasceu para ter companhia.

— Eu não preciso disso.

Um brilho triste correu os olhos de Nelson. Ele nunca havia se interessado por mulher alguma na vida. Sempre colocou a carreira em primeiro lugar. Via os amigos de profissão se envolverem com as clientes e meterem os pés pelas mãos. Depois que conhecera Leila, descobriu por que alguns metiam os pés pelas mãos, não conseguiam controlar suas emoções e se envolviam emocionalmente com clientes. Leila era uma mulher bonita, madura, inteligente e solteira. Era independente, não precisava ser sustentada. Caso se envolvesse com algum homem, seria por amor, nenhum interesse outro que não fosse pelo nobre sentimento de amor.

Nelson estava se interessando cada vez mais nela. Pena que ela nunca lhe dava abertura para ele abordá-la.

— Eu sou paciente. Quem sabe um dia... — murmurou entredentes enquanto esboçava um sorriso maroto.

A ÚLTIMA CHANCE

CAPÍTULO 12

Algumas estrelas despontavam no céu. O sol se despedia e a tarde quente convidava para um passeio ou um refresco gelado. Sérgio atravessou a avenida Vieira de Carvalho e dirigiu-se a um dos bares que costumava frequentar no centro da cidade. Avistou uma mesinha ainda vazia na calçada e sentou-se numa cadeira. Afrouxou a gravata e pediu um chope. Cláudio chegou em seguida.

— Que tarde linda!

— É mesmo.

Cláudio fez sinal ao garçom e pediu um chope.

— Essa brisa que vem do Largo do Arouche dá uma boa refrescada. Não quero voltar para casa tão cedo.

— Isso sem contar com esse bando de homens engravatados saindo do serviço.

Sérgio sorriu.

— Tem razão. Tem muito homem bonito de se ver. Só de se ver.

— Só de se ver?

— Como você sabe, meu compromisso com Vicente é sério. Cláudio fez ar de mofa.

— A *bandejeira* ainda não voltou?

— Não gosto quando fala assim do Vicente.

— Só para descontrair.

— Ele é comissário de bordo. E não se esqueça de que trabalha em rotas internacionais e só atende à primeira classe.

— Bandejeira fina — falou com desdém.

— Tirou a tarde para me aporrinhar?

— De maneira alguma. Você é livre para fazer o que bem entender. O fato de eu não aprovar esse seu namoro não quer dizer que eu não goste de você. Por incrível que pareça, eu ainda o amo, como a um irmão.

Sérgio sorriu.

— Você nunca se meteu em minha vida afetiva.

— Jamais vou me meter. Somos homens adultos. Eu somente sinto que você poderia ter um relacionamento mais saudável.

— Por que diz isso? Acaso sabe o que sinto?

— Não se trata de me meter em sua vida. Longe de mim. Mas tem algo no Vicente que eu não engulo. Ele não me parece uma pessoa confiável. Sabe da história dele com o Carlos.

— Isso faz parte do passado.

— Carlos ficou devastado. Vicente o traiu com metade da cidade.

— Ele mudou. Agora me ama. Sempre que volta de viagem, enche-me de presentes.

— Remorso. Puro remorso.

— Você não dá o braço a torcer.

— De maneira alguma. Você sabe como nesses últimos tempos é difícil manter uma relação sólida e monogâmica. As pessoas estão se sentindo mais livres, mais soltas, mais tudo. Querem transar com todos. A troca de parceiros se mostra cada vez mais constante. No meio gay as conversas são sempre sexo, sexo e sexo. Será que não existe outro assunto?

— E o que isso tem a ver com Vicente?

— Ele é bonito, novinho, atraente e galinha.

— É tudo isso, menos galinha. Ele mudou, já disse. É comissário de bordo. Quando faz seus voos internacionais, frequenta os lugares da moda, como o Studio 54. Vicente se diverte, ora bolas. Se eu pudesse ir a Nova York, também faria de tudo para ir dançar na boate mais famosa e badalada do planeta, frequentar o jet set internacional. Ele só está aproveitando a vida.

— Acaso não acredita que ele saia com outros homens?

— Difícil acreditar. Ele jurou que não me trai.

— Não quero parecer maldoso, mas veja bem, Sérgio: ele está longe, a tentação da carne é fraca, e Vicente tem um passado que, infelizmente, pelas atitudes dele, o condena.

Sérgio revirou-se na cadeira. Aquele assunto o deixava nervoso. No fundo ele tinha até certeza de que Vicente saía com outros homens quando viajava para os Estados Unidos. Havia encontrado fotos do namorado abraçado a vários outros homens. Sérgio fazia força para acreditar que fossem velhos conhecidos, mais nada.

— Não quero ser estraga-casamentos — ponderou Cláudio.
— O fato é que eu gosto muito de você e não gostaria de vê-lo sofrer.

— Não estou sofrendo. Depois que o Luís foi embora com aquele casal para São Francisco, você sabe que não me envolvi com mais ninguém.

— Maurício correu atrás de você. Edgar sempre o desejou. Tem também o Sílvio...

— E eu com isso? — cortou Sérgio, voz levemente alterada.

— Eles são homens de bem. São caras legais. Conheço gente que faria de tudo para namorar esses rapazes.

— Daí?

— Que você os despreza, joga fora a oportunidade de embarcar numa boa história afetiva.

— Minha vida afetiva anda boa. Vicente me trata bem.

— Ele o está manipulando. Você até tenta ser o mesmo Sérgio de sempre comigo, mas nossos amigos têm percebido uma grande mudança em seu comportamento.

— Não mudei em nada!

— Como não?

— Vicente tem me ensinado a ser uma pessoa mais refinada, só isso.

— Nunca mais fomos aos bares, às discotecas. Você evita ir a determinados lugares comigo.

— Não pega bem. São lugares que não oferecem requinte, não merecem mais ser visitados.

— Foi Vicente quem disse...

— Foi. Até meu guarda-roupa ele mudou. Está me ensinando a usar as roupas certas, frequentar os lugares certos, conversar com as pessoas que sejam de fato interessantes. Trouxe-me uma calça Lee. Importada!

— Seu namorado agora virou um livro de etiquetas ambulante?

— Sabe que sempre fui inseguro em relação a roupas e comportamento. Venho de uma família humilde. No meio gay, a roupa é tudo.

— Está se tornando uma pessoa fútil e superficial.

— Estou amadurecendo, ora. Natural. Estou batendo na casa dos trinta anos de idade.

— Você é muito bom, é bonito, independente, trabalha naquilo que gosta. Volto a insistir: há tantos homens que gostariam de ser seu companheiro e você foi escolher esse rapaz que está sempre ausente?

— O trabalho dele consiste em viajar. O que posso fazer? Vicente tem uma profissão diferente do convencional.

— Abra os olhos, Sérgio. Ainda há tempo de você se safar.

— De quê?

Cláudio não concluiu. Fez gesto para o garçom, pediu outro chope e uma porção de batatinhas fritas. Acendeu um cigarro e deu largas baforadas para cima. Ele não podia exigir que Sérgio visse o que seu coração não lhe permitia enxergar. Ele

A ÚLTIMA CHANCE

sentia, pressentia que algo muito ruim iria acontecer ao amigo. Não sabia o quê, especificamente, mas sentia que algo de muito desagradável estava prestes a desabar na cabeça do amigo. Cláudio deu mais uma tragada no cigarro e afastou aqueles pensamentos ruins e desagradáveis com as mãos.

Ao seu lado, Gina aproveitava para transmitir fluidos de amor e equilíbrio aos dois.

— De nada adianta forçar Sérgio a ver o que ele ainda não consegue enxergar. Na vida escolhemos entre dois caminhos: o da dor, ou o da inteligência. Sérgio está escolhendo o primeiro, e nada poderemos fazer senão lhe dar suporte espiritual.

Gina passou delicadamente as mãos nos cabelos de Cláudio, deu-lhe um beijo na testa e seu espírito desvaneceu no ar.

Cláudio sentiu agradável sensação de bem-estar. Sorriu à deriva e olhou Sérgio com profundo carinho.

— A próxima rodada fica por minha conta — disse ele, após dar um tapinha no ombro do amigo.

— Esse seu perfume é inebriante.

— Não largo meu Lacoste!

Os dois riram. A conversa tomou novo rumo e, mais à noite, quando ambos se levantaram para ir para suas casas, encontraram o ex-namorado de Vicente. Sérgio e Cláudio o cumprimentaram.

— Você anda sumido — comentou Cláudio.

Carlos estava eufórico, a empolgação estampava seu semblante. Ao seu lado havia uma figura de porte altivo e cara meio amarrada. Aparentava constrangimento. Ele apresentou o novo amigo a Sérgio e Cláudio.

— Meus amigos, este aqui é o motivo do meu sumiço — fez um gesto gracioso apontando para o homem ao lado. — Quero que conheçam Alaor.

Os dois rapazes o cumprimentaram. Carlos cochichou no ouvido de Cláudio:

— Ele é casado.

Cláudio o puxou de lado e disse em voz baixa:

— Cuidado com homens desse tipo. Eles sempre querem experimentar o diferente, vêm para cima da gente e, depois de saciados, voltam para suas esposas, ou, em caso extremo, caem literalmente na gandaia. Se quiser algo sério e para valer, melhor pular fora antes que sofra.

— Mas esse é diferente.

— Em quê, Carlos?

— Alaor me garantiu que vai se separar.

— Você acreditou?

— E aí vamos viver felizes para sempre.

— Espero que você não se machuque. Há pessoas que até preferem sair com os casados, porquanto sabem que nunca vão se envolver. Essas pessoas têm estrutura para suportar uma relação desse tipo. Mas você não tem essa estrutura emocional, Carlos. É romântico e adora se apaixonar. Já não chegam as traições de Vicente?

— Águas passadas. Quando conheci o Alaor, o Vicente transformou-se numa página virada.

Enquanto os dois cochichavam, Sérgio percebeu o embaraço de Alaor. Notara a aliança no anular da mão esquerda. Procurou ser cordial.

— Vocês se conheceram onde?

— No banco — respondeu Carlos, desvencilhando-se de Cláudio. — Eu e Alaor trabalhamos no mesmo andar.

— Estão juntos desde quando?

— Faz alguns meses — tornou Alaor. — É a minha primeira vez com homem.

Cláudio e Sérgio trocaram um olhar cúmplice.

— Vamos tomar um chope. Vocês nos acompanham? — convidou Carlos.

— Acabamos de tomar alguns. Estamos cansados e vamos para casa.

Eles se despediram. Enquanto Sérgio e Cláudio sumiam na curva da esquina, Alaor foi categórico:

— Não quero que me apresente a esses seus amigos. Eu tenho reputação a zelar.

— Sossegue, meu amor — disse Carlos. — Sérgio e Cláudio são pessoas de extrema confiança. Eles não vão falar de nós. São discretos e não são fofoqueiros.

A ÚLTIMA CHANCE

— Assim espero. Sabe que tudo é novo para mim e ainda não sei como vou resolver essa questão.

— Que questão?

Alaor suspirou.

— Eu sou casado, né?

— Existem milhares como você nesta cidade. Logo você vai entender melhor nosso estilo de vida, nossos códigos e vai ter estrutura emocional suficiente para se separar da sua esposa. Vamos viver juntos e eu vou lhe mostrar um novo mundo.

Alaor fez um gesto de contrariedade. Não queria se envolver emocionalmente com ninguém. Percebera que gostava de homens desde a adolescência. Mas também gostava de mulheres. A bissexualidade era algo terrível em sua cabeça. Preferiria ter nascido hétero ou gay. Ficava mais fácil — ou menos difícil — lidar com suas preferências. Ele conheceu Carlos no banco havia alguns anos. Percebeu, pelos gestos delicados, que o rapaz era gay. Aproximou-se e daí nasceu esse envolvimento. Entretanto, Alaor não queria saber de comprometimento. E em breve deixaria isso muito claro a Carlos, para o desespero do pobre e iludido rapaz.

❧

Leila passou uma procuração para que Nelson cuidasse da venda da casa e da transferência das aplicações financeiras. Ele relutou a princípio. Era muita responsabilidade. Contudo, a confiança que Leila lhe depositara fora suficiente para ter maior certeza e muito mais esperança de que ela gostava dele de uma maneira que ia além do convencional, além da amizade.

— Jamais faria qualquer coisa para prejudicá-la. No entanto, o fato de ter confiado tanto assim em mim, demonstra que ela se sente segura ao meu lado. Será que ainda tenho chance? — perguntou para si enquanto terminava de assinar a escritura de venda da casa, no cartório.

Nelson sorriu satisfeito. Encontrou um ótimo comprador, vendera a casa de Leila pelo valor de mercado e à vista.

— Leila, eu prometi ao comprador que você sairá da casa em um mês.

— Prazo mais que suficiente para eu me mudar.

— Não crê que um mês seja muito pouco para arrumar uma casa em São Paulo? Você já sabe o bairro em que deseja se fixar, pelo menos?

— Eu tenho trocado cartas com o Roberto e quero me mudar para perto da casa de sua irmã.

— Você gostaria de ir a São Paulo neste fim de semana? Poderíamos procurar alguma casa à venda nas imediações. E você mata a saudade que tem de Roberto.

— Adoraria, Nelson. Posso me hospedar num hotel e fazer uma surpresa para a minha criança. Tenho certeza de que Roberto vai adorar esse encontro. Mas...

— O que foi?

— O meu cachorrinho.

— Você pode ficar na minha casa. Eu moro num sobradinho, fica meio afastado do centro da cidade, contudo, é bem confortável. Rex vai adorar passar o fim de semana em minha casa.

— Não quero atrapalhar. Não gosto de dar trabalho para os outros.

— Prometa que vai ficar na minha casa. Você e o Rex. Eu insisto.

— Vou pensar no caso. Talvez eu o tenha que dividir com Roberto. Ele vai querer que eu passe bastante tempo ao seu lado. Conheço bem aquele garoto.

— Não tem problema. Eu sei dividir, compartilhar...

— E, de mais a mais, não quero lhe dar trabalho algum.

— Você nunca me dá trabalho. Ao contrário, tudo o que faço para você me enche de prazer e contentamento.

Nelson falou de maneira espontânea. A docilidade de sua voz ruborizou as faces de Leila. Ela assentiu com a cabeça. Fazia algum tempo que notava os ares galanteadores de Nelson sobre ela. A princípio acreditou que fosse uma falsa impressão. Ultimamente os olhares que ele lhe dirigia eram mais vivos, mais brilhantes, mais demorados... Leila passou a sentir um friozinho no estômago todas as vezes que Nelson lhe encarava sem desviar os olhos.

Não pode ser! Será mesmo que ele está interessado em mim?, Leila fez a pergunta para si própria e em seguida pretextou uma ida à cozinha.

Nelson sorriu e disse baixinho:

— Ela gosta de mim. Definitivamente, ela gosta de mim!

No fim de semana foram para São Paulo. A viagem durou pouco mais de meia hora. Jundiaí fica muito próximo da capital, o percurso nem chega a ser considerado como uma viagem de fato.

O dia estava quente, o sol dava um colorido especial à cidade. Leila estava maravilhada com tudo o que via. Estivera na capital alguns anos atrás, na época em que tivera de receber a herança que o ex-noivo lhe deixara. Nem dava para contar a vez que veio do Sul para a capital, pois desceu de um trem e embarcou em outro.

Ela foi até um cartório no centro da cidade e, depois de tudo acertado e os papéis assinados, resolveu dar uma volta. Encantou-se com as pessoas, o movimento, o barulho. Tudo na cidade a fascinava. Por recomendação de uma conhecida, rumou até o parque do Ibirapuera. Foi uma das tardes mais gostosas que teve. Tomaram sorvete, caminharam por entre as alamedas floridas e arborizadas do parque. Depois, sentaram-se à beira da lagoa e contemplaram o horizonte. Ambos estavam felizes.

Estava de volta à cidade que escolhera para ser, aparentemente, seu lar definitivo. Depois de contemplar o pôr do sol, ele disse:

— Deixamos as bagagens em casa e vamos à casa da irmã de Roberto.

Nelson dirigiu até sua casa. Ele morava num bairro afastado do centro. Era mais humilde, entretanto, a energia do lugar era agradável. Passava pelas ruas e sempre acenava para alguém.

— Você é bem conhecido.

— Aqui neste bairro todo mundo se conhece. Procuramos ajudar uns aos outros. Nem parece que vivemos numa cidade tão grande.

Leila esboçou leve sorriso. Gostou do lugar, mas estava ansiosa para rever Roberto. Em instantes, Nelson parou diante de um pequeno sobrado, com um jardinzinho na frente.

— Chegamos.

Saltaram do carro e logo estavam dentro da casa. Leila encantou-se com a decoração simples, porém despojada e alegre dos cômodos. Nelson parecia mesmo ser bem-organizado. Tudo estava em ordem. Ela desconfiou.

— Não tem mulher morando aqui mesmo? Nem parece casa de homem solteiro! — exclamou.

— Eu sempre fui muito disciplinado, metódico. Não é à toa que me tornei detetive.

— Você nasceu para essa profissão.

— Gostou da casa?

— Sim. É bastante acolhedora.

Rex pulou do carro e correu pela casa.

— Viu como Rex gostou da casa?

— Sim.

— Pode ficar aqui o tempo que quiser. Na esquina tem uma padaria. Duas quadras mais à frente, tem farmácia e mercadinho.

— Espero ficar aqui pouco tempo. Vou espremer o advogado e pressioná-lo para me arrumar logo uma casa. Gosto de ter meu próprio espaço.

Nelson ajeitou as malas. Apresentou o quarto de hóspedes para Leila.

— Quer trocar de roupa ou descansar um pouco?

— Eu preferiria ir direto até lá. A viagem foi curta e aprazível. Conversamos animadamente e nem senti o tempo passar no parque.

— É verdade. Eu também nem percebi.

De fato, a tarde fluíra de maneira bem agradável. Leila e Nelson descobriram muitas coisas em comum, como gosto por comida, cinema, música e viagens. Embora ambos nunca tivessem tido a oportunidade de viajar, acalentavam o sonho de rodar o mundo, assim que tivessem chance, oportunidade e, quem sabe, uma ótima companhia.

Meia hora mais tarde, Nelson parou na frente da residência de Eliana e Alaor. A casa era bem bonitinha. Um sobrado espaçoso, de dois andares, rodeado de belo jardim. As casas da vizinhança eram do mesmo jeito, muito parecidas. Quase todas eram de tijolinhos, e as janelas, portas e portões eram pintados de branco. Um charme à parte eram as ruas sinuosas e repletas de árvores nas calçadas, principalmente o ipê-roxo, uma árvore cujas flores róseo-purpúreas são bem comuns na capital paulistana.

— Que lugar adorável! — contemplou Leila. — Vou adorar morar na redondeza.

— O bairro é totalmente residencial. E quase não há prédios.

— Estou ansiosa para surpreender o Beto. Imagine a sua cara quando nos vir aqui na porta.

Nelson sorriu. Tocaram a campainha e Dalva atendeu. Ela pediu licença, fechou a porta e, num piscar de olhos, Roberto saiu feito um furacão. Correu e atirou-se nos braços de Leila.

— Não acreditei quando Dalva me disse que era você. Que surpresa agradável!

Leila o abraçou e o beijou várias vezes no rosto.

— Estava morrendo de saudades, criança. Faz tantos meses.

— Onde está o Rex?

— Ficou na casa de Nelson. Depois vou levá-lo até lá para revê-lo.

— Você aqui...

— Não aguentava mais corresponder-me com você por cartas. Precisava vê-lo, tocá-lo, ver se está sendo bem tratado.

Uma voz amável logo atrás de Roberto completou:

— Ele é amado e muito bem tratado. É o príncipe da casa.

Eliana carregava Rafaela no colo e cumprimentou Leila e Nelson.

— Estou muito feliz em conhecê-la. Beto sempre me falou maravilhas a seu respeito. Além de simpatizar com você logo de cara, sempre tive um carinho especial pela sua pessoa, pois eu gosto de quem gosta do meu irmão, por quem o aceita do jeito que é — tornou Eliana.

— Seu irmão é uma preciosidade. Um ser humano sem igual. Eu aprecio muito a sua coragem, a sua determinação, o fato de ele ser o que é e não se esconder do mundo porque é gay. Roberto sabe fazer a diferença. Por tudo isso será um homem muito feliz e de muito sucesso.

Eliana os convidou para entrar. Nelson interveio.

— Façamos o seguinte. Eu tenho um amigo corretor que conhece bem a área e, enquanto você mata as saudades — eles riram —, eu vou ver se encontramos uma casa na redondeza.

Roberto exultou de felicidade.

— Vai mesmo se mudar para cá?

— Vou. Acabei de vender a casa em Jundiaí.

Leila pousou delicadamente sua mão sobre o braço de Nelson.

— Não tenho palavras para lhe agradecer. Adoraria mesmo passar o comecinho da noite ao lado da minha criança. Temos muito que conversar.

— Sei disso e a respeito — ele fez sinal com as mãos e acenou.

— Senhoras, meu rapaz, vou me retirar e voltarei mais tarde.

Nelson despediu-se, entrou no carro e partiu. Leila pegou Rafaela no colo. Por um instante pensou em sua filha. Uma lágrima correu pelo canto de seu olho. Ela abraçou a menina com profundo carinho e a beijou na testa.

— Você vai morar aqui perto. Vou adorar — animou-se Roberto.

— Pretendo. Adorei o bairro. Adorei o estilo das casas.

— São grandes e confortáveis — interveio Eliana. — A vizinhança é calma e tranquila. Vai gostar muito daqui.

— Terei uma amiga com quem conversar.

— Por certo — assentiu Eliana. — Algo me diz que vamos nos dar muito bem.

— Vamos entrar — ordenou Dalva. — Está esfriando. A menina pode pegar um resfriado. Vou preparar um refresco e servirei bolo com sorvete.

A ÚLTIMA CHANCE

— Acho melhor entrarmos. Quando Dalva manda, ninguém a desobedece — disse Roberto.

Todos riram e, assim que entraram, Leila quase foi derrubada por Alaor. Ele passou por todos feito um tufão. Mal a cumprimentou. Sem olhar para trás, declarou:

— Eliana, eu tenho assuntos urgentes para tratar no banco.

— Agora? No começo da noite?

— Sim. Devo deixar tudo pronto para uma negociação com um grupo de americanos na segunda-feira. Não tenho hora para voltar.

Antes que Eliana pudesse dizer algo, Alaor nem olhou para Leila ou Roberto, estugou o passo até a garagem, entrou no carro, deu partida e desapareceu na curva.

— Desculpe-me pela grosseria de meu marido.

— Não se preocupe, Eliana. Vamos tomar nosso refresco?

Leila desconversou porque nem queria tocar no assunto. Assim que Alaor esbarrou e quase a derrubou, ela sentiu uma energia muito esquisita, conturbada. Não gostou do que sentiu.

— Não gostei dele — murmurou para si enquanto sentava-se num sofá.

Em seguida, entabularam conversação e as horas seguintes foram muito aprazíveis. Eliana e Leila se deram muito bem. Leila sentiu-se tão bem em sua casa que até lhe contou a história de sua filha, da busca pelo seu paradeiro, o que comoveu Eliana profundamente.

— Você vai encontrar seu filho. Tenho certeza — a voz de Eliana era de uma firmeza sem igual.

— Você quis dizer filha, não é mesmo? — perguntou Leila.

— Como? — Eliana parecia não ter prestado atenção ao que dissera.

— Nada. Acho que entendi errado.

O espírito de Gina estava presente naquela reunião. Beijou Eliana e Leila na testa.

— Fico tão feliz que vocês tenham se reencontrado! Em breve Leila vai se dedicar àquilo que veio fazer no mundo.

CAPÍTULO 13

No início daquela noite Ricardo apareceu na casa da irmã. Foi recebido com enorme carinho. Ele chegou acompanhado de sua namorada. Ricardo era um homem muito atraente. Alto, forte, tez branca e cabelos negros. Era muito parecido com Otávio, porém tinha um sorriso encantador, que deixava à mostra seus dentes alvos e perfeitamente enfileirados. Talvez o que mais chamasse a atenção em Ricardo, além da beleza física, fosse o seu sorriso contagiante e a fala pausada.

Muitos anos mais velho que Roberto, Ricardo estava com quase trinta anos de idade. Tinha uma carreira promissora no Rio de Janeiro, era engenheiro de uma companhia de petróleo. Assediado por mulheres de todas as idades, sempre fora mulherengo e saía com quase todas. Até que conheceu Anne, uma francesa de vinte e poucos anos de idade, cuja aparência era de uma deusa diáfana, saída do Olimpo.

Anne possuía a pele bem branquinha, as sardas e os cabelos bem vermelhos lhe conferiam uma beleza angelical. Ela estava trajando um vestido branco de alças, e a imagem que se tinha dela, à primeira vista, era de que havia mesmo descido do Olimpo.

Todos se cumprimentaram efusivamente. Ricardo não via Roberto havia muito tempo e admirou-se com a beleza e o porte do irmão. Notou que o caçula falava naturalmente mais grosso e seus gestos eram mais firmes. Mal havia traços da delicadeza e aparente fragilidade da adolescência, que se esvaíra.

— Você está um rapagão! Bonitão! Quase do meu tamanho!

Roberto o abraçou com enorme carinho.

— Eu estou mudando aos poucos. Tenho adquirido cada vez mais confiança em mim mesmo.

Ricardo cumprimentou a irmã e apresentou Anne. Elas se abraçaram, e Anne, além de uma beleza estonteante, tinha um sotaque adorável. Carregava bastante na letra erre, o que lhe conferia charme especial. Ela abraçou Roberto com profundo carinho e admiração.

— Você é muito mais bonito que Ricardo. Se fosse mais velho, eu trocaria de namorado.

Todos riram. Enquanto Anne era apresentada a Leila, Eliana puxou o irmão para o canto da sala.

— Que surpresa agradável! Por que não me ligou avisando que vinha hoje?

— Eu ia ligar, mas o irmão de Anne está de passagem por São Paulo e não poderia ir ao Rio. Antecipamos nossa viagem e quisemos lhe fazer uma surpresa.

Abraçaram-se emocionados. Ricardo e Eliana tinham muito carinho um pelo outro.

— Falei com mamãe e ela está bem triste. Papai continua bebendo.

— Infelizmente, mas fazer o quê? Eles são adultos — ponderou Ricardo. — Eu me ofereci para pagar tratamento para o papai, ofereci terapeuta para mamãe. Eles não querem nem mesmo que nós nos aproximemos deles. Querem distância. Dizem que erraram na educação de nosso irmão.

Ricardo falou e seus olhos voltaram-se para Roberto, que estava sentado entre Anne e Leila. O sorriso do irmão caçula o emocionava.

— Beto está tão bem...

— E parece que cativou sua namorada. Olhe como eles se divertem.

— Eu contei a Anne sobre a orientação sexual de nosso irmão. Ela tem amigos gays e ficou muito feliz em poder se aproximar de Beto.

— Fico feliz que nosso irmãozinho esteja rodeado de pessoas que o aceitam e o respeitam, acima de tudo.

— Beto merece ser feliz. Tenho muito orgulho em lhe pagar o cursinho.

— Ele estuda à exaustão. Chega a dar pena. Mas afirma que nada vai demovê-lo da ideia de ingressar no curso de medicina.

— Beto é decidido, sabe o que quer. Vai ser muito feliz.

Eliana deu um sorriso malicioso.

— Por falar em felicidade, eu nunca o vi com uma garota a tiracolo. Anne é linda!

— Linda e especial. Quero me casar com ela.

— Jura? — indagou surpresa. — Você quer se casar? O Ricardo mulherengo vai se aposentar?

— Aposentou-se. Assim que os meus olhos encontraram os dela, eu me apaixonei perdidamente. Tive a certeza de que Anne é a mulher da minha vida. Assim como você descobriu que Alaor era o homem de sua vida.

Eliana fechou o cenho. Engoliu em seco as palavras de Ricardo.

— O que foi?

— Nada.

— Eu a conheço bem, minha irmã. O que foi?

Eliana aproveitou que Roberto, Anne e Leila haviam entabulado animada conversação. Rafaela brincava com suas

A ÚLTIMA CHANCE

bonecas entre eles, e ela puxou Ricardo delicadamente pelo braço, conduzindo-o até a copa. Encostou a porta.

— Meu casamento não vai bem.

— Pensei que vocês estivessem ainda vivendo em lua de mel.

— Não. Chorei muito. Foram muitas noites maldormidas. Alaor nem para mais em casa. Vive pretextando trabalho, serão, hora extra...

— Acredita que ele esteja se encontrando com outra?

— Não me importo. Eu não o amo. E creio que ele não me ama. Eu me interessei por Alaor na faculdade, encantei-me com ele, mas o tempo mostrou que eu nunca o amei. De uns tempos para cá, nossas discussões têm ficado cada vez mais acaloradas.

— Fico triste. Você é tão meiga, tão sensível, tão bonita. E tem uma filha adorável. Por que não se separa de Alaor? Pode contar comigo para o que der e vier.

— Porque eu não quero atrapalhar os estudos de Roberto. Eu tenho aguentado todos esses meses de animosidades, não serão mais alguns meses que vão me matar, me tirar do sério. Beto logo vai entrar na universidade e daí eu poderei dar um novo rumo à minha vida.

— Você é tão especial, Eliana. É um desperdício da natureza uma mulher como você não ter um amor.

— Eu tenho a mim.

— Mas amar é tão bom! Se eu pudesse lhe transmitir o que sinto por Anne — ele suspirou. — É um amor tão profundo, tão verdadeiro e tão calmo...

— Talvez eu não tenha direito ao amor nesta vida.

— Todos temos direito ao amor.

— Vamos voltar à sala? Depois conversaremos mais sobre o assunto.

— Eu e Anne vamos jantar com o irmão dela. Gostaria de vir conosco?

— Não quero atrapalhar. Anne vai encontrar o irmão e talvez vocês queiram privacidade.

— Se ela quiser privacidade, então eu e você sentaremos numa mesa à parte. Eu quero que você saia um pouco, espaireça, veja outras pessoas. Fica só enfurnada nesta casa cuidando de sua filha.

— Tornei-me mãe.

— A mãe precisa dar espaço à mulher. Sua pele está sem viço. Diga-me, há quanto tempo você não sai para jantar fora?

Eliana pousou o dedo no queixo.

— Faz séculos. Alaor vive dizendo que não tem dinheiro para me levar a um bom restaurante e que temos a Dalva para cozinhar.

Ricardo sorriu.

— Parece mesmo que esse casamento afundou. Está na hora de você pegar o seu colete salva-vidas. Eu e Anne vamos levar Rafaela para um passeio no parque aqui perto.

— A temperatura caiu. Esfriou.

— Qual nada. A noite está linda e estrelada, perfeita para um passeio e para um jantar. Você descansa um pouco, e daqui a uma hora trazemos minha sobrinha de volta e apanhamos você.

— Vou pedir para que Dalva durma aqui esta noite. Não sei a que horas o Alaor vai voltar.

— Esqueça o Alaor. Você precisa cair na vida!

Os dois deram risada.

Nelson chegou algum tempo depois com novidades. Um amigo corretor tinha uma casa a duas quadras de distância, mas só podia mostrar o imóvel na segunda-feira. Leila ficou radiante. Roberto pediu que ela ficasse e dormisse lá na casa. Poderiam colocar a conversa em dia e na manhã seguinte iriam andar pela redondeza, para Leila conhecer melhor o lugar para onde logo iria se mudar.

Dalva também se prontificou a dormir em casa e tomar conta da pequena Rafaela. Eliana agradeceu e, assim que Ricardo e Anne, carregando a pequena Rafaela no colo, saíram para um passeio, ela se deitou e adormeceu.

Meia hora depois, Eliana acordou e espreguiçou-se deliciosamente na cama. Acendeu o abajur da mesa de cabeceira.

Sentia-se uma nova pessoa. Como precisava daquele descanso! Ela se levantou e se dirigiu ao banheiro. Tomou uma ducha reconfortante. Depois, foi ao armário e escolheu um vestido de organza verde-noite, que ela comprara numa liquidação e nunca tivera oportunidade de vestir.

Eliana arrumou os cabelos, fez um rabo de cavalo. Colocou um par de brincos de argolas e maquiou levemente o rosto. Após passar o batom na boca e aspergir suave perfume sobre o colo e os punhos, parecia outra mulher. Estava linda. Piscou para sua imagem refletida no espelho e, em seguida, sentou-se na banqueta da penteadeira para calçar o sapato de salto alto. Apanhou sobre a cômoda a bolsa da mesma cor que o sapato e desceu.

Dalva sorriu contente quando viu a patroa toda arrumada.

— Fico feliz que vá sair. Faz tempo que não faz outra coisa a não ser cuidar da casa e da filha. Você precisa de diversão.

— Concordo. Há muito tempo eu pedia ao Alaor, mas ele nunca pode. O trabalho, ou seja lá o que for, sempre está em primeiro lugar. Agora eu vou me colocar em primeiro lugar. Não vou mais esperar por ele.

— E nem deve. Seu Alaor ligou faz meia hora dizendo que não tem hora para chegar.

— Você disse que eu ia sair?

— De jeito algum. Ele foi curto e grosso ao telefone, como de costume.

— Melhor assim.

Ricardo e Anne chegaram em seguida. Rafaela dormia placidamente no colo da futura cunhada.

— Sua filha é um encanto. Educada, boazinha, carinhosa. Caminhou no parque, tomou sorvete e depois adormeceu em meus braços.

— Até eu adormeço em seus braços — tornou Ricardo.

— Você não vale — ela falou com seu sotaque peculiar.

Ricardo sorriu contente.

— Vejo que você descansou. Sua aparência está bem melhor.

— Você está linda — considerou Anne.

— Obrigada.

Dalva adiantou-se.

— Deixem a pequena Rafaela comigo. Vão se divertir.

— E Beto?

— Ele saiu com a Leila e o Nelson. Foram dar um passeio e tomar um refresco.

— Vamos. Fiz reserva no restaurante e o irmão de Anne é pontual.

Eliana despediu-se de Dalva e deu um beijo na testa da filha. Entrou no carro de Ricardo e sentiu uma sensação agradável, como havia muito tempo não sentia.

✺

Enquanto Ricardo levava a namorada e a irmã para o jantar, Nelson e Leila divertiram-se com Roberto. Ele estava mais engraçado, mais solto, mais dono de si. Eles foram até o Jack in the box, uma badalada lanchonete na Brigadeiro Luís Antônio. Assim que sentaram, fizeram o pedido.

— Você é um rapaz muito inteligente, além de sensível e bem-humorado.

— Obrigado.

— Eu ri muito quando Leila me contou que você me achou parecido com o detetive Columbo.

— Parecia mesmo. Aquele sobretudo, a cara de mistério...

— Você daria um ótimo detetive. Nunca pensou nisso?

— Não. Desde pequeno eu sempre sonhei com a medicina. É como se eu viesse ao mundo pronto para esta profissão. É algo que não sei explicar.

— É vocação — respondeu Leila. — Pena que nem todas as pessoas fazem o que gostam.

— Por que as pessoas não fazem o que gostam? — perguntou Roberto, com interesse.

— Porque às vezes nem todos têm condições de seguir o que desejam. Muitos têm de trabalhar prematuramente para sustentar a família, outros não têm pai ou mãe e precisam se virar desde cedo, ajudar nas despesas da casa, quer dizer, existem tantas possibilidades que nos desvirtuam daquilo que desejamos...

— Mas nunca é tarde para fazer o que se gosta.

— Você tem razão.

— Você faz o que gosta, Nelson?

— Sim. Adoro a investigação.

— E você, Leila, tem algo que gostaria de fazer?

— Não no momento. Perguntei a mim mesma várias vezes o que fazer, afinal de contas tenho um bom dinheiro aplicado no banco.

— Algo me diz que você ainda vai fazer muita coisa boa com esse dinheiro.

— Acha mesmo, criança?

— Sim.

— Eu o tenho como a um filho — disse Leila.

— Por falar nisso, como andam as investigações?

Nelson e Leila trocaram um olhar significativo.

— Beto sabe de tudo da minha vida. Eu não tenho segredos e reservas com ele.

Nelson pigarreou e falou:

— Recebi uma ligação de um amigo delegado. Parece que a freira está voltando para o Brasil. Vai ficar mais fácil descobrir onde está a filha de Leila.

— Deus vai me ajudar a encontrá-la — ela suspirou.

— Claro que vai — concordou Roberto. — Algo me diz que ela está mais perto do que você imagina.

— Tomara.

Continuaram a conversar até que o garçom chegou com os lanches. Roberto pediu licença e levantou-se para ir ao banheiro e lavar as mãos.

Ele se dirigiu ao toalete e empurrou a porta. Estava sozinho. Aproximou-se da pia e abriu a torneira. Olhou ao redor e sorriu. O banheiro era todinho espelhado. Podia-se ver e ser visto de todos os ângulos possíveis e imagináveis. Em seguida, um rapaz que aparentava a mesma idade entrou no banheiro. Dirigiu-se ao mictório e, pelo espelho, começou a flertar com ele.

Era a primeira vez em sua vida que Roberto percebia ser paquerado. Desde que chegara à capital, sua vida se resumia a cursinho, casa e estudo. Ele nem ia com a mesma regulari-dade ao cinema. Uma ou outra vez Eliana o convidava e eles assistiam a uma fita no cinema.

Roberto nunca havia se dado conta de que estava com idade para começar a encarar uma paquera ou mesmo um namoro. Ele mordiscou os lábios e continuou a lavar as mãos. O rapaz deu descarga, arrumou-se e veio ao seu encontro.

— Vem sempre aqui?

— Não. Primeira vez.

— Quantos anos você tem?

— Dezoito.

— Eu tenho vinte e um.

Roberto sorriu. Terminou de lavar as mãos e deu vez para o rapaz, que por sua vez, praticamente da mesma altura, porém um pouco mais forte, prensou Roberto com o quadril na beirada da pia. Enquanto uma de suas mãos acariciava seu peito, a outra puxava seu pescoço e logo os lábios dos dois se encontraram.

Foi o primeiro beijo que Roberto deu na vida. Seu corpo estremeceu, esquentou, o rosto avermelhou, as pernas fal-searam por instantes. Em seguida, o rapaz se afastou. Sacou a carteira do bolso e dela retirou um cartão.

— Ligue para mim quando quiser.

— Posso?

— Não tenha pressa. Meu nome é Davi.

— Roberto.

— Acho que temos algo em comum.

Roberto, ainda tonto pelo beijo, pegou o cartão e o enfiou no bolso de trás da calça. Seu coração batia descompassado, ele acenou para o rapaz e saiu. Cruzou as mesas e, ao sen-tar-se, Leila percebeu o rubor nas faces.

— Aconteceu alguma coisa?

— Nada. Estou com sede.

Ele desconversou e virou o copo de refrigerante quase num gole só. Momentos depois, o rapaz passou por ele e deu uma piscada. Leila percebeu a troca de olhares, mas preferiu ser discreta.

Roberto procurou manter conversa agradável com ela e Nelson, entretanto, a todo instante, a cena do beijo vinha com força à sua mente. Aquilo o desconcertava e o excitava ao mesmo tempo.

CAPÍTULO 14

O local que Ricardo escolhera estava apinhado de carros e pessoas. Afinal, tratava-se do nightclub mais badalado daquele momento, frequentado pela alta sociedade, além de artistas e políticos de destaque. Depois de algumas tentativas, ele estacionou bem na entrada e logo dois funcionários correram até o carro, cada um de um lado. Enquanto um cumprimentava Ricardo, outro abria a porta e ajudava Anne e Eliana a saírem.

Os três entraram e Ricardo ouviu seu nome. Olhou para os lados e sorriu para Anne.

— Seu irmão já chegou — apontou.

Anne puxou Eliana pelo braço.

— Nicolas é pontual. Eu sabia que ele ia chegar no horário. Venha, vou apresentá-la a ele.

Foram pedindo licença, pois a boate estava abarrotada de gente. Nicolas estava sentado numa mesa redonda, de quatro lugares, numa área mais reservada e mais afastada do burburinho. Ele se levantou e abraçou a irmã com carinho. Trocaram palavras em francês e em seguida Anne o apresentou à futura cunhada.

— Esta é Eliana, irmã de Ricardo.

Nicolas beijou a mão de Eliana com delicadeza.

— *Enchanté.*

— Prazer — respondeu ela enquanto sentia um calor percorrer seu corpo. O beijo macio de Nicolas em sua mão despertou-lhe algo que nunca sentira antes. Eliana tentou ocultar o sentimento. Ricardo chegou em seguida e ela se sentou ao lado de Anne enquanto o irmão abraçava e conversava amenidades com Nicolas.

Numa família de quatro irmãos, Nicolas era o mais velho e Anne a caçula. Ele era um homem bem bonito. Cabelos pretos jogados para trás, o rosto quadrado, que lhe conferia ar viril, e os lábios bem vermelhos contrastavam com os olhos de um profundo azul. Ele e Anne eram bem diferentes na aparência. Ao passo que a irmã era ruiva e tinha a pele alva, Nicolas era mais moreno e tinha os cabelos negros.

— Somos meio-irmãos. Mamãe morreu cedo e papai se casou de novo. Desse novo casamento nasceram Cristine e Anne — disse o rapaz, numa mistura de francês e português que o tornava ainda mais irresistível.

Eliana procurou dissimular o sentimento. Sentira-se atraída por Nicolas tão logo seus olhos se encontraram.

Calma, menina, disse para si. *É natural. Faz tempo que você não é admirada e cortejada.*

O jantar foi aprazível. Nicolas escolheu um prato sofisticado e Anne escolheu o vinho.

— Você está de passagem no Brasil? — perguntou Eliana.

— Sim. Eu moro em Lyon, na França. Tenho negócios aqui e geralmente fico uns três meses. Depois, retorno a Paris, onde fica o escritório central. Conhece a Cidade Luz?

— Infelizmente nunca saí do país.

— Adoraria ser seu guia. O dia que quiser é só me avisar, eu a levarei aos lugares mais belos da França.

Eliana sorriu e baixou os olhos, envergonhada. Era difícil encarar aquele homem nos olhos. Estava ficando desconcertada. Anne, astuta como era, percebeu o interesse do irmão e levou a conversa para outro campo. Passou a falar da França, da Europa, de viagens que fizera ao redor do mundo e assim Eliana sentiu-se mais à vontade.

Nicolas era um homem experiente. Estava com trinta e cinco anos. Havia se casado muito cedo e alguns anos depois se divorciara. Ele queria ter filhos, mas sua ex-esposa não queria estragar o corpo. E, tempos depois, confessara que não gostava de crianças.

Depois da desilusão do casamento desfeito, ele tentou reconstruir sua vida. Atualmente estava saindo com uma aspirante a modelo que na verdade estava mais interessada no seu dinheiro. Nicolas procurava se afastar da garota, mas ela sempre arrumava um jeito de encontrá-lo e seduzi-lo.

Homem com faro para bons negócios, associou-se a uma pequena rede de hotéis de seu país. Logo a rede cresceu e passou a ganhar o mundo. Havia chegado a vez de trazer sua marca ao Brasil.

Nicolas nunca mais se interessara por mulher alguma, e a aspirante a modelo era um passatempo que, depois de ele ter conhecido Eliana, deveria ser terminantemente descartado. Ele ficara hipnotizado pela beleza e fora cativado pela meiguice de Eliana.

— Anne me contou que você tem uma filha.

— Rafaela.

— Você deve ser uma boa mãe.

— Faço aquilo que está ao meu alcance. Eu a amo com toda a minha força e procurarei educá-la de maneira a ser responsável por si desde pequenina.

— Desculpe a invasão — a voz de Nicolas era vigorosa, porém doce —, mas por que não teve mais filhos? Por acaso não gosta muito de crianças?

— Muito pelo contrário! Eu adoro crianças. Eu esperava ficar grávida ano passado, mas meu marido não quis mais saber de filhos. Alaor acha que um filho já dá bastante trabalho.

— Você é feliz em seu casamento?

Uma ponta de tristeza formou-se no semblante de Eliana.

— Não sou feliz. A cada dia que passa eu tenho a certeza de que meu casamento está condenado.

Nicolas procurou manter outros assuntos e a conversa fluiu agradável entre os quatro. Todavia, intimamente ele estava feliz e esperançoso. Eliana não era feliz e ele tinha certeza de que, se ela assim o permitisse, ele a faria a mulher mais feliz do mundo.

Por mais que tentasse, toda vez que Nicolas lhe dirigia a palavra, ou quando seus olhos se encontravam, Eliana sentia o coração bater descompassado. E foi assim até o fim do jantar.

❧✗❧

Sérgio estava radiante. O ano chegava ao fim e logo ele teria férias. Desta vez ele faria uma viagem com Vicente. Como empregado da companhia aérea, quando não estivesse a trabalho, Vicente tinha direito a algumas passagens tanto para ele quanto para seu acompanhante. No Natal ele fizera a surpresa a Sérgio. Colocou a passagem dentro de um envelope e o acondicionou em uma caixinha.

— Estamos juntos há quase um ano. Este será meu presente de Natal e de aniversário de namoro.

Sérgio agradeceu feliz.

— Eu nunca saí do país. Será a minha primeira viagem para o exterior.

— Embora a cidade esteja falida e com ar decadente, você vai adorar Nova York. A cidade é um mundo à parte. Vou levá-lo a todos os lugares da moda. Você vai dançar comigo no Studio 54, jantaremos no Elaine's, faremos passeios maravilhosos.

— Você é muito generoso, Vicente.

— Quero que você conheça uma parte do mundo em que transito. Eu fico mais lá do que aqui, pois o trabalho me obriga a isso.

— Talvez seja por esse motivo que o namoro dá certo. Nós namoramos uma semana por mês. As outras três você está sempre a trabalho.

— Ossos do ofício. O que posso fazer? Sou bom profissional e por essa razão sempre sou escalado.

— Não se cansa?

— Quando você chegar a Nova York, verá por que eu não me canso.

Os dias correram céleres. Sérgio estava morrendo de vontade de contar a novidade para Cláudio. Ele havia decidido passar as festas de fim de ano com os pais no apartamento do litoral e havia convidado Sérgio para passar uns dias lá, evidentemente, sozinho.

Sérgio arrumou pequena bagagem e despediu-se de Vicente.

— Não entendo por que seu amigo me detesta tanto.

Sérgio tentou contemporizar.

— Cláudio é sincero. Não simpatiza com você. E, convenhamos, você também não simpatiza com ele.

— Ele pega no meu pé, está sempre com a cara amarrada.

— Cláudio acha que você não é fiel.

Vicente riu.

— O que é ser fiel?

— Bom, se você está namorando comigo, por que iria se envolver com outras pessoas?

— Isso é muito relativo. Um encontro fortuito, somente por diversão, não significa infidelidade ou traição.

— Claro que é! Se eu estou com você é porque gosto. Não consigo imaginar porque sairia com outros.

— Tolinho. Você é muito preso às convenções. Acredita que a monogamia seja a única forma de manter um casal unido.

— E não é?

— Não. Vou levá-lo a St. Mark's Place.

— O que é isso?

A ÚLTIMA CHANCE

— Um corredor cultural no East Village. São quadras com lojas, bares e gente interessante. Depois que o levar lá, você me fala sobre fidelidade.

Sérgio passou a mão pela nuca. Desconfiava de que Vicente não lhe fosse fiel, mas nunca tivera coragem de perguntar. Talvez porque a verdade fosse machucá-lo, talvez porque tivesse de dar o braço a torcer para Cláudio, que sempre o alertara sobre essa realidade.

— Você se deita com outros homens?

— Por que está me perguntando isso agora? Depois de quase um ano?

— Não sei ao certo. Mas você poderia me responder?

Vicente virou de costas para que Sérgio não percebesse o suor escorrer-lhe pela fronte. Estava nervoso e, quando ficava nesse estado, ele se tornava irascível, uma pessoa intratável.

— Não gosto de ser pressionado. Ou você acredita em mim, ou não. De que adianta eu falar? Quer que eu me ajoelhe e jure de pés juntos que lhe sou fiel? É isso o que quer?

— Não... é que...

— Quer uma prova do meu amor? A viagem não é um sinal de meus sentimentos por você?

Vicente falava e ficava cada vez mais nervoso. Sérgio tomou-se de culpa e tentou amenizar o clima tenso.

— Desculpe. Não tive a intenção.

— Eu lhe dou uma prova do meu amor, um presente desses e você me retribui com dúvidas acerca do meu sentimento?

— Prometo que não vou mais perguntar-lhe nada sobre esse assunto.

Vicente sentiu-se aliviado. Não queria, de forma alguma, admitir que era uma pessoa que tinha dificuldade em muitas coisas, dentre elas, a de se manter fiel e expressar seus sentimentos.

Ao ser expulso de casa, o rapaz sentira na pele a dor da separação. Era muito apegado às irmãs e à mãe. No entanto, tivera grande decepção quando o pai o pôs para fora de casa e nenhuma delas — nem as irmãs nem a mãe — desafiou as ordens do patriarca.

Desiludido e com sentimentos confusos acerca de sua sexualidade, Vicente veio para São Paulo e, em vez de entender melhor seus sentimentos e procurar ajuda terapêutica, jogou-se nos envolvimentos sem compromisso. Percebia que sua beleza e jovialidade eram capazes de seduzir quem quisesse, na hora em que bem entendesse.

Dessa forma, Vicente saía com todo mundo, fosse na capital ou em suas viagens a Nova York. Flertava com comandantes, outros comissários, passageiros... não havia barreiras. Ao andar nas ruas de Manhattan, principalmente por entre as ruazinhas do Village, o bairro preferido dos gays, Vicente era assediado, paquerado e, comprometido ou não, entregava-se ao prazer, mesmo que durasse alguns minutos.

Em vez de visitar museus e parques, frequentar lojas sofisticadas, ou até mesmo assistir aos grandes musicais da Broadway, o rapaz preferia frequentar outros ambientes, como bares, discotecas, saunas e, claro, os encontros clandestinos com quem lhe despertava o interesse, em lugares tão inusitados como parques ou no píer abandonado no extremo da ilha. Nessa viagem com Sérgio, ele procuraria ser discreto e se comportaria como um turista tradicional. Não obstante, levaria o namorado em St. Mark's Place apenas com o objetivo de que Sérgio conhecesse uma sauna imensa na cidade, a St. Mark's Baths, considerada à época a maior do mundo, um verdadeiro parque de diversões de sexo.

Vicente estava gostando de Sérgio. No início, desejava-o tanto pela beleza como para afastá-lo de Cláudio. Com o tempo, recebendo doses de carinho e afeto, afeiçoou-se ao namorado. Entretanto, jamais deixaria de manter uma vida dupla. A monogamia para Vicente era algo impraticável.

— Quando saio com homens que nem sei o nome, somente por prazer, não me sinto rejeitado — dizia em voz alta para si, a fim de justificar seu comportamento e esquecer, ou pelo menos tentar esquecer, a rejeição de sua família.

Sérgio desceu a serra e depois de pouco mais de uma hora de viagem ele estava na praia e, minutos depois, no apartamento do amigo.

A ÚLTIMA CHANCE

— Está com a cara ótima — tornou Cláudio.

— Tenho novidades.

— Já sei, terminou seu namoro!

— Não brinque com os meus sentimentos. Sabe que meu namoro com Vicente é para valer.

Cláudio fez ar de mofa.

— Humpf! Que maçada!

— Vim passar uns dias ao seu lado e contar-lhe uma grande novidade.

Cláudio serviu-se de um refresco e ofereceu um copo a Sérgio. Brindaram.

— Vicente me deu de presente uma passagem para Nova York.

— Olha só! O namorado está investindo mesmo em você.

— Claro que está. Ele gosta de mim.

— Não duvido que ele goste de você. Mas não acredito que ele o ame. Sinto que Vicente está com você mais por comodidade do que por amor.

— Disse que vai me levar a todos os lugares da moda.

— Você está mesmo feliz?

Sérgio hesitou por instantes. Lembrou-se da conversa horas antes com Vicente, sobre fidelidade.

— Eu não gosto de ficar só. Não sou como você, Cláudio.

— O que quer dizer?

— Você é muito seguro de si. Nunca o vi envolver-se para valer com quem quer que fosse. Será que você não tem medo de se apaixonar?

— Não. Eu até gostaria. No entanto, sinto que estou aqui neste mundo somente para amadurecer minhas crenças e posturas acerca da vida. Eu não vim para me relacionar. Não sei explicar.

— Não sente falta de alguém?

Cláudio fitou um ponto indefinido. Cerrou os olhos por alguns instantes. Depois, suspirou.

— Sinto falta, como todo ser humano, mas algo aqui dentro — ele apontou para o próprio peito — diz que meu amor não se encontra neste mundo.

— Mesmo?

— É uma certeza que não tenho como explicar. Eu sinto, mais nada. Eu até que tentei me envolver, não obstante meus envolvimentos sempre foram muito superficiais. Eu nunca amei. Pelo menos neste mundo.

— Você e seus mundos. Só existe este aqui. O homem pisou na lua, se existissem outros mundos, com certeza, já teríamos conhecimento.

— Eu não creio que só exista o nosso mundo na imensidão do universo. É muito pobre pensar que somos os únicos. Nossos olhos simplesmente não conseguem enxergar ou mesmo penetrar as outras dimensões existentes.

— Eu acho que tudo acaba aqui neste mundo. A vida é curta e devemos vivê-la intensamente. Não perco tempo e sei que meu amor, pelo menos, está neste mundo.

— Você bem disse, pode ser que seu amor seja mesmo deste mundo. Mas convenhamos: Vicente não é o tal.

Sérgio nada disse. Afastou-se e debruçou-se sobre a mureta. Fitou a imensidão do mar à sua frente.

— Vicente não é má pessoa. É temperamental, mas não é ruim.

— Eu tenho um pé atrás com ele. Nunca escondi isso de você. Sinto que você vai sofrer uma grande decepção afetiva.

— Hoje eu perguntei se ele é fiel a mim.

— E o que ele respondeu?

— Não respondeu. Disse que eu estava invadindo sua privacidade. Não disse nem que sim, nem que não.

— Vicente pode ser dissimulado, mas deve ter sido sincero em não lhe dar uma resposta precisa. A vida lhe deu todos os sinais. Se você quiser continuar no barco, assuma o comando e depois não venha chorar as pitangas.

— Deixemos esse assunto de lado. Vamos, anime-me, conte-me sobre Nova York. Você esteve lá tantas vezes.

Cláudio serviu-os de mais refresco. Sentaram-se em confortáveis cadeiras e ele foi descrevendo a Sérgio todas as belezas e encantos daquela cidade.

CAPÍTULO 15

Leila encontrou uma casa bem parecida com a de Eliana. As duas casas ficavam muito próximo uma da outra. Leila fez pequena reforma, decorou a casa com esmero. Ela estava terminando de regar o jardim recém-plantado quando ouviu a voz de Roberto:

— Surpresa!

Ela desligou a torneira, largando a mangueira no chão. Correu a abraçá-lo.

— Quanta saudade, criança. Mal tem vindo me visitar.

— Estou me dedicando aos preparativos do vestibular. Agora ou vai, ou racha.

— Você vai conseguir. Não tenho dúvidas.

— Sinto-me um pouco inseguro. São tantos candidatos, chega até a me dar um friozinho na barriga.

— Tenho bolo de chocolate. Maria acabou de fazer.

— Como está se sentindo morando em outra casa, outra cidade? Tem até empregada fixa.

— Eu prefiro ter alguém aqui morando comigo. A casa é grande, bem diferente da que eu tinha em Jundiaí. Precisa de cuidados diários e eu não tenho mais paciência para as lidas domésticas.

Passaram o braço um pela cintura do outro e entraram na casa. Roberto havia ido lá poucas vezes, quando Leila comprara a casa e outras raras visitas. O ano era de muita dedicação e ele se entregava de corpo e alma aos estudos.

— Como está linda!

— Gostou da decoração?

— Amei.

— Nelson me ajudou bastante. Ele tem bom gosto.

Roberto riu malicioso.

— Nelson tem prestado bastante ajuda, não?

— O que você está querendo me dizer?

— O óbvio, Leila. Ele está caidinho por você.

Ela sorriu e sentou-se numa confortável poltrona. Chamou a empregada e Maria veio logo à sala. Era uma figura simpática, de meia-idade, rosto cheinho, cabelos curtinhos e olhos pequenos e escuros. Não era bonita nem feia, mas seu sorriso era cativante. Ela cumprimentou Roberto e Leila pediu o bolo e guaraná.

— É para já, senhora.

Maria retirou-se e Leila fitou Roberto nos olhos.

— Nelson é um amigo.

— Amigo, sei...

— Ele nunca se manifestou. Saímos bastante, frequentamos restaurantes, cinemas. Todo fim de semana caminhamos juntos no parque aqui perto de casa. Ele tem se mostrado atencioso, gentil, cordato.

— Ele gosta de você.

— Mas como amigo, senão teria se declarado.

— Você gosta dele.

— Não vou mentir. Ele me atrai. Seu tipo muito me atrai.

A ÚLTIMA CHANCE

— Você é linda, Leila. Tem a pele macia, bem cuidada. Sua aparência é bem jovial. Eu, se gostasse de mulher, não hesitaria em dar em cima de você!

— Você é muito gentil, minha criança. Sabe que nosso vínculo é maternal. Eu adoraria tê-lo como filho. Sinto muito orgulho de você.

— Eu também, se pudesse escolher numa próxima vida, queria que você fosse minha mãe.

— Quem sabe já não fomos mãe e filho? O carinho que sinto por você é muito forte.

— Você está fugindo do assunto. Por que não se declara ao Nelson?

— Nunca! Por que vou estragar uma amizade tão bonita? Não quero arriscar.

— Arrisque. Você tem a mim e a Eliana. Garanto que não vai ficar sozinha.

Ela sorriu e piscou-lhe um olho. Maria trouxe a bandeja com as fatias de bolo e refrigerante, e retirou-se para seus afazeres. Roberto avançou sobre seu prato e deliciou-se com a generosa fatia de bolo de chocolate.

— Igualzinho ao que você fazia em Jundiaí. Uma delícia!

— Ensinei a Maria a fazê-lo do jeito que aprendi, muitos anos atrás.

Leila falou e seus olhos fitaram um ponto indefinido na sala. Sua mente voltou muitos anos no tempo, pouco antes de engravidar.

— Está distante. O que foi?

Uma lágrima sentida escorregou pelo canto do olho de Leila.

— Lembrar do passado dói. Queria tanto ter uma pista para encontrar minha filha...

— Você vai encontrá-la. Tenho certeza. Nelson não conseguiu novas pistas?

— Parece que a tal freira que poderia ter alguma informação voltou ao Brasil, mas não foi para Santo Ângelo. Nelson está tentando localizá-la.

— Você vai ver. Logo, logo você vai poder abraçar sua filha.

Leila desviou do assunto.

— Tem saído?

— Não. Depois que fomos à lanchonete, fui umas duas vezes ao cinema com Eliana. O estudo me consome.

— Fomos à lanchonete faz bastante tempo.

— Eu sei.

Roberto falou e enrubesceu.

— Diga-me uma coisa.

— Sim.

— Aconteceu alguma coisa naquela noite, não?

— Como assim?

— Não desconverse — ela sorriu. — Até hoje me pergunto o porquê de você ter mudado o comportamento. Chegou todo alegre à lanchonete e depois que retornou do banheiro estava incomodado. Um sorriso malicioso, mas incomodado.

Roberto mordeu o canto dos lábios.

— Você é mais que uma amiga, sabe que, se fosse possível, seria minha mãe.

— Claro que sei, criança. Agora me conte. Prometo guardar segredo — Leila cruzou os dois dedos indicadores e os beijou. — Juro!

O jovem remexeu-se na cadeira. Tomou um gole de refrigerante.

— Naquela noite, eu fui lavar as mãos no banheiro. Em seguida, entrou um rapaz e ficou me encarando. Foi tudo muito rápido. Ele se aproximou e, numa fração de segundo, ele me tascou um beijo na boca.

Leila levou a mão aos lábios. Estava surpresa.

— Você foi beijado!

— Pela primeira vez na vida. Eu nunca havia sido beijado antes.

— E como foi?

— Ah, eu me senti nas nuvens. Meu corpo esquentou, fiquei excitado, as pernas falsearam. Nunca havia ficado num estado daquele.

— Você é um homenzinho e logo vai começar a beijar e namorar. Fico feliz que o seu primeiro beijo tenha sido assim tão bom.

— Passei muitas noites em claro revivendo a cena do beijo. Confesso que adoraria vê-lo de novo.

— Não trocaram telefone?

— Ele me deu um cartão. Mas não tive coragem de ligar.

— Todos esses meses e você não ligou?

— Não.

— Terei de lhe dar aulas de aconselhamento afetivo.

Os dois riram.

— Fiquei com muita vontade de ligar, mas não sei explicar, senti medo. Afinal, nunca saí com alguém antes.

— Você gostaria de revê-lo?

— Sim. Davi é um pouco mais velho, tem vinte e um anos.

— Você completou a maioridade. Pode sair à vontade.

— Vou esperar passar o vestibular. Depois eu ligo.

— Você é quem sabe.

— Prefiro assim.

Roberto tomou mais um pouco de refrigerante. O beijo roubado meses atrás havia lhe tirado muitas noites de sono. Ele adoraria rever o rapaz, mas precisava se dedicar aos estudos. Assim que passasse pelas provas e fosse classificado, talvez tomasse coragem e ligasse para Davi.

⚬✕⚬

Eliana mudou bastante seu comportamento desde a noite em que conhecera Nicolas. Infelizmente, eles nunca mais se viram. Nicolas tivera de partir para a França no dia imediato ao jantar. Trocaram endereços porque Nicolas insistiu em lhe mandar um postal de Paris.

Os meses foram passando e nada de postal ou carta.

— Provavelmente foi mais um fogo de palha. Por que ele iria se interessar por mim? Um homem feito ele, rico, bonito e charmoso, deve ter a mulher que quiser, em qualquer parte do mundo.

Ela havia deixado a filha na escolinha infantil. Rafaela mostrara-se uma menina bastante ativa, e a convivência com outras crianças de sua idade lhe fazia tremendo bem. Roberto decidiu visitar Leila e, sem nada para fazer, Eliana foi dar uma volta no parque próximo à sua casa. A tarde estava linda e convidava a um passeio.

Tão logo ela entrou no parque, avistou um rosto familiar. Alaor conversava com um rapaz, mais à frente. Eliana consultou o relógio. Era muito cedo para ele ter deixado o trabalho.

No entanto, como a relação estava cada vez mais desgastada, ela fez de conta que não o viu. Preferiu tomar a direção contrária e fazer sua caminhada. Desde a noite que conhecera Nicolas, ela fazia caminhadas diárias, corria um pouquinho, tratava do corpo. Sentia-se mais viva, mais feminina, mais mulher.

Alaor percebera a mudança no comportamento da esposa. De uma hora para outra, Eliana parou de cobrá-lo para sair, o que para ele foi enorme alívio. Dessa forma ele pôde continuar suas andanças na companhia de Carlos.

Uma prima de Dalva trabalhava numa confecção no Brás e sempre lhe mandava retalhos, tecidos que não mais seriam utilizados por conta da mudança de estação e da própria moda. Dalva trazia os retalhos, e Eliana costurava lindos vestidos. Chegou inclusive a fazer roupinhas para Rafaela. Assim, ela não pedia um tostão ao marido. Alaor reclamava que a família era um peso e quase teve uma crise de nervos quando Eliana decidiu que a menina deveria frequentar uma escola maternal particular.

A fim de não arrumar briga, Eliana preferiu economizar na compra de roupas e era com satisfação que ela e Dalva passavam tardes alegres, cortando panos e costurando suas próprias roupas.

Eliana dobrou uma alameda do parque e, quando ia começar a correr, sentiu um dedo tocar-lhe as costas. Ela rodou nos calcanhares.

— O que faz no parque?

— Na verdade essa pergunta deveria ter sido feita por mim — rebateu Eliana, com o cenho fechado. — O chefe o deixou sair mais cedo?

— Engraçadinha.

— Você sempre chega tarde da noite, o que está fazendo no parque a uma hora dessas?

— Os funcionários foram dispensados. O Rubens morreu.

Eliana levou a mão à boca tamanho o estupor.

— Seu chefe morreu? Como?

— Teve um infarto fulminante. Caiu duro e estatelado no chão do escritório.

— E você não vai ao velório? Afinal, trata-se de seu chefe.

— O Instituto Médico Legal ainda não liberou o corpo. A diretoria decretou luto e fomos todos dispensados.

— Você não está nem um pouco triste.

— Na verdade, Rubens era uma pedra no meu sapato. Roubou minha promoção. Sem ele, naturalmente serei promovido. Não precisarei mais puxar o saco nem dele, nem de ninguém.

— Você é muito frio.

— Sou realista. Ele morreu e pronto. A gente nasce tendo certeza de uma única coisa: todos nós vamos morrer, mais cedo ou mais tarde.

— Mas você não está nem um pouco consternado.

— Antes ele do que eu.

Eliana meneou a cabeça para os lados. Como pôde se casar com um homem tão frio e tão mesquinho?

— Se você quiser, eu poderei acompanhá-lo no velório.

— Ia lhe pedir essa gentileza. Quero muito que os diretores a vejam ao meu lado. Verão que sou um marido pacato, casado, feliz e com uma esposa linda.

Ela se ofendeu.

— Não vou ao velório para que você me exiba como um troféu aos diretores. Estou me propondo a ir e confortar a família de Rubens.

— Às favas a família de Rubens.

— Não vou. Represente a seu bel-prazer. Não conte com minha colaboração. Odeio gente falsa.

— O mundo é dos espertos. Naturalmente vou ter a tão sonhada promoção e vou ganhar mais.

— Ótimo, assim você não reclama de pagar escola para sua filha.

Os olhos de Alaor brilharam rancorosos.

— Temos muitas escolas públicas na cidade. Acho um desperdício pagar escola para Rafaela.

— Já se foi o tempo em que escola pública era sinônimo de qualidade de ensino. A realidade é bem diferente. Você tem condições de pagar uma boa escola para nossa filha. É sua responsabilidade de pai cuidar da educação de Rafaela.

— Por que tudo eu? Por que você não vai trabalhar?

— Tenho pensado nisso. Esses anos me mostraram que não nasci para depender de homem algum, muito menos de você. Agora que Rafaela está na escolinha, vou esperar meu irmão ingressar na faculdade e vou procurar emprego.

— Você é mãe, também tem suas obrigações. Vai ter de dividir tudo comigo. Eu não vou bancar nossa filha sozinho.

— Você não existe, Alaor. Nunca conheci pessoa tão mesquinha em toda a minha vida.

Ele a pegou pelos ombros e a chacoalhou.

— Não me dirija a palavra nesse tom.

Eliana se desprendeu do marido.

— Tire suas mãos nojentas de cima de mim! Eu vou esperar Roberto ingressar na faculdade e vou me separar de você.

Ele riu com desdém.

— Deus ouviu as minhas preces!

— E as minhas súplicas. Nosso casamento foi um erro. Eu não quero continuar nesse erro.

— Metade da casa é minha.

— Faremos uma divisória. Eu não saio de lá. Minha filha precisa de um teto.

Alaor fez um esgar de incredulidade.

— Não vejo a hora de assinarmos os papéis. Estou farto de você.

Ele falou e saiu em disparada. Eliana respirou fundo. Fechou os olhos, inspirou o ar puro do parque. Em seguida, sentou-se num banco. Estava na hora de mudar. Ela não queria mais continuar ao lado do marido.

— Por favor, Deus, ajude-me. Eu preciso me separar e ser independente. Não quero dividir nada com Alaor. Eu sei que posso criar minha filha sozinha.

Ela ficou mais alguns minutos em contemplação. Meia hora depois, cabisbaixa, ela retornou para casa.

Alaor continuou sua caminhada no parque. O rapaz que Eliana vira ao seu lado era Carlos.

— Como foi a conversa com sua esposa?

— A melhor possível. Falamos sobre separação. Eu não a aguento e vice-versa.

— Quer dizer que você agora vai ser só meu?

Alaor nada disse. Abraçou Carlos e seus olhos se fixaram num rapaz de shorts e camiseta que passava por eles. Alaor deu uma piscadinha e foi retribuída por outra, dada maliciosamente pelo rapaz. Carlos nada percebeu.

— Vamos continuar levando a vida que sempre levamos.

— Por quê? Se você se separar, poderá viver comigo.

— Não quero viver com ninguém. Depois dessa prisão que vivi com Eliana, quero viver sozinho.

— E nós?

Alaor não respondeu. Não estava interessado numa relação monogâmica. Carlos era interessante, bonito, mas havia muita gente no mundo para desfrutar. Agora que ele começava a assumir suas tendências, não iria ficar preso a uma só pessoa. Jamais.

CAPÍTULO 16

Eliana chegou a casa decidida a fazer uma grande transformação em sua vida. Ela iria enfrentar qualquer tipo de serviço. Não queria mais depender de Alaor ou de homem algum. Ela era forte e tinha uma filha para criar, pois, pelo que conversara havia pouco com o marido, percebeu que ele criaria muitos entraves à educação da filha.

— Se ele não cuidar da nossa filha, cuido eu.

Dalva entrou na sala, preocupada.

— Estava falando com alguém?

— Comigo mesma! — bradou Eliana. — Estou nervosa. Alaor me tira do sério. Quer saber? Este casamento está acabado. Tenho certeza de que mês que vem o Beto vai entrar na faculdade e não terei empecilhos para tomar essa decisão que deveria ter tomado há muito tempo.

— Creio que você tenha razão, querida, mas eu não trago boas notícias.

Eliana levantou-se de um salto do sofá.

— Aconteceu alguma coisa a Rafaela?

Dalva torceu as mãos no avental. Seus olhos estavam rasos d'água.

— Sua mãe acabou de ligar. Seu Otávio morreu.

Eliana fechou os olhos e deixou-se cair pesadamente no sofá.

— Ah, Dalva, eu sabia que isso estava por acontecer. Papai estava bebendo muito, a saúde andava debilitada...

— Eu sei. Sua mãe me disse que ele estava internado havia uma semana. Ela não quis avisá-los porque sabia que de nada adiantaria preocupá-los. A bebida estragou o fígado do seu Otávio.

— Como está mamãe?

— Pareceu-me tranquila. Ela não estava desesperada e pediu que você avisasse o Ricardo e o Roberto. Ela providenciou os papéis, tratou do funeral. Mandou avisar que o velório é no cemitério da família.

— Preciso ligar para Ricardo. Você poderia chamar o Beto na casa de Leila?

— Sim, pode deixar.

— E pegar Rafaela na escolinha?

— Sim. Eu vou dormir aqui estes dias. Assim você poderá ir para Jundiaí, e não se preocupe com sua filhinha. Vou cuidar dela como se fosse minha.

— Não sei o que faria sem você. Obrigada.

Eliana levantou-se e abraçou Dalva. Em seguida, ligou para Ricardo e o avisou do ocorrido. Em sua memória começaram a rodar os flashes de infância, quando brincava com o pai, seu carinho... Eliana emocionou-se. Embora nos últimos anos Otávio mostrara-se um pai distante e abraçara-se à bebida, muitos anos antes ele havia sido um pai amoroso. E era essa a lembrança que ela queria guardar dele.

Alaor chegou do parque e arrumou uma desculpa esfarrapada para não acompanhá-los.

— Eu sabia que você não iria me acompanhar. No entanto, seu carro está na garagem. Você tem preferido pegar o metrô. Importa-se se eu pegá-lo? Amanhã estarei de volta.

— Contanto que não cometa nenhuma barbeiragem e me entregue com o tanque cheio, tudo bem.

— Sua mesquinharia é algo que deveria ser objeto de estudo. Estou precisando do seu carro, que na verdade pode ser considerado nosso, e não vou a passeio. Estou indo ao velório e enterro de meu pai! — a voz dela estava acima do tom.

— Faça o que quiser, desde que devolva o carro intacto. Meus pêsames à sua mãe.

Eliana meneou a cabeça para os lados, de maneira negativa. Subiu a escada, dirigiu-se ao seu quarto. Escolheu um conjunto preto e pegou algumas peças de roupas para o dia seguinte. Quando foi ao banheiro para uma boa chuveirada, viu o porta-retratos sobre a cômoda: uma foto muito antiga, com o pai, a mãe, Ricardo e ela, segurando o pequeno Roberto nos braços. Emocionou-se e chorou. Chorou bastante.

Roberto recebeu a notícia e não teve reação imediata. Quando Dalva lhe falou sobre a morte do pai, ele abaixou a cabeça com pesar. Lembrou-se de quando era pequenino e de como o pai lhe enchia de agrados e carinhos. Imediatamente depois começaram as cenas de gritos, xingamentos, surras, surras e mais surras.

Ele deu de ombros. Fitou um ponto indefinido e falou, como se estivesse conversando com Otávio:

— Procurei ser um bom filho. Sempre fui honesto e íntegro. Nunca fiz nada que pudesse desapontá-lo. Infelizmente você não me entendeu, não me aceitou e, pior, nunca me respeitou. A vida nos deu a chance de podermos nos entender e viver com um pouco de harmonia, mas você preferiu afastar-se de mim. É uma pena.

— Cada um dá o melhor de si, criança — disse Leila enquanto acariciava os cabelos do rapaz.

— É difícil. Eu gostaria de esquecer o passado, todavia as cenas de maus-tratos vêm fortes à mente. Parece que estão vivas. Papai sempre foi muito ríspido e austero comigo. Via-me como anormal.

— A malícia faz ver o mal onde ele não existe. É um vício danado, terrível, alimentado pela educação, religião, meios de comunicação em geral. Seu pai preferiu vê-lo como algo errado, fora do padrão aceito. Creio que o melhor é você não lhe guardar mágoa de forma alguma.

— Não sei o que fazer.

— Liberte-se do passado.

— Como?

— Deixe que as cenas venham à mente. Conforme forem passando, vá dizendo para si mesmo: "O passado já passou, ele não está mais vivo. O passado não me domina".

— O passado não me domina, gostei. Só há um detalhe.

— O que é?

— Existem algumas coisas que eu gostaria de dizer ao meu pai, que estão entaladas na minha garganta. E agora, como dizê-las? Vou morrer sem poder...

Leila o interrompeu com amabilidade.

— Certa vez conversamos sobre a continuidade da vida após a morte do corpo físico.

— O que para mim faz um grande sentido. Não duvido disso.

— O que morreu foi o corpo de carne de seu pai. Otávio continua vivo em espírito. No velório, converse com ele.

— Vão me chamar de louco.

— Converse mentalmente com o espírito de seu pai. Despeça-se dele em pensamento. Perdoe-o e perdoe a si mesmo. Desfaça os nós desagradáveis do passado.

— Crê que papai vai me escutar?

— O espírito de Otávio vai registrar suas palavras. Vamos. Você precisa se arrumar e dar suporte à sua mãe. Por mais que tivessem um casamento sem brilho, estavam juntos havia muitos anos.

— Você vem comigo?

— Vá se arrumar. Vou ligar para Nelson e comunicá-lo do ocorrido. Você pode ir com Eliana e eu irei mais tarde.

Roberto fez sinal com a cabeça. Queria muito que Leila conhecesse sua mãe. Helena já ouvira falar dela, mas nunca haviam se visto. Era também a primeira vez que ele retornava a Jundiaí, após um período de quase um ano.

A viagem correu tranquila. Roberto e Eliana conversaram bastante sobre suas vidas e sobre as relações de cada um deles com Otávio. Riram, choraram, emocionaram-se. Próximo ao local do velório, fizeram sentida prece dirigida à memória do pai.

Eliana estacionou o carro. Desceram e caminharam até a sala onde o corpo de Otávio era velado. Helena estava sentada numa cadeira próximo ao caixão. Havia duas vizinhas sentadas mais à frente.

Roberto aproximou-se de Helena, que simplesmente moveu a cabeça lentamente para cima. Estava com a cara um pouco marcada pelo cansaço e estresse da situação, mas havia algo em seu semblante que a tornava particularmente diferente.

— Oi, mãe.

Ela se levantou e o abraçou. Um abraço forte. Afastou-se do filho e, enquanto limpava uma lágrima que teimava em escorrer pelo canto do olho, falou:

— Seu pai estava entregue ao vício. Desde que você partiu, ele passou a beber mais e mais. Mal nos falávamos.

Eliana aproximou-se e abraçou-a. Emocionaram-se. Helena continuou a falar:

— Otávio não era mais o mesmo. Distante, monossilábico, dormia a maior parte do dia. Quantas vezes tive de ir buscá-lo no bar da esquina de casa...

— Deve ter passado muita vergonha — ajuntou Eliana.

— No início, sim. Depois, como as idas ao bar para pegá-lo eram constantes, eu me acostumei. Passei a não dar mais crédito às risadinhas maledicentes dos vizinhos e aos comentários em tom de cochicho quando eu passava carregando seu pai com dificuldade. A Selma e a Iolanda — apontou para as duas senhoras sentadas ali perto — foram as únicas que me ajudaram. Elas nunca fizeram qualquer comentário sobre a bebedeira de Otávio, ou mesmo sobre meu jeito passivo de ser. Elas nunca me condenaram.

Helena disse e encarou Roberto nos olhos. Conseguiu, nesse espaço de tempo, perceber o quanto seu filho sofrera ou ainda iria sofrer por conta do preconceito e da ignorância de determinadas pessoas, cuja mente obtusa cegava-lhes a lucidez.

Roberto entendeu a mensagem, ou o que a mãe queria lhe transmitir. Abraçou-a com carinho.

— Nunca é tarde para mudar, mãe. Você ainda pode ter a vida que sonhou.

— Estou muito velha.

Eliana levantou o sobrolho.

— Você mal completou cinquenta anos de idade! Casou-se cedo, teve filhos. Agora que os filhos estão bem-criados, seguindo seus caminhos, e seu marido partiu, você tem condições de pensar em si e fazer o que melhor lhe aprouver.

— Será?

— Claro! Você tem a mim, ao Beto e ao Ricardo.

— Obrigada, meus filhos — respondeu num tom emocionado. — Sabia que no fundo podia contar com o amparo de vocês.

Helena estava cansada de viver essa vida. Não tinha propriamente vontade de morrer, mas não queria mais viver como esposa reclusa e passiva.

Ela fora criada de maneira muito rígida, fora educada para o casamento. Crescera acreditando que muito em breve iria encontrar seu príncipe encantado. Otávio não era propriamente um príncipe, mas era um homem muito bonito. Jovem, atraente, educado e trabalhador, logo ganhou a permissão da família para namorá-la.

Ela se apaixonara por ele e sonhou com um casamento feliz, rodeada de filhos. No entanto, a rotina foi vencendo os dias cor-de-rosa. No sonho de amor de Helena, as casas estavam sempre limpas, as fraldas não existiam, as crianças não ficavam doentes e não lhe tiravam o sono... A realidade, porém, mostrou-se-lhe muito diferente. Em poucos anos de casada, seu castelo ruiu.

Como ela fora criada para ser sempre servil, não sabia fazer outra coisa a não ser obedecer ao marido, sempre, estando ele certo ou errado. Percebera que havia cometido um grande erro, porque se tornara uma mulher sem atrativos, sem opinião, sem vontade própria.

Os comentários maldosos dos vizinhos, a bebedeira do marido, o fim de um casamento que não condizia com seus sonhos de menina, tudo isso estava rodopiando em sua mente. Helena queria se livrar de tudo. Acreditava que podia dar novo rumo em sua vida. Apegou-se a essa ideia e passou a noite velando o corpo do marido e pensando, pela primeira vez, em fazer algo que pudesse tirá-la dessa vida tão sem graça.

Num canto da saleta estava o espírito de Gina. Ela permaneceu ali até que os enfermeiros do plano espiritual desatassem os últimos nós que prendiam o perispírito de Otávio ao seu corpo físico. Tão logo fizeram o serviço, um enfermeiro grandalhão colocou em seus braços o espírito de Otávio, que dormia profundamente, e logo a caravana de espíritos partiu para um pronto-socorro nos arredores da Terra.

Gina sorriu satisfeita. Aplicou energias revigorantes sobre o corpo de Helena. Beijou-a em uma das faces e, antes de desvanecer no ar, sussurrou-lhe ao ouvido:

— Você é forte. Confie em Deus e esqueça o passado.

Helena sentiu uma leve brisa acariciar-lhe o rosto. Esboçou um sorriso e continuou nas suas divagações.

Leila chegou no finzinho da noite. Veio acompanhada de Nelson. Foi apresentada a Helena e, assim que a cumprimentou, simpatizou-se com ela.

Ricardo conseguiu pegar um dos últimos voos da ponte aérea. Chegou tarde e trouxe Anne consigo. Estavam noivos e iriam se casar em questão de meses.

O corpo de Otávio foi enterrado na manhã seguinte. Vieram alguns parentes distantes e outro punhado de vizinhos. Depois do sepultamento, todos foram para a casa de Helena.

A ÚLTIMA CHANCE

— Você foi criado aqui nesta casa? — perguntou Anne.

— Sim — respondeu Ricardo. — Os três irmãos foram criados aqui nesta casa. Tenho muitas lembranças agradáveis de minha infância.

— Eu também — ajuntou Eliana. — Brinquei muito de casinha no quintal, vivia atormentando mamãe com as minhas comidinhas imaginárias.

Roberto levantou-se da poltrona e observou ao redor.

— Eu também tenho lembranças agradáveis, muito embora as tristes sejam maioria. Contudo, quero me esquecer das lembranças desagradáveis. Tenho percebido que somos responsáveis por tudo o que nos acontece. Não posso culpar papai por não ter me compreendido e não ter me aceitado como filho.

— Ele o amava — disse Helena. — Muito. Talvez mais do que a Ricardo e Eliana. Otávio nunca conseguiu lidar com seu jeito diferente de ser. Creio que se afundou na bebida por não conseguir extravasar seu amor por você.

Roberto não conseguiu controlar o pranto. Leila levantou-se e o abraçou.

— Chore, minha criança! Coloque para fora toda a mágoa, todas as dores, tudo o que você não quer mais guardar para si. Liberte-se do passado. Diga adeus ao seu pai e às lembranças ruins que resistem em sua mente.

O rapaz soluçava e o corpo estremecia de vez em quando. Eliana e Ricardo aproximaram-se e abraçaram-se ao irmão. Eles se amavam profundamente. Uma aura de luz brilhante formou-se em volta dos três.

Helena olhou para os filhos e sorriu.

— Acho que estou ficando muito ranzinza. Meu passado até que não foi tão mau assim. Olhe que filhos lindos! São os meus filhos — disse para si enquanto limpava as lágrimas com as costas das mãos.

A conversa fluiu agradável e Leila foi com Nelson buscar almoço para todos. Eliana insistia que Helena deveria ir passar uns dias com ela.

— Agora não. Estou tomada por uma força que nunca senti na vida. Sinto-me mais dona de mim. Quero tratar dos papéis da pensão, desfazer-me dos pertences de Otávio. Vou vender a casa e gostaria de me mudar, se vocês não se opuserem, afinal, cinquenta por cento pertence aos filhos.

— De maneira alguma! — protestou Ricardo.

Eliana e Roberto fizeram o mesmo. Ricardo considerou:

— Faremos tudo para que você não tenha de dividir nada conosco.

— O dinheiro da venda da casa é todo seu, mãe — tornou Eliana.

— Só seu — finalizou Roberto.

— Fico agradecida. Sabia que poderia contar com o apoio de vocês. Estou cansada de viver aqui. Penso em ir para São Paulo.

Eliana animou-se.

— Por que não vai morar perto de mim? Assim poderá ver Rafaela com mais frequência.

— Com a venda desta casa eu não poderei comprar metade de uma casa onde você mora.

— Completarei o resto — retrucou Ricardo. — Estou numa fase muito boa e creio que Anne não iria objetar...

Anne o cortou.

— Ajudaremos dona Helena a comprar uma casa perto de Eliana. Sinto que ela vai viver muito e quero que ela esteja confortavelmente instalada numa casa só sua, sem depender de ninguém.

Helena não tinha como agradecer as palavras gentis da futura nora e a força que os filhos lhe davam. Ela se levantou da poltrona e beijou cada um dos filhos na testa. Em seguida abraçou e beijou Anne.

— Gostei muito de você. Gostaria de poder vê-la mais vezes.

Anne continuava com seu sotaque gracioso.

— Faremos o possível. Eu e Ricardo não temos planos de mudar por enquanto. Mas prometo que vamos visitá-la bastante e a senhora também vai passar uns dias conosco no

Rio. Quando casarmos, farei questão de mobiliar um quarto para a senhora.

— Obrigada.

Leila e Nelson chegaram com a comida. Estavam todos famintos, mal haviam pregado o olho na noite anterior e também mal haviam tomado um café da manhã decente. Helena tratou de arrumar a mesa da cozinha para o almoço.

Nelson se esqueceu dos refrigerantes e saiu em seguida, na companhia de Ricardo e Roberto. Anne aproximou-se de Eliana.

— Como está se sentindo?

— Estava mais triste. Depois de toda essa demonstração de carinho entre nós, sinto-me melhor. Acho que a morte de papai vai trazer muitas mudanças positivas na vida de minha mãe.

— Também sinto o mesmo que você. Creio que agora dona Helena vai viver de fato.

— Assim espero.

Anne deu um sorriso malicioso.

— Sabe com quem falei ao telefone ontem?

Eliana estava alheia e não percebeu o tom da pergunta.

— Não.

— Nicolas!

Aquele nome mágico fez os olhos de Eliana brilharem. Seu coração bateu levemente descompassado.

— Seu irmão está bem?

— *Oui*. Muito bem.

— Ele ficou de me enviar um cartão e não mandou. Faz meses.

— Nicolas é homem determinado. Quando quer uma coisa, vai atrás. Por esse motivo é próspero e está cada vez mais rico, além de ter valores nobres.

— Nicolas deve ser assediado por muitas mulheres.

— Por certo. Muitas, inúmeras. Mas se sentiu atraído por uma só.

Eliana baixou os olhos envergonhada. Uma névoa escura passou por sua mente.

— Ele se mostrou bastante interessado no jantar. Foi galante e cavalheiro. E sumiu.

— Meu irmão não sumiu. Ele tinha de retornar a Paris no dia seguinte. Nicolas trabalha muito.

— E o cartão? Ele ficou de me mandar um cartão.

— Ele não lhe enviou nenhum postal porque não quis atrapalhar sua vida, não quis mexer com seus sentimentos e bagunçar seu casamento.

— Como assim?

— Nicolas entendeu que você e Alaor não estavam bem. Mas o que ele podia fazer? Na noite em que vocês se viram pela primeira vez ele não podia pedir para você se divorciar e ir embora com ele. Isso seria muita loucura. E há a pequena Rafaela. Você bem sabe que as crianças precisam ser bem preparadas para uma separação, a fim de não ficarem com traumas.

— Eu vou me separar. Mas estava esperando um postal de Nicolas, uma ligação...

— Meu irmão é homem de sentimentos nobres. Você é casada. Ele não é. Nicolas prefere que você resolva a sua história. Tenho certeza de que, se você se separar, ele vai se manifestar.

— Isso pode levar tempo, Anne. Digamos que eu me separe, o que é praticamente uma realidade, pois meu casamento está falido, acabado. E se nesse meio-tempo seu irmão encontrar outra mulher?

— Está se mostrando insegura diante da vida. Ninguém pode tirar o que lhe pertence por direito divino. O que é seu ninguém tasca. Abra os olhos, veja o que você quer de sua vida e batalhe por isso.

— E a tal modelo, continua no pé dele?

— Não sei. Mas ela nunca será páreo para você. Conheço meu irmão e sei que ele está apaixonado por você.

Eliana mordeu os lábios. Estava mexida com toda essa conversa, porém seu coração batia descompassado. Ela estava decidida. Iria voltar para casa e tomaria coragem para ter uma conversa definitiva com Alaor. Daquele dia em diante, um nome não mais sairia de seu pensamento: Nicolas.

CAPÍTULO 17

Sérgio voltou da viagem aos Estados Unidos sozinho. Vicente fora chamado de última hora para fazer um voo com escala em São Francisco, substituindo um colega doente.

Cláudio foi buscá-lo no aeroporto. Assim que foi liberado pela alfândega, Sérgio empurrou seu carrinho com as malas até a saída. Avistou Cláudio no meio daquela multidão, sorriu e correu em sua direção.

— Quanta saudade! — exclamou Sérgio.

— Divertiu-se bastante? Gostou da América?

— Sim. Vicente me mostrou muitos lugares, levou-me para assistir a peças na Broadway. Ele conseguiu ingressos para *O Homem Elefante* e *A Chorus Line*.

— Ele tem poder!

— Amei as peças e... e...

— O que aconteceu? O gato comeu sua língua?

— Não, é que... ele me levou para conhecer as saunas. Nunca vou me esquecer de St. Mark's Baths. Creio que seja a maior que vi na vida. Cláudio, eu nunca vi tanta gente junto fazendo sexo. Uma loucura! As pessoas perderam completamente o pudor!

— Diria que as pessoas perderam o equilíbrio.

— Vivemos uma época de muita liberdade. Podemos manifestar nossos desejos e fazer amor com quem quisermos também.

— Mas liberdade não tem nada a ver com promiscuidade.

Sérgio pegou as malas e as colocou no porta-malas do carro de Cláudio. Ele deu partida e continuaram conversando.

— Sexo é bom, mas fazer sexo por sexo? Em troca de nada? Tem certeza de que isso lhe faz bem? Por que você e Vicente foram a uma sauna?

— Eu tinha curiosidade e...

— Nova York oferece tantas outras possibilidades de diversão e, de mais a mais, vocês estão namorando, o que pressupõe não frequentarem esses lugares.

— Você está sendo careta. Eu e Vicente resolvemos adotar o relacionamento aberto. Cada um de nós pode sair com quem quiser, com a condição de não comentarmos com quem saímos e o que fizemos.

— Vicente já vinha fazendo isso há mais tempo, disso não tenho dúvidas.

— Ele foi sincero e disse-me que não consegue manter-se fiel. Mostrou-me as vantagens de uma relação aberta. Eu gostei.

— Bom, se é isso que o faz feliz, ótimo.

— Você não aprova essa minha maneira de me relacionar. É romântico.

— Sim. Acredito no amor, na relação entre duas pessoas, sejam de sexos diferentes ou do mesmo sexo. Vou morrer acreditando no amor entre dois seres.

— E por que não namora? De que adianta fazer esse discurso e não colocá-lo em prática?

— Ainda não encontrei alguém com quem tivesse afinidade suficiente. Talvez eu seja exigente, pode ser. Mas ainda acredito que meu amor não seja deste mundo.

Sérgio balançou a cabeça para cima e para baixo.

— Vai começar tudo de novo. A velha história do amor do Além.

Os dois riram. Cláudio tornou, sério:

— Tenho um comunicado a fazer.

— Ar misterioso. O que foi?

— Fui promovido no banco.

— Isso é bom demais! Até que enfim reconheceram seu esforço e sua dedicação. Você é muito bom no que faz.

— Estou muito feliz. Sempre sonhei com um cargo na diretoria financeira.

— E quando o novo diretor toma posse?

— Daqui a um mês.

— Muito tempo.

— Considerando que eu tenha de fazer a mudança, colocar minha casa à venda e me preparar para viver numa outra cidade...

O rosto de Sérgio surpreendeu-se.

— Como assim? Você vai mudar de cidade?

— Vou. A vaga para a diretoria é no Rio de Janeiro.

— Você é o meu melhor amigo. O que vou fazer aqui nesta cidade sem sua companhia?

— Você tem seu namoradinho.

— É diferente.

— Poderá me visitar quando quiser. Pelo menos já sabe onde passar as férias e o Carnaval. Terá um quarto só para você.

— Obrigado.

— Eu disse *só* para você — enfatizou.

— Entendi o recado. Acostumei-me com o fato de que vocês nunca vão se entender.

— Eu não me acostumei com o fato de vocês ainda estarem juntos. Será que Vicente fez algum feitiço? Não consigo imaginar por que continuam juntos. Você e ele são como vinagre e óleo.

— Sabe que não gosto de ficar sozinho. Preciso de alguém ao meu lado.

— Você é único, uma obra de Deus.

— Uma obra meio torta, diga-se de passagem.

— Preocupa-se demais com a sociedade, com o fato de ser diferente. Não consegue se enxergar como uma obra divina, perfeita e bela? Difícil enxergar-se sem olhos reprovadores?

— Cresci acreditando que a homossexualidade não é natural.

— Está precisando dessa experiência como gay para lutar por si, para aprender que é diferente dos outros e para viver de maneira diferente porque não quis aprender de outra forma.

— Talvez eu não quisesse viver de maneira diferente.

— Engana-se. Seu espírito deseja essa experiência.

— Sinto que as coisas ficam menos pesadas com Vicente ao meu lado.

— Poxa, esse alguém poderia ser uma pessoa melhor. Ter um namorado que sai com todos? Prefiro ficar só.

— Pensamos de forma diferente.

Cláudio não queria impressionar Sérgio de maneira negativa. Adorava o amigo e o tinha como a um verdadeiro irmão. Contudo, nos últimos tempos, sentia um aperto sem igual no peito quando se aproximava do amigo querido. Cláudio não sabia o que poderia ser, mas tinha certeza de que algo bem desagradável estava prestes a acontecer a Sérgio.

Ele espantou os pensamentos com as mãos e continuou a dirigir passando a perguntar sobre os passeios e lugares interessantes que Sérgio conhecera na breve viagem ao exterior.

❦

Roberto ficou mais uns dias com Leila ajudando a mãe a se desfazer dos pertences de Otávio. Nelson e um amigo advogado deram entrada com os papéis para que Helena continuasse a receber a aposentadoria do marido e fizesse o inventário para poderem vender a casa.

Entre roupas e objetos pessoais, Roberto encontrou uma caixa de sapatos cheia de fotos e papéis amarelados pelo tempo. Começou a vasculhar a caixa. Havia um montinho de fotos agrupadas, em preto e branco, bem antigas. Em quase todas, dois homens, abraçados e parecidos, um deles era de uma beleza ímpar, estonteante. Roberto deslumbrou-se com o semblante do rapaz. Embora os rapazes nas fotos fossem bem jovens, percebeu de cara que um deles era seu pai.

Ele pegou as fotos e as levou até a cozinha. Helena estava arrumando as prateleiras dos armários.

— Mãe, quem aparece nessas fotos com o papai?

Helena pegou o montinho de fotos e passou a olhar uma por uma. Seus olhos voltaram a um passado bem distante e em seguida marejaram. Ela olhou para Roberto e fazia muito tempo que não via seu filho com uma aparência tão boa. Roberto estava mudado. Os traços finos estavam ainda presentes, mas ele parecia mais maduro. Seu semblante ficara menos carregado e era impressionante como ele estava sempre carregando um sorriso.

Helena olhou a foto e de repente se deu conta de que Roberto era muito parecido com Otacílio. O mesmo sorriso, o mesmo contorno dos lábios... Ela levou a mão à boca. Nunca havia feito essa associação entre o cunhado e o filho. Dava até a impressão de que Roberto fosse filho de Otacílio.

Ela se deixou levar pela saudade. Seus olhos se encheram d'água. Roberto percebeu e perguntou enquanto apontava:

— Por acaso esse da foto é o meu tio Otacílio?

Helena fez sim com a cabeça.

— Seu pai era bonito, mas Otacílio era muito mais. Era um deus grego. Não tinha mulher e homem neste mundo que não admirasse sua beleza.

— Nunca tinha visto uma foto dele antes. Cheguei a pensar que até fosse imaginação minha.

Helena fechou o cenho. Continuou olhando as fotos à deriva. Ela tivera verdadeira adoração pelo cunhado. Eles sempre se deram muito bem.

— Otacílio era o irmão mais velho de seu pai. Eles andavam sempre juntos, não se desgrudavam, iam para cima e para baixo. Aqui na cidade todos conheciam a dupla inseparável.

— Só ouvi esse nome uma única vez na vida.

— Otacílio era um bom moço. Trabalhador, educado, bom coração, porém se envolveu numa situação triste e...

Roberto a cortou.

— Foi por isso que meu tio se matou?

Helena meneou a cabeça para cima e para baixo.

— Mãe, o que foi que aconteceu?

— É uma história muito triste, e creio que o passado tem de ficar enterrado, lá atrás.

— Você vai me contar essa história tim-tim por tim-tim.

— Por que deveria? Esse assunto não lhe interessa.

— Muito! Papai, numa das surras que me deu, dizia que não queria que eu tivesse o mesmo fim que Otacílio. Nem cheguei a perguntar detalhes com medo de que ele me descesse a cinta com mais fúria. Alguns anos atrás, ouvi uma discussão entre você e papai em que falavam o nome de Otacílio.

— O que você escutou? — perguntou ela, assustada.

— Nada de mais. Por que eu, Ricardo e Eliana nunca soubemos da existência desse tio?

Helena puxou uma cadeira e sentou-se. Meteu os cotovelos sobre a mesa, apoiando o rosto.

— Creio que não há mais o que esconder. Você precisa saber.

— Saber o quê?

— Você é homem feito, e pelo que sinto não vai ter o mesmo fim que Otacílio.

— Conte-me tudo, por favor.

Helena deixou-se embalar pelas doces sensações do passado. Foi uma das melhores épocas de sua vida e ela sentia que precisava contar ao filho sobre esse passado. Ela exalou profundo suspiro.

— Otacílio era dois anos mais velho que seu pai. Otávio sempre se espelhara no irmão mais velho. Otacílio era seu ídolo.

— Custa-me crer que papai tivesse apreço por algo que não fosse uma garrafa de pinga.

Helena o censurou.

A ÚLTIMA CHANCE

— Não fale assim de seu pai.

— Nos últimos anos ele estava intratável.

— Otávio não está aqui para se defender. De que vai adiantar julgar seu comportamento e suas atitudes?

— A senhora tem razão.

— Vou lhe contar a história. Depois você poderá tirar suas próprias conclusões.

— Desculpe-me.

— Seu pai e seu tio eram inseparáveis. Estavam sempre juntos em tudo quanto era lugar. Tinham uma afinidade sem igual. Eram tão grudados que, quando casamos, Otacílio veio viver conosco. Dormia no quarto que depois foi seu e de seus irmãos.

— Ele vivia aqui em casa?

— Sim. Otacílio me ajudava nos afazeres domésticos, dizia que dessa forma encontrara a maneira de pagar pela estadia. Eu afirmava que ele sempre fora bem-vindo em casa e nunca iria lhe cobrar um tostão por viver aqui. Otacílio insistia e às vezes me tirava da cozinha, fazia pratos maravilhosos. Nós ríamos e nos divertíamos bastante, trocávamos confidências, adorávamos ouvir e cantar as músicas do rádio.

— Deve ter sido uma época feliz de sua vida.

— Foi a mais feliz. Quando fiquei grávida pela primeira vez, Otacílio não deixava eu pegar no pesado. Lavava e passava as roupas, cozinhava, tirava pó dos móveis. E seu pai o ajudava. Faziam tudo com alegria e felicidade.

— E depois?

— Otacílio e seu pai iam todos os domingos a um campinho de terra aqui perto de casa. Outros vizinhos se reuniam e eles jogavam bola. Depois, suados e cansados, atiravam-se sem roupa num lago ali próximo, que hoje não existe mais.

O semblante de Helena começou a se transformar. Ela passou a mordiscar os lábios e esfregar as mãos.

— O que aconteceu, mãe?

— Num desses banhos no lago, Venceslau, um vizinho recém-casado, engraçou-se com seu tio. Otávio percebeu, pois já sabia das tendências do irmão.

— Papai sabia que Otacílio era homossexual?

— Sim. Seu pai desconfiava, porquanto seu tio nunca aparecera com uma garota a tiracolo.

— Otacílio nunca namorou uma mulher?

— Que eu saiba, nunca.

— Papai não se incomodava com o fato de o irmão ser diferente?

— Otávio gostava tanto do irmão que não ligava para suas tendências.

Roberto queria entender. Sua mente estava confusa.

— Mas por que ele me maltratou tanto pelo fato de eu ser como meu tio?

— Por conta da tragédia que se abateu sobre nossa vida.

— Tragédia?

Uma lágrima escorreu pelo canto do olho de Helena. Ela olhou para a foto. Sorriu para o cunhado.

— Otacílio e Venceslau passaram a sair às escondidas. Os banhos no lago eram diários, não se restringiam mais aos dias de partida de futebol. Eles eram discretos, iam nadar à noite. Daí surgiu uma paixão avassaladora. Seu tio perdeu-se nos meandros da paixão e o mesmo ocorreu com Venceslau.

Roberto estava boquiaberto. Nunca poderia imaginar seus pais como coadjuvantes numa história como essa.

— Mas você disse antes que Venceslau era casado.

— Morava na quadra aqui ao lado. Era casado com Matilde, uma mulher de temperamento muito forte. Creio que ele se casou com ela mais por pressão da família. Porque, mesmo que Venceslau continuasse com suas escapadelas, para a sociedade ele era um homem casado, acima de qualquer suspeita.

— Quanta hipocrisia! As pessoas acreditam que, por conta de uma condição, um papel assinado, elas não serão julgadas...

— Hoje ainda é difícil assumir a homossexualidade. Imagine no fim da década de quarenta. Era impraticável, impensável.

— Compreendo, mãe.

— Matilde começou a desconfiar, pois Venceslau vinha sempre aqui em casa. Estava sempre com seu tio Otacílio.

Lembro-me até que Otávio sentiu um pouco de ciúmes. Contudo, ele viu que seu irmão estava feliz e para seu pai isso bastava. Certo dia, Matilde ficou escondida atrás de uma árvore e os seguiu. Ela sabia que o marido e Otacílio iam se banhar no lago. Desconfiada, Matilde foi até o lago acompanhada por dois guardas.

— Imagino o que tenha acontecido em seguida...

— Pois é. Os guardas os flagraram numa situação comprometedora e foi um deus nos acuda. Seu tio foi levado para a delegacia, foi humilhado, apanhou dos policiais. Soube até que ele chegou a ser molestado.

— Que horror!

— Matilde deu um dinheiro ao delegado para não citar o marido e em seguida o levou para casa. Seu pai conseguiu a custo tirar Otacílio da prisão. Seu tio saiu da cadeia bastante transtornado. Voltou para casa amuado, triste. Não era mais o Otacílio de outrora. Num determinado dia, ele acordou e decidiu que iria enfrentar o preconceito. Resolveu assumir sua homossexualidade e viver ao lado de Venceslau, que emagrecia a olhos vistos, tamanha saudade que sentia de seu tio.

— E conseguiram?

— Eu e seu pai incentivamos Otacílio a seguir seus planos. Ele e Venceslau partiriam numa noite e iriam pegar o trem com destino a uma cidadezinha longe daqui. Depois tomariam o rumo de alguma capital, onde houvesse bastante gente e eles pudessem viver aquele amor sem despertar suspeitas. Nós compramos as passagens de trem. Venceslau convenceu Matilde a viajar e ver os pais...

Helena parou de falar. Era a parte mais difícil do relato. Roberto delicadamente apalpou a mão dela, incentivando-a a concluir.

— O que aconteceu naquela noite?

— Até hoje não sabemos ao certo. Seu tio saiu, foi chamar Venceslau. Minutos depois, eu e seu pai ouvimos tiros. Corremos até a casa de Venceslau. A cena era aterradora. Os dois corpos, de Otacílio e Venceslau, estavam sobre a cama do casal, cada um com um tiro no peito. E a arma estava na mão de seu tio.

— Se eles estavam prestes a viver juntos, por que dariam cabo da própria vida?

— Isso nos intrigou, mas veja bem, Matilde não estava na cidade. A polícia logo tratou de encerrar o caso. Chegaram à conclusão de que seu tio, por algum motivo, matou Venceslau e depois se matou.

— Não sinto que essa tenha sido a verdade.

— Eu também nunca quis acreditar nessa versão. Mas o que importava acreditar? Seu tio estava morto. Nunca mais escutaríamos sua voz, nunca mais veríamos aquele sorriso encantador...

Helena não mais conseguiu falar. Abraçou-se ao filho e deixou que as lágrimas banhassem sua face. Quanta saudade ela sentia de Otacílio!

Otacílio e Venceslau foram vistos como dois pervertidos, tanto pela sociedade como pela polícia, que não fez o menor esforço para apurar com rigor as mortes. Um perito iniciante afirmaria com certeza que a arma fora colocada na mão de Otacílio depois de ele ser morto. Não havia nenhum sinal de pólvora nos dedos de sua mão. Mas o que importava? Eram homossexuais, na época chamados de invertidos ou pede-rastas. No arquivamento do caso, houve o pronunciamento de um delegado, cuja declaração mostrava o total desres-peito às diferenças e aos semelhantes:

— Dois sodomitas a menos no mundo. Graças a Deus!

Os acontecimentos desagradáveis ainda perdurariam por tempos. O padre da paróquia que Otávio e Helena frequen-tavam não quis rezar missa de sétimo dia. Quase não deixaram Otacílio ser enterrado no cemitério.

Depois do triste episódio, Otávio preferiu acreditar mesmo que o irmão houvesse tirado a própria vida. Ficava mais cômodo pensar dessa forma. Helena tentava pensar o mesmo, mas no fundo tinha certeza de que o cunhado nunca seria capaz de um ato como aquele.

Otávio fechou-se em seu mundo, perdeu a fé e tornou-se um homem frio e estúpido. A vida lhe arrancara seu irmão amado. A vida era ingrata. De que adiantava ser amoroso e expressar seus sentimentos se de uma hora para outra a pessoa amada não estava mais ao seu lado? Além dessas indagações e da total amargura que se apossara de sua vida, Otávio acreditava que toda a tragédia ocorrera porque Otacílio era gay. E, quando percebeu que seu filho caçula saíra como o irmão, acreditou que talvez fosse uma maldição que o perseguiria até o fim de seus dias. Por essa razão, mesmo amando o filho tanto quanto amara seu irmão, Otávio agia de forma violenta e agressiva.

Helena, como percebemos, perdeu o brilho e o encanto de viver. Levava a vida de maneira arrastada, sempre calada, triste e com medo de Otávio. A morte de Otacílio mudou completamente a vida do casal.

Roberto acariciou os cabelos da mãe.

— De certa forma, tudo agora fica mais claro. Consigo perceber por que papai me tratava daquele jeito.

— Otávio nunca quis admitir, mas amava você acima de tudo, até mais que seus irmãos.

— E ficou com medo de que eu tivesse o mesmo fim que Otacílio.

— Eu também fiquei. E ainda fico. O mundo lá fora é muito hostil.

— Sei disso, mãe. Mas o que quer que eu faça? Que mude minha natureza? Eu nasci assim, cresci sentindo desejo por homens. Se eu pudesse escolher, juro que nasceria heterossexual. Tudo seria mais fácil. Eu não teria de fingir, não teria de reprimir meus sentimentos. Por que eu iria querer levar pontapés da sociedade, ser maltratado? Por masoquismo?

— Nunca pensei por esse ângulo.

— Pois deveria pensar. As pessoas acreditam que os gays são assim porque querem transgredir, sacudir os valores morais. Não sei ao certo por que viemos ao mundo desta forma. Talvez seja para manter o equilíbrio populacional, talvez para experimentar na pele o preconceito de fato. Ou mesmo até para viver feliz, não importando a orientação sexual. Todavia, mãe, acima de tudo, eu sinto que vivo no mundo como gay para me aceitar e viver em paz comigo, sem dar ouvido às pessoas e escutando aquela voz interior que serena e aquieta meu coração e traz paz ao meu espírito.

Helena chorou copiosamente. Nunca parou para entender os desejos e sentimentos do filho. Nunca se questionou o porquê de ele ser assim. Roberto era um ser humano como ela. Também era feito de carne e osso, e tinha sentimentos. E ela nunca parou para perceber o que ia no coração ou mesmo na cabecinha do filho.

— Perdão, meu filho.

— Não tenho de perdoar nada.

— Eu poderia ter sido uma mãe mais amorosa, mais amiga.

— Você fez o que achou melhor. Não pode exigir ter um comportamento diferente de sua natureza.

— Quero mudar. Quero participar de sua vida. Quero aprender a respeitá-lo de fato. Embora ainda seja difícil para minha cabeça aceitar a homossexualidade, eu o compreendo e o respeito.

— Obrigado.

Abraçaram-se novamente. Estavam emocionados e era como se um peso saísse dos corações de Roberto e de Helena. Estavam prontos para viver uma nova fase em que colheriam os bons frutos.

Raios de luz coloridos foram despejados sobre suas mentes. O espírito de Otacílio caminhou alguns passos e beijou a testa de Helena e de Roberto.

— Fiquem em paz de agora em diante. Que o preconceito não habite mais seus corações!

— Você está certo — ajuntou Venceslau. — O preconceito só afasta as pessoas. Não lhes permite perceber a grandeza da vida, não lhes permite apreciar as diferenças.

— E não lhes permite o mais importante: amar incondicionalmente e olhar como lições produtivas e nunca como desgraça o que está lhe fazendo de bom. Parece que na vida física nossa cabeça cultiva a desgraça. Talvez Helena comece a enxergar seu filho com os olhos do espírito.

— É chegado o momento de grande espiritualidade na vida de Helena.

— Sou feliz porque vencemos tudo isso. Passamos por cima do orgulho. A custo, conseguimos caminhar na direção do bem. Segundo os homens do mundo, eu o matei e me matei. Fomos julgados pervertidos e fracos.

— O que importa é que nosso espírito sabe da verdade. Pagamos um preço muito alto pelo medo de sermos diferentes. Com o fim de mais um ciclo na Terra, o medo se foi e sentimo-nos mais fortes e confiantes. Podemos dormir com a consciência tranquila.

— Precisamos ir. Um amigo espiritual me avisou que Matilde foi levada a um pronto-socorro próximo do orbe. Está pronto para encará-la, Venceslau?

— Sim. De que vai adiantar nossos dedos acusadores sobre ela?

— De fato, fomos nós que atraímos essa situação.

— O espírito de Matilde tem se consumido pela culpa. Arrependeu-se de tirar nossas vidas. Aos olhos da justiça do mundo, ela ficou livre, mas sua mente atormentada não a deixou sossegar. Quer coisa pior do que ser atormentado pela própria mente acusadora?

— Tem razão.

— A auto-obsessão é uma das piores...

— Vamos ajudá-la.

Os espíritos de Otacílio e Venceslau assentiram com a cabeça. Sorriram para Helena e Roberto. Em seguida, deram-se as mãos e desvaneceram no ar.

CAPÍTULO 18

A morte de Otávio alterou o comportamento de Eliana em vários aspectos. Pela primeira vez ela questionou a vida, a própria existência. Em seu coração acreditava que viera ao mundo para ser feliz. Mesmo que a vida lhe pregasse certas peças, situações desagradáveis, ainda assim ela possuía um sentimento que a fazia acreditar ter nascido para o bem e para a felicidade.

Na viagem de volta para casa, Eliana viu como num filme a sua vida e a de seus pais. Quando pequena fora a princesinha do lar, porém, em seguida, vieram a adolescência, a faculdade e o casamento. O contato com os pais fora se perdendo ao longo dos anos. Puxou na memória a vida afetiva dos pais. Percebeu que Otávio e Helena tiveram uma vida em comum sem-sal, sem atrativos e sem a chama da paixão. Viviam uma rotina sem igual, e ela, de forma alguma, queria ter uma vida assim, muito embora notara que o seu casamento estava muito parecido com o dos pais.

Imediatamente ela se lembrou do próprio casamento. Casara porque acreditou que toda mulher deveria ter um marido. Nunca parou para perceber o que seu coração desejava. Eliana gostava de Alaor e deixou-se levar pela conversa de que o "amor vem com o tempo".

Bem, o tempo passou, passou, e o amor não veio. Pelo contrário, o afastamento entre ela e o marido foi aumentando. O nascimento de Rafaela, em vez de unir o casal, afastou-os totalmente. Eles moravam na mesma casa, mas não viviam como marido e mulher. Havia tempos.

Eliana chegou em casa. Embicou o carro na garagem. Pegou a sacola e a bolsa. Entrou em casa e sentiu um vazio, como havia muito não sentia.

— Estou vivendo como minha mãe e meu pai. Não quero viver como eles. Tenho o direito de ser feliz.

Ela caminhou pela sala, um profundo silêncio pairava no ar. Eliana jogou-se numa poltrona. Tirou os sapatos e começou a massagear os pés. Continuou falando para si:

— Eu não amo Alaor. Não temos absolutamente nada em comum. Por que diabos devo ficar presa a um casamento sem amor? Pelo medo de recomeçar minha vida sozinha?

— Falando com as paredes?

— Dalva, eu nem percebi que você estava por perto. A casa está tão silenciosa.

— Faz pouco mais de meia hora que deixei Rafaela na escolinha.

— Estou com saudades da minha pequena.

— Ela tem perguntado muito pela senhora. Mas tem se comportado como uma mocinha. Alimentou-se bem, dormiu bem.

— Hoje vou levá-la para dormir comigo. E Alaor?

Dalva deu de ombros.

— Não dormiu em casa esses dias que você esteve fora.

Eliana pendeu a cabeça para os lados de maneira negativa.

— Pelo menos passou algumas horas com a filha?

— Ontem ele jantou em casa e brincou um pouquinho com Rafaela. Colocou-a para dormir e saiu em seguida, com uma sacola e a pasta de trabalho. Disse que não suportava ficar sozinho aqui nesta casa.

— Pura balela. Tudo desculpa para passar a noite nos braços de outra.

Dalva arregalou os olhos.

— Desconfia de algo?

— Faz tempo. Nunca notei marca de batom em suas camisas, mas as camisas de Alaor estão sempre com um cheirinho de perfume diferente do que ele usa. Além do cheiro forte de cigarro.

— Alaor não fuma.

— Mas sua companhia deve fumar.

Eliana levantou-se e foi caminhando para a cozinha. Dalva foi atrás.

— O que pretende fazer?

— Vou esperá-lo e, quando aparecer em casa, teremos uma conversa. Quero me separar.

— Vocês não se amam.

— Não. De forma alguma. Creio que Alaor até esteja esperando essa conversa.

— Vou torcer para que tudo dê certo — Dalva abriu a geladeira. — Está com fome?

— Não.

— Fiz um docinho de abóbora bem gostoso.

— Sabe que não resisto a um docinho. Pode servir.

O semblante de Eliana distendeu-se num largo sorriso. Dalva procurou mudar o assunto.

— Como está sua mãe?

— Aparentemente bem. Ela tem se mostrado uma mulher forte. Creio que vá se recuperar de maneira rápida.

— Foram tantos anos de casamento. Às vezes é difícil viver sozinha novamente.

— Cá entre nós, ela nunca viveu um casamento como dos contos de fada. Se quer saber, percebi que mamãe está aliviada.

— Seu Otávio estava dando muito trabalho, não?

— A bebida estava destruindo os dois: o fígado de meu pai e a paciência de minha mãe. E no fim das contas a cirrose foi fatal. Seu fígado estava em frangalhos.

— Fiz uma oração pela alma dele.

— Fez bem, Dalva. Papai era descrente, homem de nenhuma fé. Mas é sempre bom orar pelos entes queridos.

— Dona Helena vai continuar naquela casa?

— Isso me surpreendeu. Mamãe nunca foi uma mulher de atitude nem de tomar decisões rápidas. Ela cuidou do funeral, colocou a casa à venda e quer vir morar aqui perto.

— Ela pode vir morar aqui. Seria ótimo para Rafaela.

— Mamãe quer ter seu próprio canto. Eu acho isso muito bom. Mesmo que sejamos vizinhas de parede. Morar sob o mesmo teto nunca faz bem aos familiares.

— Se você se separar, acredita que vai continuar morando aqui?

— Sem dúvida. Alaor pode até querer não me dar pensão, pode brigar na Justiça, fazer o que quiser, mas ele não me tira desta casa. Sinto que ele não vai se opor a deixar que eu e Rafaela continuemos aqui. Mas preciso ser sincera com você.

— O que foi? — interrogou Dalva, de maneira surpresa.

— Eu vou voltar a trabalhar. Pretendo voltar a estudar e em breve advogar. Alaor vai ter de arcar com a escola de Rafaela, entretanto, não sei se poderei pagar seu salário, principalmente nos primeiros meses...

— Nem pense numa coisa dessas.

— Mas você tem sua casinha, tem contas para pagar.

— Façamos o seguinte. O que acha de eu vir morar em definitivo aqui?

— Seria maravilhoso, mas não tenho dinheiro e...

Dalva a cortou com amabilidade.

— Eu entrego minha casa e fico sem despesas. Posso dar uma ajeitadinha na suíte da "bagunça" e dormir por lá. Ele é espaçoso e tem um banheiro bom. Eu não tenho muitas coisas.

— Não acho justo.

— Querida, você e Rafaela são tudo o que tenho. Eu trabalho sem receber, pelo menos tenho casa e comida. Continuarei fazendo meu serviço e, quando você se restabelecer, poderá acertar os atrasados. Estou aqui para ajudar, sempre.

Eliana comoveu-se.

— Não sei o que seria de minha vida sem seu apoio. Você nem de longe é uma empregada, Dalva. É uma amiga, uma grande amiga. Obrigada.

Abraçaram-se com carinho. Sabendo que Dalva estaria ao seu lado, Eliana sentiu-se mais forte para conversar com o marido.

No fim da tarde Rafaela voltou da escolinha. Ela e Eliana brincaram até a exaustão. Dormiram juntas e, à tardezinha do dia seguinte, Alaor apareceu.

— Acabaram as férias? — inquiriu Eliana, de maneira irônica.

— Pena! Ainda não — respondeu ele, também com ar irônico. — Na verdade, estava querendo tirar férias permanentes. Pelo menos de você.

— Não seja por isso. Gostaria de conversar a respeito.

Alaor consultou o relógio.

— Temos meia hora. Acha que é suficiente?

Meia hora para discutir o término de um relacionamento que durara, entre namoro e casamento, próximo de dez anos. Eliana meneou a cabeça para os lados. Estava na cara que Alaor estava pressionando para que ela tomasse a dianteira e ambos pusessem um fim nessa história que estava se arrastando por tempo demais.

— Talvez menos de meia hora. Vamos à sala.

Os dois caminharam até a sala e cada um sentou-se numa poltrona.

— Quero me separar de você, Alaor.

Ele levou as mãos para o alto.

— Até que enfim. Eu também quero me separar de você.

— Vou contratar um advogado.

— Com que dinheiro?

— Não precisa atirar na minha cara. Ricardo vai me ajudar. Trataremos da pensão e da casa.

— A casa pode ficar com você. Afinal, temos uma filha. Mas não vou lhe dar meu dinheiro.

— Não é justo. Eu me formei e você não me deixou trabalhar. Fiquei em casa e em seguida nasceu Rafaela.

— Problema seu. Dinheiro meu, você não vai ter.

— Temos uma filha em comum. A Justiça ao menos vai obrigá-lo a custear os estudos de nossa filha.

— A escola de Rafaela eu pago. Uniforme, material e mercado também. Mais nada. Se quiser manter esta casa, que não é barato, vai ter de trabalhar.

— Nunca me neguei ao trabalho. Não quero abusar de maneira alguma. Mas temos contas, a Dalva... pelo menos você precisa me ajudar até eu conseguir algum trabalho.

— Parada esses anos todos? Vai ser o quê? Ascensorista? Recepcionista?

— Qual é o problema? São trabalhos dignos. Vou à luta.

— Vai ter de mudar seu padrão de vida. Vai descobrir que eu posso não ter sido lá um bom marido, mas botava bastante dinheiro para manter essa estrutura toda.

— O advogado vai procurá-lo e creio não termos mais nada para conversar.

Ele engoliu a raiva e disparou:

— Está certo. Ah, só um detalhe. O carro é meu. Você não precisa de carro.

— Mas e se Rafaela precisar ir ao médico? E as compras do mês?

— Vire-se. O carro você não pega.

Alaor levantou-se da poltrona. Consultou novamente o relógio.

— Menos de meia hora. Ótimo. Até o fim de semana que vem, eu tiro todos os meus pertences.

— Pode visitar Rafaela quando quiser.

Alaor deu de ombros.

— Agora vou estar ocupado. Terei de procurar casa, contratar advogado, são muitas obrigações. Quando der, eu virei visitar sua filha.

— Nossa filha! Ela tem um pai.

— Ela também tem uma mãe. E uma empregada. E um tio, bichinha, mas um tio.

Eliana prendeu a respiração por instantes.

— Saia da minha frente antes que eu perca as estribeiras. Não admito que fale de meu irmão nesse tom.

— Foi só uma brincadeirinha.

— Muito sem graça. Agora, por favor, suba, pegue uma muda de roupas e desapareça.

— Está certo. Coloque minhas roupas nas malas e eu mando o motorista buscar.

Alaor falou e subiu para o quarto. Abriu o armário, pegou algumas peças do seu vestuário e meteu numa sacola. Pegou alguns pertences no banheiro e em seguida desceu. Nem olhou para Eliana ou Dalva. Saiu sem nada dizer. Logo se ouviu o ronco do motor de seu carro.

— Ele não voltará mais aqui?

— Espero que nunca mais, Dalva. Por favor, eu gostaria de ficar um pouco a sós. Quando Rafaela chegar da escolinha, leve-a até meu quarto.

— Sim.

Eliana subiu as escadas e entrou no quarto. Cerrou as cortinas da janela, deixando o quarto numa penumbra agradável que convidava ao relaxamento. Acendeu o abajur de cabeceira e deitou-se na cama.

Ela chorou muito. Chorou por ter terminado o casamento, chorou pela morte do pai, pela vida que teria de enfrentar dali para a frente. Tudo era muito novo. De repente, de uma hora para a outra, Eliana viu sua vida se transformar de maneira radical.

No fundo até que sentia um peso que lhe era arrancado das costas e, principalmente, do peito. Mesmo triste e insegura, Eliana sentia no coração que sua vida iria melhorar. E tomar um rumo que ela jamais sonhara.

⚜

Alguns dias depois, saiu a lista dos aprovados no vestibular. Roberto foi convocado na primeira chamada, como era de se esperar. O rapaz não cabia em si de tanta alegria. Ele leu várias vezes o seu nome na lista a fim de certificar-se.

— Meu Deus, eu passei! — exclamou para si enquanto as lágrimas corriam livremente pelo rosto.

O resultado era mais que esperado e bem-vindo. Roberto havia tirado o ano inteiro para estudar. Comprometera-se com o cursinho e com horas de estudo. Impusera a si forte disciplina a fim de aproveitar o cursinho pago pelo irmão e o cantinho que sua irmã lhe arrumara com esmero e carinho.

Ele saiu do prédio da universidade, dobrou a esquina e parecia flutuar no espaço. Havia conseguido ingressar numa universidade pública e iria estudar para ser médico, um ótimo médico.

— Agora começarei uma nova fase. Eu vou me empenhar e vou me formar com mérito. Eu nasci para a medicina!

Roberto estava muito feliz. As lágrimas ainda continuavam a banhar-lhe a face. O espírito de Gina estava ao seu lado. Emocionada, ela o beijou na fronte.

— Tínhamos certeza de que você iria passar. Estudou com afinco, o resultado não poderia ser diferente. Conte comigo e com outros amigos espirituais. Mais algum tempo e você vai se tornar um excelente profissional da saúde.

Das mãos de Gina saíam fagulhas coloridas que penetravam na cabeça do rapaz e iluminavam sua aura. Roberto, naquele instante, sorriu. Olhou para o céu azul e agradeceu:

— Obrigado, Deus!

Em seguida, pegou a condução e foi direto para a casa de Leila. Queria que ela fosse a primeira a receber a notícia. Aproximou-se do portão e tocou a campainha. Em instantes ela atendeu:

— Como vai, criança?

— Um pouco nervoso.

Ela o abraçou e o convidou para entrar. Maria, logo atrás, deu-lhe uma piscada.

— Hoje me deu uma vontade de fazer bife com batatas fritas. Aceitaria almoçar conosco?

— Adoraria. Mas nem sei se vou conseguir comer. Estou muito feliz.

— Você chorou — notou Leila. — O que aconteceu? Não me diga...

Roberto assentiu com a cabeça e as lágrimas recomeçaram.

— Hum, hum. Eu passei no vestibular, Leila. Ingressei na universidade.

Leila o abraçou comovida.

— Eu sabia que você iria conseguir. Estou tão feliz!

— Eu preciso contar para a Eliana e ligar para o Ricardo.

— Não passou em casa para dar a boa notícia a sua irmã?

— Desde que Alaor saiu de casa, Eliana adotou uma rotina rígida nos horários. Acorda cedo, compra o jornal, dá uma olhada nos classificados. Aí toma o café, veste-se com apuro e sai para tentar uma entrevista. Só retorna para casa no fim do dia.

— Eliana é bastante determinada. Fiquei feliz que tenha resolvido se separar.

— Alaor era um cunhado detestável. Estava sempre me aporrinhando, fazendo gracinhas com minha sexualidade.

— Quem muito brinca com a sexualidade alheia... não sei, não.

— O que quer dizer?

— Sempre achei Alaor meio esquisitão. Não quero fazer comentários maledicentes.

— Notou algo estranho no comportamento dele?

Leila desconversou, foi sincera:

— Não quero falar da vida dos outros. Alaor que cuide da sua vida. Vamos traçar seus planos para o futuro.

— Primeiro preciso ligar para Ricardo. Anne pediu que tão logo o resultado saísse, eu ligasse para avisá-los.

— Vá até o corredor e faça a ligação. Aproveite e avise sua mãe.

— Farei isso.

Roberto levantou-se e ligou para a casa do irmão. Anne ficou felicíssima e, assim que Ricardo chegasse em casa, ela lhe contaria a grande e esperada novidade. Em seguida, ele ligou para a mãe. Helena comoveu-se e parabenizou o filho.

A ÚLTIMA CHANCE

Ela muito gostaria de lhe dar um abraço pessoalmente, mas acabara de vender a casa e, antes de vir para São Paulo, decidiu fazer uma excursão com um pequeno grupo de viúvas pelas cidades históricas de Minas Gerais.

— Vai ser uma viagem divertida.

— Você precisa mesmo se divertir, mãe.

— A primeira da minha vida. Comecei a receber o dinheiro da pensão. Não é lá muita coisa, mas dá para eu me virar. Assim que voltar da viagem e me estabelecer em São Paulo, gostaria que você fosse morar comigo.

Roberto sorriu feliz.

— Obrigado, mãe.

— Eu prometo que vou procurar entender melhor esse seu jeito de ser. Quero abrir minha cabeça e arrancar o preconceito do meu coração. Importa-se de me ajudar a entendê-lo?

— Claro que não.

— Você é um filho maravilhoso. Não me importa se você é gay, hétero, amarelo ou verde. Eu o amo incondicionalmente. Tenho orgulho de ser sua mãe.

Do outro lado da linha Roberto estava emudecido. As palavras da mãe eram sinceras e ele não conseguia segurar o pranto.

— É muito importante que você me diga essas coisas, mãe. Isso me fortalece e me torna mais forte para enfrentar o mundo aqui fora.

— Eu estarei sempre ao seu lado. Pode acreditar.

— Faça uma boa viagem. Eu a amo.

— Obrigada, Beto. Eu também o amo. Deus o abençoe, meu filho.

Roberto desligou o telefone e chorou copiosamente. Esse era o dia mais feliz de sua vida, sem sombra de dúvidas. Ele foi ao banheiro, jogou água no rosto, esfregou o nariz e recompôs-se dos momentos de grande emoção. Ao chegar à sala, Leila lhe entregou uma taça de champanhe.

— Um brinde ao futuro médico!

Roberto correu e chamou Maria.

— Você também tem que comemorar conosco.

Maria sorriu emocionada. Sentia enorme carinho por ele. Em seguida, os três encostaram suas taças e gritaram um viva.

⚬✗⚬

No decorrer da tarde, Roberto e Leila entabularam conversação. Fizeram planos, conversaram sobre os próximos anos de faculdade. Foram interrompidos pela chegada de Nelson.

Ele os cumprimentou e, ao saber da vitória de Roberto, cumprimentou e abraçou o rapaz com carinho.

— Não tinha dúvida de que iria conseguir — Nelson tinha tanta certeza de que Roberto iria passar no vestibular que lhe comprara uma bonita caneta tinteiro. Entregou o embrulho ao rapaz.

— Um presente?

— Para você guardar e prescrever suas receitas, doutor!

— Obrigado.

Roberto despediu-se deles de maneira emocionada e voltou para casa. Eliana iria chegar logo e ele estava ansioso para dizer à irmã que ele tinha conseguido entrar na faculdade.

Leila fechou a porta e, ao rodar nos calcanhares, Nelson lhe deu um beijinho nos lábios. Foi espontâneo e natural.

— Você está ficando abusado! — exclamou sorrindo enquanto dirigia-se à cristaleira e pegava dois cálices e uma garrafa de vinho do porto.

— Estava com saudades. Foi a primeira vez que me afastei de você desde que chegou à capital. Eu estou ficando mal-acostumado.

Leila encheu os cálices e entregou um a Nelson.

— Hoje é dia de alegria. Roberto passou no vestibular. Estou tão feliz!

— Ele merece. É um rapaz esforçado e tenho certeza de que vai se tornar excelente profissional.

— Vai ser um grande médico.

Eles brindaram ao sucesso de Roberto. Em seguida, Nelson sentou-se numa poltrona.

— Eu creio que hoje seja um dia de grandes novidades.

— É mesmo?

— Sim.

— Por quê?

— Tenho uma boa notícia para lhe dar. Irmã Agnes voltou da África.

Leila sentiu as pernas falsearem por instantes. Agarrou-se a uma poltrona e por pouco seu cálice de vinho do porto não foi ao chão.

— Irmã Agnes voltou... quando?

— Há alguns dias. Fui avisado pelo meu amigo delegado.

— E então?

— Eu fiz o máximo de esforço para não lhe contar nada. Ao saber do regresso da freira em solo brasileiro, fui ao seu encontro. Irmã Agnes estava bastante doente. Pegou uma dessas doenças tropicais.

— Mas você falou com ela?

— Sim.

— Pelo amor de Deus, Nelson. O que ela lhe disse?

Nelson nem sabia como começar. Seu encontro com irmã Agnes foi breve. Ela estava internada num hospital numa cidadezinha do Sul do país. Estava bastante debilitada e mal podia falar. Concordou em receber Nelson porque percebia que seu fim estava próximo e ela tinha de lhe contar o que sabia sobre a filha de Leila.

Agnes conversou com ele pouco mais de dez minutos. Depois pediu que ele se retirasse porque ela estava muito cansada. Nelson saiu do hospital cruzando as pernas. O que Agnes lhe dissera, se fosse verdade e ela não estivesse delirando, mudava completamente o rumo das investigações.

Ele respirou fundo, inspirou e soltou o ar e procurou manter tom natural na voz.

— Pode me responder algo, Leila?

— Claro.

— Você chegou a pegar a criança no colo?

— Não. As freiras não deixaram. Disseram que, se abraçasse minha filha, eu sofreria muito mais. Tão logo minha filha saiu de dentro de mim e escutei seu choro, as freiras a pegaram e a tiraram da sala de parto — uma lágrima correu pelo canto do olho. — Ainda me lembro de seu choro ecoando pelos corredores e se distanciando até sumir. Nem cheguei a ver a cor dos cabelos da minha filhinha. Desmaiei.

— O que Agnes me contou muda completamente o rumo de nossas investigações.

Leila sentiu o coração bater descompassado.

— Pela sua expressão, aconteceu algo de muito grave. Por favor, diga-me. Estou preparada.

— Você não deu à luz uma menina, e sim, um menino!

Leila levou a mão à boca para evitar um grito. Em seguida, tomada por forte emoção, caiu num pranto compulsivo. Depois que se acalmou, balbuciou:

— Todos esses anos e... eu procurando uma mulher que nunca existiu?

— Agnes me disse que foram obrigadas a dizer que a criança era de outro sexo porque a família desconfiava de que no futuro você pudesse ir atrás.

— Eles foram muito cruéis. Eu preciso falar com irmã Agnes. Ela vai ter de me contar essa história olhando bem no fundo dos meus olhos.

— Impossível, Leila.

— Como impossível? Nós vamos viajar amanhã mesmo. Pode comprar as passagens.

— Negativo.

— Por quê?

— Irmã Agnes faleceu há três dias.

CAPÍTULO 19

Eliana chorou de emoção ao saber o resultado do vestibular. Bem, digamos que ela se emocionou mais com o relato que Roberto lhe fez da conversa que tivera com Helena.

— Eu sabia que mamãe iria um dia, ao menos, tentar entendê-lo.

— Eu fiquei muito feliz. Ela foi tão sincera em suas palavras, foi muito amável.

— Ela está se esforçando para recuperar o tempo perdido. Foram muitos anos aprisionada naquela casa, vivendo um casamento sufocado pela rotina.

— Eu percebi que ela começou a mudar logo após o enterro de papai.

— Percebi como ela resolveu tudo sozinha, tomou as providências, manteve comportamento impecável.

— Tem algo que não lhe contei.

— O que foi?

— Depois que você voltou para casa, eu fiquei ainda uns dias ajudando mamãe a se desfazer dos pertences de papai. Durante a limpeza do guarda-roupa, encontrei uma caixa cheia de fotos. Sabia que nós tivemos um tio?

— Por alto. Talvez tenha ouvido alguma coisa quando garota. Mas nunca dei a devida atenção.

— Papai teve um irmão. Otacílio era seu nome.

— Nunca ouvi falar.

— Ele era gay.

Eliana surpreendeu-se.

— Mesmo?

— Mamãe me contou tudo. Tio Otacílio vivia com ela e com o papai, e os três eram muito felizes.

— Pode me contar tudo. Não deixe escapar um detalhe.

Roberto então relatou à irmã toda a conversa que tivera com a mãe. Contou toda a história de Otacílio e a suspeita de que ele não se matara. Depois de concluído o relato, Eliana disse:

— Compreendo nosso pai. Não estou aqui afirmando que as atitudes dele com você foram as melhores, muito pelo contrário. Eu condeno todo e qualquer tipo de violência.

— Eu entendo você. Também refleti bastante depois que mamãe me contou essa história. Creio que papai tivesse medo que eu acabasse como seu irmão.

Eliana o abraçou com carinho.

— Eu o amo muito, Beto.

— Eu também a amo.

— Você vai ter de se dividir. Acostumei-me com você por perto. Meia semana você dorme aqui e meia semana na casa de mamãe.

Ele riu.

— Vou ter dois quartos. Vou ficar confuso...

— De maneira alguma. Você pode frequentar a edícula, estudar, descansar, namorar...

— Namorar?

— Mamãe está fazendo muito esforço para entendê-lo e aceitá-lo. Mas creio ser muito difícil ela aceitar que um

A ÚLTIMA CHANCE

namorado seu durma em casa. Acho que a cabeça dela ainda não está preparada para isso.

— Também acho.

— Quando conhecer alguém interessante, poderá trazer aqui. A edícula lhe dá total privacidade. Eu confio em você. Sei que jamais traria qualquer um para nossa casa.

— Obrigado, Eliana. Entretanto, não penso nisso. Quero me dedicar à faculdade. Serão muitos anos de muito estudo. E gostaria que Dalva morasse na edícula.

— Você tem um coração generoso.

— Não gosto de vê-la dormindo no quarto que era uma despensa, entre caixas e quinquilharias.

— E quanto aos seus momentos de diversão? Poderá se apaixonar, ou mesmo se divertir.

— Não sei.

— Desde que veio para cá, você nunca se envolveu com ninguém. Não sente vontade de se relacionar?

— Sim.

— E por que não sai e vai se divertir?

— Eu nunca saí, Eliana. Nem sei se tem um lugar frequentado unicamente por gays.

Ela deu uma gostosa gargalhada.

— Você mora na maior cidade da América Latina e acredita que não existam outros como você?

— Pelo menos aqui na vizinhança eu tenho certeza de que não tem gay.

Eliana levantou-se e apanhou a bolsa. Tirou um folheto.

— Hoje fui ao centro da cidade para duas entrevistas. Na saída de uma delas, um rapaz muito simpático me deu este folheto.

— O que é?

— É uma boate, uma discoteca frequentada por pessoas como você.

— Toca essas músicas que eu escuto no rádio e na vitrola?

— Creio que sim. Eu perguntei ao rapaz se o ambiente era bem frequentado, se a música era boa, e ele fez propaganda muito positiva. Até eu senti vontade de ir dançar.

— Não sei ao certo...

— Façamos o seguinte. No panfleto diz que a discoteca abre às onze da noite. Você vai dar uma descansada, depois eu o acordo, você se arruma e eu lhe dou o dinheiro do táxi.

— De jeito algum. Você está batalhando um emprego, tem essa casa para sustentar, além de uma filha, uma empregada e um irmão que ainda vai demorar para começar a ganhar dinheiro. Sabe que a faculdade de medicina vai tomar todo o meu tempo.

— Não importa. Hoje é seu dia. Passou no vestibular, precisa comemorar. Vai sair e dançar, vai se divertir, quem sabe fazer novas amizades.

— Tem razão. Hoje é uma data muito especial. Um pouquinho de diversão não vai fazer mal.

❧

Sérgio olhou pela enésima vez para o aparelho de telefone. Vicente ficara de ligar naquele dia, na parte da tarde. Passava das dez da noite e nem sinal do namorado. Ele ligou para o apartamento de Vicente e o telefone tocava até a linha cair. Depois, ligou para outros amigos em comum, e nada de Vicente.

Ele passou as mãos nos cabelos e não queria pensar. Sabia onde o namorado estava. Fora avisado por um telefonema anônimo, semanas antes, de que Vicente não estava trabalhando, mas estava numa sauna praticando sexo com vários homens.

Sérgio deixou-se envolver pelo telefonema e imediatamente foi até a tal sauna gay. Parou atrás de uma árvore no outro lado da calçada. Duas horas depois Vicente saiu, ar cansado, porém todo sorrisos.

Ele avançou a rua e o pegou pelo colarinho.

— Você me disse que não mais me traía.

Vicente, pego desprevenido, tentou se justificar.

— Isso não é traição.

— Ah?! Como não?

— Isso é diversão. Traição é quando a gente sai com a mesma pessoa vezes seguidas. Mas eu só faço sexo com diferentes parceiros e nem pergunto o nome. As minhas transas não têm nome nem telefone. Se você perguntar para mim com quem transei há pouco, nem vou me lembrar.

— Por que faz isso comigo, Vicente?

— Não faço nada. Você é meu namorado. Eu o amo.

— Você me ama e sai com vários outros nas minhas costas. Isso é amor?

— Não, isso é sexo. É fisiológico. Uma necessidade física. Não tem nada a ver com sentimento. Eu uso esses caras só para ter prazer.

— Eu não lhe dou prazer?

— Sim. Mas é diferente.

— Como diferente?

— Eu gosto de variar. Comer arroz com feijão todo dia enjoa. Uma macarronada, um bife, uma maionese, eu preciso variar meu cardápio de vez em quando.

— Você me enoja, Vicente. Cláudio tinha razão. Você não presta.

Vicente enervou-se.

— Cláudio! Não basta seu amigo morar em outra cidade. Ele continua e continuará sempre presente na nossa relação. Que inferno!

— Ele tem razão. Você me trai a torto e a direito. Nunca vai deixar de meter os chifres em mim.

— Sua definição de traição é muito arcaica. Eu não amo outro homem. Nutro sentimentos unicamente por você. Consegue entender?

— Não! — bradou.

Sérgio saiu em disparada. Ficou muito nervoso naquela noite. Pegou o carro e rodou a esmo, horas a fio. Quando a cabeça esfriou, ele voltou para casa e dormiu.

Vicente o procurou no dia seguinte, fez escândalo. Gritou que o amava e não conseguiria viver sem ele. Fez um escarcéu emocional, e Sérgio mais uma vez acreditou. Ou seu medo de ficar sozinho o fizera acreditar nas mentiras de Vicente.

Os dias passaram, eles se reconciliaram e Vicente havia prometido ligar para marcarem de sair e jantar. Ficara de ligar às cinco da tarde. O relógio estava quase marcando onze da noite e nenhum toque no telefone.

— Vicente me paga. Ele está me fazendo de besta. Deve estar se esbaldando numa sauna. Eu também vou me esbaldar. Vou sair e me divertir. Dane-se.

Sérgio levantou-se decidido. Iria tomar um bom banho, vestir-se com apuro e sair para um programinha. A temperatura estava agradável e ele não iria passar mais uma noite trancafiado em casa, sem notícias do namorado.

— Hoje vou me divertir.

⚬✗⚬

Roberto desceu as escadas e Eliana nem podia acreditar.

— Como você está lindo!

— Obrigado.

— Desse jeito vai arrumar alguém.

— Quero me divertir. Não quero arrumar nada.

— Pegou seu documento de identidade?

— Peguei.

— Com essa cara de menino vão lhe pedir o documento.

Roberto fez ar de mofa.

— Que peçam! Mas juro que hoje vou dançar até meus pés pedirem clemência.

Eliana entregou-lhe uma cópia da chave do portão.

— Nem pense na hora de voltar. Só tome cuidado e não aceite bebida de ninguém.

— Pode deixar.

Eles saíram e foram caminhando algumas quadras em direção à avenida, onde era fácil arrumar um táxi. No trajeto, Eliana fez a lista de cuidados básicos. Embora fosse um homenzinho, Roberto não tinha experiência com a noite e seus mistérios. O táxi apareceu, ele se despediu da irmã e deu o endereço ao motorista. O táxi parou no sinal vermelho e Roberto viu na quadra à sua frente uma multidão de rapazes aglomerados.

— Deve ser ali — disse para si enquanto sentia um friozinho percorrer-lhe a boca do estômago.

Ele aproveitou o sinal vermelho e acertou a corrida com o motorista. Saltou do carro e caminhou até a fila. Foi a primeira vez que Roberto sentiu os olhos de cobiça sobre si. A maioria dos rapazes que frequentava aquela casa noturna se conhecia de vista. Roberto era novo no pedaço. E, além do mais, era de uma beleza ímpar. Os rapazes cochichavam entre si. Estavam impressionados com a beleza daquele menino.

Ele comprou seu ingresso e foi barrado na porta.

— Documento.

Roberto sacou a identidade do bolso. O rapaz moreno e troncudo olhou para a identidade e para o rosto de Roberto. Sorriu e lhe meteu um carimbo no pulso.

— Primeira vez, né?

— Sim. Por que o carimbo?

— Você pagou ingresso e vai entrar. Com esse carimbo no pulso pode entrar e sair da boate quantas vezes quiser.

— Ah, entendi.

— Qualquer problema pode me chamar. Sou Bagdá.

— Obrigado, Bagdá.

Dentro da boate, Roberto deparou com outro mundo. Luzes, cores, chão da pista iluminado. Ele se sentiu como no cenário do filme *Os embalos de sábado à noite*.

— Só falta encontrar o meu John Travolta.

Ele sorriu e seu corpo foi envolvido pela música. Roberto naturalmente começou a se chacoalhar. Logo estava no meio da pista, entre tantos outros homens, divertindo-se a valer.

Um rapaz aproximou-se e lhe deu uma piscada. Outro, mais à frente, abriu-lhe largo sorriso. Eram tantas piscadas e sorrisos, que Roberto preferiu fechar os olhos e curtir a música. Entregou-se de corpo e alma ao ritmo daquelas músicas cantadas por Diana Ross, Gloria Gaynor, Donna Summer e Grace Jones, dentre tantas outras divas da disco music.

Fazia um bom tempo que Roberto estava dançando. Era uma música atrás da outra, e ele conhecia todas, fosse dos seus discos, fosse da rádio. Cantarolava uma, emocionava-se com outra e chacoalhava-se com mais ritmo numa outra. Até que alguém o cutucou nas costas. Roberto abriu os olhos.

— Oi.

— Olá.

— Lembra-se de mim?

Roberto franziu o cenho e apertou os olhos. A pista de dança tinha luz negra e não dava para ver com nitidez o rosto das pessoas.

— Desculpe, mas não me lembro.

— Talvez isso o ajude — o rapaz aproximou-se mais e tascou-lhe um beijo na boca. Um beijo demorado. Depois do beijo o rapaz perguntou: — E agora, lembra-se de mim?

Roberto estava meio zonzo. Fora pego de surpresa.

— Claro! — riu-se. — Davi, o rapaz da lanchonete!

— Eu mesmo.

— Como vai?

— Bem. Sabe que você foi o primeiro rapaz que me deu o fora?

— Eu não lhe dei o fora.

— Dei-lhe meu cartão e você não ligou.

— Tem razão. Foi indelicado de minha parte.

— Esperei muitas noites. Queria muito reencontrá-lo.

— Eu tinha de me preparar para o vestibular. Não podia deixar que nada desviasse meu caminho.

Davi sorriu.

— Prestou vestibular para quê?

— Medicina.

— E valeu o esforço?

— E como! Consegui. Entrei na faculdade e vim comemorar.

— Parabéns.

Davi cumprimentou Roberto com novo beijo. O rapaz não sabia mais se dançava, ou se ficava ali beijando Davi. Roberto

A ÚLTIMA CHANCE

não saberia explicar a excitação que tomara conta de seu corpo. Não sabia se era a música, o ambiente, se era estar na companhia de pessoas que sentiam o mesmo que ele, se era o beijo de Davi, ou se era tudo junto.

— Quer uma bebida?

— Eu não bebo — respondeu Roberto.

— Um refrigerante?

— Eu vou até o bar e pego. Quer o quê?

— Um gim-tônica.

Davi deu duas fichinhas para Roberto retirar as bebidas no bar.

— Volto logo.

Roberto afastou-se e caminhou até o bar. Pediu seu refrigerante e o drinque de Davi. Enquanto aguardava com os braços apoiados no balcão, sentiu ser observado e virou o rosto para o lado.

Foi uma sensação totalmente nova. Os olhos de Roberto e de Sérgio se encontraram, e ambos não conseguiam desviar os olhos um do outro. Uma mistura de sentimentos sacudiu-lhes o coração. Os mais românticos, com certeza, diriam se tratar de amor à primeira vista.

Roberto sentiu enorme vontade de se aproximar. Mas logo alguém puxou Sérgio pelo braço e ele sumiu na multidão. Roberto ainda precisou de um tempo para voltar à realidade. Passada a sensação, ele deu de ombros. Pegou as bebidas e foi até Davi.

— Aconteceu alguma coisa?

— Nada. Vi alguém que pensei conhecer. Mas ao mesmo tempo acho que nunca o tinha visto.

— Desculpe, não entendi.

— Esquece. É a primeira vez que saio à noite. Estou tomado por fortes emoções.

— Você nunca saiu à noite?

— Nunca.

— E nunca se relacionou com outro rapaz?

— Também não.

Os olhos de Davi brilharam maliciosos.

— Você é virgem?

— Sou.

— Quer ir para um lugar mais calmo?

— Para onde?

— Minha casa. Não moro longe daqui.

Roberto sentiu o ar lhe faltar. Estava apreensivo, mas ao mesmo tempo morrendo de vontade de fazer sexo. Era maior de idade, dono do seu nariz, e nunca havia experimentado nada, a não ser as vezes que fora molestado pela turma de Dênis. Mas isso fazia parte do passado e não tinha nada a ver com uma plena e satisfatória troca sexual.

Davi parecia ser bom moço. Havia algo nele que cativava a confiança de Roberto. Embalado pela emoção e pelos hormônios à flor da pele, Roberto aceitou o convite.

Na outra ponta da boate, Vicente puxou Sérgio pelo braço com tamanha força que o machucou.

— O que você quer?

— Vim atrás de você. Sabia que estaria aqui no HS.

— Por que não continuou na sauna? Não estava boa?

— Eu lhe peço desculpas. Fiquei de ligar. Foi um lapso.

Sérgio desvencilhou-se dos braços de Vicente.

— Dane-se, você e seu lapso. Estou farto de ser corneado, de ser maltratado, de ser posto de lado. Eu quero um namorado por inteiro. Quero um companheiro. Não um colocador de chifres.

— Você sonha com o impossível. Assistiu a muitas fitas românticas de cinema.

— Problema meu. Eu acredito no amor.

— Eu o amo.

— Mentira! Você quer que todos o bajulem. Só porque tem dinheiro, viaja para o exterior e tem um rostinho bonito?

— Não me ofenda. Quer uma cena aqui na boate?

Sérgio foi tomado de uma fúria sem igual. Sua voz era tão grave e tão alta que as pessoas ao redor se afastaram, acreditando que eles fossem brigar para valer.

— Quero uma cena, sim! Vamos, grite comigo, vamos sair no tapa.

A ÚLTIMA CHANCE

— Calma, Sérgio. Você está descontrolado.
— Descontrolado? Estou louco! Nunca mais quero ver você na minha frente. Nunca mais!
— Vamos conversar.
— Não quero mais conversar com você. Suma da minha vida. Chega!

Sérgio bradou e saiu. Foi ao caixa, pagou sua conta e resolveu ir para casa. Estava farto de Vicente, de suas armações, de suas desculpas esfarrapadas. Estava cansado de viver de migalhas de amor. Queria o pão inteiro.

Ele dobrou o quarteirão e mais algumas quadras estava em casa. Ao chegar ao quarto, despiu-se, ligou o rádio e estirou-se na cama. Abraçou-se a um travesseiro e começou a repensar sua maneira de se relacionar.

Enquanto decidia terminar em definitivo seu namoro com Vicente, o rosto iluminado de Roberto aparecia-lhe de vez em quando.

— De onde conheço esse rapaz? De onde?

Nesse meio-tempo, Roberto e Davi pagaram suas comandas. Roberto mostrou o punho para Bagdá. Ele lhe sorriu.
— Pode sair com Davi. Está em boas mãos.

Roberto agradeceu. Saíram da boate e foram caminhando pela rua. Era madrugada e muitos rapazes estavam andando também em grupos, muito à vontade. Era algo inacreditável porque alguns até andavam de mãos dadas. Parecia outro mundo.

Davi passou o braço pelo ombro de Roberto, que sentiu agradável sensação de segurança. Minutos depois, estavam no apartamento de Davi.
— O porteiro da boate disse que você está em boas mãos.
— Bagdá pareceu-me simpático. De confiança.
— Quer beber algo para descontrair e relaxar?

— Não, estou bem.

Davi o pegou pela mão e foram em direção ao quarto. Ele conduziu Roberto até a cama. Apagou a luz e abriu a janela. Uma gostosa brisa invadiu o ambiente. O brilho da lua refletida sobre seus corpos era a iluminação ideal para a ocasião.

O rapaz despiu-se e Roberto fez o mesmo. Deitaram-se lado a lado. Em seguida, Davi virou o corpo e sussurrou em seus ouvidos:

— Roberto, prometo que serei o mais gentil dos homens.

Em seguida, deitou seu corpo sobre o de Roberto. Foi uma noite inesquecível. Para ambos.

PARTE II

ALGUNS ANOS DEPOIS...

CAPÍTULO 20

Em meados de 1981, o jornal americano *The New York Times* apresentou a matéria sobre uma doença misteriosa que estava causando a morte de jovens homossexuais masculinos em algumas cidades, como Nova York, São Francisco e Los Angeles.

Os pacientes foram detectados com um tipo raro de câncer — o sarcoma de Kaposi —, uma doença presente em populações de idade avançada, que nunca havia aparecido em jovens. Aliados a isso, apareceram casos de infecção pulmonar. O que impressionava os médicos era que esses jovens apresentavam determinados sintomas e morriam em seguida.

A estranha doença recebeu vários nomes, antes de se tornar mundialmente conhecida como aids. Os primeiros cognomes, ainda naquele ano, foram imunodeficiência relatada em gays, doença da imunodeficiência adquirida, 5-H, passando por nomes carregados de preconceito e desprezo, como doença rosa e câncer gay[1].

Os médicos descobriram que o fator de possível transmissão era contato sexual, uso de drogas ou exposição a sangue e derivados. No ano seguinte à matéria no jornal, o Centro de Controle de Doenças dos Estados Unidos finalmente adotou a sigla aids para designar a síndrome da imunodeficiência adquirida. O Brasil viria a adotar a mesma sigla para designar a estranha e mortal doença.

A comunidade gay americana entrou em pânico. Logo a doença também atingia os homossexuais em várias capitais europeias. Os casos aumentavam dia após dia, bem como o número de óbitos.

Sérgio estava no Rio de Janeiro. Aproveitou um feriadão, daqueles que vão de quinta a domingo, para passar uns dias na companhia de Cláudio. Desde que tivera aquela calorosa discussão com Vicente, alguns anos antes, não queria mais saber de namoro ou qualquer outro tipo de envolvimento.

— Agora fazemos parte do mesmo time.

— Engana-se — protestou Cláudio. — Eu não quero saber de compromisso porque já lhe disse que tenho a certeza de que meu amor não é deste mundo. Tanto que desde que me mudei para o Rio não tenho me relacionado com ninguém.

— Você deve estar subindo pelas paredes.

— Não. Estou em paz. Toda a energia sexual é energia de criação. Em vez de jogá-la para o sexo, eu a jogo para o meu trabalho. Por essa razão estou cada vez melhor no trabalho. Ganhei mais uma promoção.

— Acho estranho você não querer ter alguém.

— O que fazer? É algo mais forte que eu. Nunca conseguirei explicar. Eu sinto. Vou lhe confidenciar algo.

— Conte-me, por favor.

— Quando vou me deitar, de uns tempos para cá, eu tenho sonhado com alguém.

1 Outros nomes utilizados na época: GRID (Gay-Related Immune Deficiency), AID (Acquired Immunodeficiency Disease), 5H— Homossexuais, Hemofílicos, Haitianos, Heroinômanos (usuários de heroína injetável), Hookers (profissionais do sexo em inglês).

— É um rapaz interessante?

— Não. É uma mulher.

Sérgio fez um esgar de incredulidade.

— Mulher?! — indagou surpreso.

Cláudio riu.

— Só posso contar isso a você. Estou sonhando com uma mulher, linda por sinal. E fico tão feliz de vê-la, tão contente em abraçá-la... creio que eu a ame.

— Não pode ser!

— Por que não?

— Você é gay!

— Sérgio, eu acredito na reencarnação. Acredito que viemos a este mundo várias vezes. Nascemos e morremos, enquanto nosso espírito embarca nessa viagem fantástica e vai amadurecendo, ficando mais forte, mais lúcido, rumo à evolução.

— Até consigo entender seu ponto de vista. Mas, se você nasceu gay, é porque sempre foi gay.

— Não. Já posso ter reencarnado como mulher, lésbica, heterossexual, gay...

— Impossível. Não acredito que tenha sido mulher, por exemplo.

— Não nesta vida. Mas e em outras? Acha que dentro de toda essa diversidade a gente vai nascer sempre do mesmo jeito, com o mesmo sexo, gênero e preferências?

— Se temos tantas vidas assim, eu não gostaria de voltar como homossexual. É muito triste, a gente sofre muito.

Cláudio acendeu um cigarro e o entregou a Sérgio. Acendeu outro para si. Soltou suas baforadas e, fitando o infinito, tornou, com a voz pausada:

— Na vida não desperdiçamos nenhum tipo de experiência.

— Não?

— Tudo, mas absolutamente tudo é modo de aprender a desenvolver o espírito. E como tudo é maravilha na essência das coisas, nós vamos aprendendo a desfrutar aquilo que é prazeroso daquilo que não é.

A ÚLTIMA CHANCE

— Poderia me dar um exemplo?

— Sim. Veja o vinagre ou mesmo a cerveja. Quando somos crianças, o gosto dessas substâncias não é agradável ao nosso paladar. Contudo, com o tempo, passamos a apreciar o que aparentemente não é prazeroso.

— Ser gay não me causa prazer.

— Tudo é o nosso olho. Se você só enxerga erro e problema, é isso que você vai sempre ver. Para manipular a vida, você não pode ver que tem problema. A pior coisa que lhe acontecer vai abrir-lhe a lucidez, para pensar numa melhor maneira de se livrar, porque senão fecha as portas para a solução.

— O preconceito me corrói.

— O preconceito vive na mente. É nela que você encontra o medo, a morte, a doença. A vida, reprimida, ataca essas formas até que a ilusão seja banida. O próprio mal é a própria cura. Não se esqueça de que a consciência que viaja neste nosso corpo de carne é muito infantil.

— Preciso debelar esta mente inquietante.

— Por certo.

— Mudando de assunto, você leu sobre essa doença que anda matando os gays lá nos Estados Unidos?

— Sim. Fiquei muito triste. Sinto que logo também beberemos do cálice amargo dessa doença terrível.

Sérgio bateu três vezes na madeira da mesinha à sua frente.

— Vire essa boca para lá. É uma doença local, de gay americano.

— Acredita que ela não vai descer a linha do Equador? Acha que ela só vai matar os homossexuais americanos e europeus?

— Acho. Se é uma doença que apareceu por lá, por que deveria descer até o Brasil?

— Não tenho dúvida de que ela chegará não só até aqui, mas ao mundo todo. Uma epidemia.

— Nunca o vi tão pessimista.

— Não sou pessimista. Não se esqueça de que, infelizmente, a cabeça acredita no pior. Qualquer desgraça que você produza, fruto da ilusão do seu pessimismo, é remédio aos olhos de Deus.

— Muita maldade — rebateu Sérgio.

— Não existe maldade no universo, somente ilusão verdadeira.

— Mas em relação a esses doentes, quanta desgraça...

— Não é desgraça. Um doente desses está num belíssimo aprendizado de desapego. Precisa aprender a viver na eternidade, aprender a conscientizar a verdade da vida porque dessa desgraceira toda ele vai enxergar somente a verdade, nada mais do que a verdade.

— Isso posto, você quer dizer então que qualquer experiência, seja boa ou ruim, é iluminação, é beleza?

— Sim.

— Isso contradiz toda a lógica.

— Por mais que você entre na ilusão, ela ainda é uma bênção. É duro você entender que tudo é bom, caso você acredite que haja o mal.

— Não é questão de acreditar no mal. É dele que vem o sofrimento. E todos nós sofremos, num grau maior ou menor.

— Sérgio, o que é que você chama de sofrimento?

— Dor, tristeza...

— Você transformou algumas coisas e criou algumas experiências muito rudes, mas, no fundo, não deixam de ser grandes experiências e grandes lições estimulantes. E a outra maneira de criar são situações que causem prazer, nem por isso deixam de ser lições. Como lhe disse, tudo é o olho, a maneira de enxergar a vida.

Sérgio apagou o cigarro, levantou-se e caminhou até a janela. Fitou o mar. Sentiu uma estranha sensação, um aperto no peito. Havia criado muitas experiências rudes na vida. Não queria criar mais nenhuma.

CAPÍTULO 21

Roberto ganhou um carro de Leila tão logo passou no vestibular. Ela lhe deu o presente como resultado de seu esforço e dedicação durante meses a fio. Seu veículo, quando conduzido por ele, fazia geralmente o mesmo trajeto: ir e voltar da faculdade. Raras eram as vezes em que fazia outro trajeto. Às vezes tinha vontade de sair, mas se debruçava sobre os livros e se esquecia das noitadas.

Como tinha um coração generoso, ele dividia o carro com a irmã. Eliana trabalhava numa loja de moda feminina durante o dia. Ia e voltava para casa de condução. Todavia, ela voltara a estudar e Roberto fazia questão de que ela usasse o carro para ir e voltar dos cursos. Não gostava que a irmã pegasse condução tarde da noite.

Roberto nunca mais saiu para dançar. E, de vez em quando, em sua mente misturavam-se cenas da sua noite inesquecível ao lado de Davi e daqueles olhos enigmáticos do rapaz do outro lado do balcão. Roberto nunca se esqueceu daqueles olhos.

— Será que um dia vou voltar a vê-los? — perguntou para si enquanto dirigia para a faculdade.

O convívio com Leila e Eliana continuava da mesma forma agradável. Nas férias escolares ele pegava uma sacola de roupas e passava dias na casa de Leila. Assistiam a filmes antigos, ouviam músicas, jogavam cartas. E ele se esbaldava com Rex.

Roberto estava rodeado de amigos que o queriam bem. Sentia-se um felizardo. Nesses últimos anos viu como fora e ainda era difícil assumir a própria condição homossexual. Muitos cresciam sem ter o carinho e apoio dentro de casa. Ouvia histórias, as mais cabeludas e tristes, algumas parecidas com as suas, outras muito mais tristes e sórdidas, que chegavam a transformar seu pai num homem inofensivo.

Ao ingressar na faculdade, ouviu vários relatos de colegas que sofriam o preconceito dentro dos próprios lares. Eram surrados, tinham suas mesadas cortadas, eram expulsos de casa. Outros chegavam a ser queimados com pontas de cigarro por irmãos mais perversos. Outros eram humilhados e sofriam perseguições.

Era tudo muito chocante, visto que a maioria dos alunos vinha de família rica, cujos pais tinham nível escolar superior. Era difícil constatar que o preconceito não tem classe social definida, mas se trata de uma praga, fruto da insensatez e da intolerância do ser humano.

Conforme se tornava mais lúcido e inteligente, percebia que nunca se deixaria levar pelo grilhão do preconceito e da intolerância. Roberto não se fazia de rogado. Quando lhe perguntavam se ele tinha namorada, respondia:

— Não tenho namorada.

— Mas é tão bonito.

— Se tivesse, seria um namorado.

— Você é gay?

— Sou. E você, é heterossexual?

Algumas pessoas nem mais lhe dirigiam a palavra, porém a maioria achava graça na resposta e na maneira com que Roberto passava por cima dos ditames impostos pela sociedade de maneira tranquila e sem se sentir ofendido. Na faculdade, os colegas sabiam de sua orientação e o respeitavam porque ele se dava o devido respeito. Havia inclusive alguns que o procuravam secretamente para lhe confidenciar que também sentiam atração por pessoas do mesmo sexo. Roberto conversava e tirava certas dúvidas, com base nas próprias experiências. Quando percebia que as suas conversas não estavam ajudando, indicava um profissional, um terapeuta para que a pessoa pudesse viver feliz e em paz com sua sexualidade.

No trajeto para a escola, lembrou-se dos colegas que lidavam melhor com a questão e sorriu.

— Quem me dera vivêssemos todos em paz, respeitando a diversidade em todos os sentidos — ele falou em alto tom e estacionou o veículo no meio-fio. Cumprimentou alguns colegas e caminhou sorridente até sua sala de aula. Nos braços carregava seu trabalho. Eram páginas e mais páginas, resultado de horas de pesquisas. O jovem dobrou o corredor e entrou na classe.

Cumprimentou outros colegas e dirigiu-se à mesa do professor. Vidigal era um senhor com pouco mais de cinquenta anos, cabelos prateados e óculos de armação escura que lhe conferiam um ar sisudo. Mas era só na aparência. Era um homem calmo, divertido até. Os alunos adoravam suas aulas, sempre muito bem expostas. Roberto o adorava e Vidigal gostava muito dele, pois notara a dedicação com que o rapaz assistia às aulas — nunca havia faltado — e o esforço para a realização de trabalhos. Quando se tratava de uma exposição, um circuito de palestras ou alguma outra atividade extracurricular, Roberto era o primeiro a participar.

— Bom dia.

— Como vai, professor?

— Bem — Vidigal levantou os óculos. — Eu pedi um trabalho de poucas páginas. Pelo que vejo, sua pesquisa poderá virar um livro.

Roberto sorriu.

— Professor Vidigal, o assunto era tão interessante e eu me empolguei de tal forma que, quando passei para a máquina de escrever, notei a quantidade de folhas. Confesso que o senhor vai se interessar.

— Não tenho dúvida. Todos os seus trabalhos sempre são interessantes.

— Obrigado.

Roberto entregou a pasta com o calhamaço de papéis. Sentou-se em sua cadeira. A aula fluiu tranquila e Vidigal fez belo encerramento do ano escolar. Em seguida, despediu-se dos alunos. Alguns bateram palmas e rapidamente a sala se esvaziou. Roberto despedia-se de dois amigos no corredor quando Vidigal o chamou.

— Poderia vir para cá?

— Sim.

Roberto entrou na sala e Vidigal convidou-o para se sentar. Ofereceu-lhe uma cadeira. Ficaram frente a frente.

— Dei uma olhada rápida no seu trabalho. Parece-me que está impecável, como de costume.

— Obrigado, professor. Fiz com gosto. Foram madrugadas sem pregar o olho, porquanto tinha outras matérias e outros trabalhos para realizar, mas o resultado me fez ficar bastante satisfeito.

— O que pretende fazer nas férias? Vai viajar?

— Não senhor. Quero integrar mais uma vez a sua equipe de estagiários e trabalhar no hospital. Eu preciso colocar em prática o que tenho aprendido em sala de aula.

— Creio que você não vai fazer parte de meu grupo.

— Não?!

— Não neste ano.

O semblante de Roberto entristeceu-se.

— Pensei que minha participação estava certa e...

A ÚLTIMA CHANCE

Vidigal o cortou com amabilidade.

— Sabe, eu tenho um aluno que foi aceito para estagiar em Paris. Eu vou sentir muito a falta dele. É o meu melhor aluno.

Os olhos de Roberto brilharam emocionados. Logo o sorriso estampou-se em seu rosto.

— O resultado da comissão já saiu?

— Sim. Você foi um dos escolhidos. Parabéns.

Roberto levantou-se e Vidigal fez o mesmo. Ele abraçou o professor e uma lágrima escapou do canto de seu olho.

— Estou muito feliz!

— Eu sempre soube que uma das vagas era sua. Nunca tive dúvida. Sabe que vai levar um pouco mais de tempo para se formar, certo?

— Sim, professor. Sei que será necessária uma adaptação do currículo e o consequente alongamento do curso.

— Entretanto, ao retornar para cá, você deverá validar o diploma, mas não precisará fazer residência aqui. Afinal, você vai trabalhar ao lado de um dos maiores especialistas da nossa área.

— Vou dar o melhor de mim, professor.

— Não tenho dúvida.

— Como proceder?

Vidigal pegou um papel sobre a mesa.

— Vá até a secretaria e entregue esse papel para uma das atendentes. Preencha os formulários. Depois, terá de preencher mais formulários, tirar passaporte, o visto, mais outra papelada e poderá partir.

— Vou tratar disso agora mesmo.

Roberto abraçou o professor mais uma vez. Estava emocionado. Vidigal quebrou a emoção.

— Não se esqueça de que, quando voltar, vai trabalhar comigo. Estou empenhado na estruturação do primeiro programa de controle da aids no Brasil. Conto com sua preciosa colaboração assim que retornar.

— Pode contar.

— Não pense que vai se ver livre de mim tão cedo.

— Será uma honra trabalhar com o senhor.

O jovem deixou a sala de aula e correu com o papel embaixo dos braços. Não via a hora de contar a sua família que em breve iria para a França.

Naquela noite Leila convidou Roberto, Helena e Eliana para comemorarem a sua admissão na universidade francesa. Comeram, beberam, brindaram e retornaram para casa tarde da noite.

Os sonhos com Gina continuaram amiúde, e foi num desses encontros com o espírito amigo que Roberto começou a receber informações sobre a doença do ponto de vista espiritual. Nesta noite de comemoração, após se deitar, esboçando leve sorriso nos lábios, seu perispírito desprendeu-se do corpo e ele pôde encontrar-se com Gina.

— Estou adorando a faculdade!

— Era seu sonho. Fico feliz que esteja fazendo o que realmente quer.

— Não consigo me ver fazendo outra coisa.

— Ótimo. Logo você vai se formar e tratar pessoas que precisarão muito de apoio, carinho e compreensão.

— O preconceito em cima da aids é enorme.

— E vai continuar por muito tempo. Por essa razão, aconselho-o a fazer diferente.

— Assim espero. Mas o pânico na população está difícil de contornar.

Gina pegou na mão de Roberto e o conduziu até uma praça rodeada de lindas flores. Sentaram-se e ela disse:

— Existem ideias bastante perturbadoras em relação a este assunto. A fatalidade existe, mas a maneira como as pessoas estão encarando a aids não é assim dramática e exagerada.

— Percebo que algumas pessoas estão ficando muito acomodadas, deixando-se afogar pelas águas turvas do vitimismo. Enquanto continuarem com esse conceito de acreditar que são vítimas da situação, que têm de suportar caladas, que pecaram muito ou fizeram muito mal e têm de sofrer para aprender, no fundo estarão dando força para uma interpretação errada

A ÚLTIMA CHANCE

da lei do poder da responsabilidade. Seria o carma dessas pessoas?

— Eu preferiria que você evitasse a palavra carma, uma vez que ela carrega consigo o conceito de crime, de castigo, de repressão.

— O que na verdade não passa de uma visão primitiva do assunto.

— Sim. Vamos tentar uma visão mais moderna, mais ampla, mais justa, de acordo com a sabedoria de Deus. Vamos raciocinar: se Deus nos deu a inteligência para agirmos fazendo o melhor e agimos errado, e Ele nos faz sofrer para entendermos que estamos errados, então Deus é profundamente ignorante, não concorda?

— Tem razão, Gina.

— Por que então Ele não nos fez perfeitos e inteligentes? Por que a punição? Isso não é coerente com a ideia de perfeição divina, de perfeição da vida.

— Creio que seja difícil aceitar isso. Existem determinantes na vida, pois a natureza se expressa dentro de certas determinações universais.

— Exatamente. Você não pode nascer adulto. Nasce bebê, depois criança, adolescente, adulto, idoso e daí vem o desencarne. Ninguém pode fugir disso, a não ser que morra antes, mas este é o processo. Isto é fatal.

— Isso posto, tudo tem um programa natural. A evolução também tem as suas fases e nós vamos passar por cada uma delas.

— Sim, meu querido, porém cada um vai passar de um jeito. Você teve sua infância e ela foi única. Tudo na vida segue às determinações da natureza de maneira individual. Se você quiser chamar tais determinações naturais, essas fases, esses processos que todo mundo passa de carma, estará usando a palavra adequada. Mas prefiro usar leis da natureza, determinantes da vida, que fazem parte da evolução, sendo que cada um passa por isso de maneira individual. Cada um tem a capacidade de determinar o próprio destino. Você tem uma capacidade de escolha. A escolha que você faz determina o seu destino e a sua originalidade dentro deste caminho.

Roberto sorriu.

— Entendi. O caminho é igual, a rua é a mesma, mas cada um anda com uma roupa, do seu jeito, no seu ritmo. Um trabalha, outro estuda, outro não faz nada. Quer dizer, cada um faz uma coisa.

— É fatal que todos estejam nessa rua, mas cada um fica lá de um jeito.

— Quer dizer que a gente escolhe o destino, Gina?

— Teoricamente sim. Mas você não vai escolher tudo, vai escolher algumas coisas. Você escolhe o que a sua alma quer. Não tem erro. Todo caminho é caminho. O livre-arbítrio é arbítrio da natureza em você. Vem aquela vontade... vem de onde? Da alma, do espírito, que é espírito divino. Ou seja, Deus escolhendo em você.

— Quer dizer que Deus escolhe em mim?

— Por certo. Daí vêm as escolhas e delas criam-se experiências e vivências. Deus é um. Todo mundo escolhe de um jeito. Se Deus é único e Ele escolhe por você, você só pode escolher de maneira única.

— É o mistério da individualidade! — exclamou Roberto.

— Certo! — ela riu. — À medida que escolhe pelas suas crenças, vai criando, acreditando, grava no subconsciente, daí você vai transformando, tornando real. Tudo o que você faz na sua cabeça por dentro se mostra e por conseguinte se transforma ao seu redor. Se acreditar em desgraças, elas aparecem. Acredita no bem, ele aparece. Entende?

— Agora ficou tudo mais claro.

— Muitos chamam de carma o conjunto de seitas e ideias que a própria pessoa se impõe ao longo das existências e está sempre gerando situações semelhantes de acordo com suas crenças. Exemplo básico: você sempre acreditou na pobreza, então vai reencarnar pobre. Se mudar suas crenças pelas próprias experiências, você não vai mais reencarnar pobre. Nesse sentido, o destino está muito mais em suas mãos. E não existe fatalismo senão a liberdade de criar o destino que você quer.

Roberto meteu o dedo no queixo pensativo.

— Então, esse lance de aguentar não existe, porque a natureza se renova constantemente, assim que você deseja a renovação. E, quando você desejar a renovação, é a própria natureza desejando renovação em você. É isso?

— Hum, hum. Tudo acontece na hora certa. E não se esqueça da frase mágica.

Roberto estufou o peito e disse em alto e bom som:

— Eu sou amado e protegido por Deus!

No dia seguinte ele despertou com Helena ao seu ouvido.

— Está atrasado, meu querido.

Ele se espreguiçou de maneira demorada.

— A noite foi tão agradável. Eu sairia todas as noites para comemorar.

— Hoje é o dia de entrega dos formulários na faculdade.

— Vou terminar meu curso em outro país. Estou quase formado. Como o tempo passou rápido, não?

— Muito depressa. Terá um mês de férias.

— Nada de férias.

— Precisa se preparar para a viagem. Passaporte, visto, formulários, autorizações, malas, roupas...

— Calma, mãe! Não é o fim do mundo. É com prazer que farei tudo isso. Mas terei tempo de trabalhar um pouquinho com o professor Vidigal lá no hospital.

— Vai conseguir ter tempo?

— Tempo eu arrumo. Quero começar a colocar em prática o que aprendi. Sinto-me seguro para tratar dos doentes de aids.

— Acho perigoso. Essa doença surgiu do nada e está matando tanta gente ao redor do mundo! Não tem medo de se contaminar?

Ele sorriu.

— Não. O vírus HIV não se transmite assim facilmente.

— Os meios de comunicação não explicam nada direito.

— Cientistas estão pesquisando drogas para o combate ou a cura. Muitas pessoas estão se deixando levar pelo pânico. Recentemente tivemos uma palestra na faculdade sobre HIV e aids[1]. O risco alto de transmissão do vírus é por via sexual, transfusão de sangue contaminado ou uso coletivo de agulhas e seringas para drogas injetáveis.

— Pensei que, ao tocar uma pessoa doente, poderia me infectar.

— Nem de longe, mãe. Utilizar o mesmo copo, compartilhar o mesmo banheiro, abraçar e beijar, por exemplo, não oferecem risco de contaminação.

— Você tem estudado muito sobre o assunto, não?

— Bastante. Parece que nasci para tratar de pacientes soropositivos.

— Esse seu trabalho para o professor Vidigal foi sobre isso?

— Sim. Outro trabalho que fiz sobre o vírus foi enviado para a França. Fui elogiado. E, como há um convênio entre nossa universidade e a de Paris, tinha certeza de que uma vaga ia ser minha.

— Como vão as aulas de francês?

— *Très bien!* — brincou ele.

— Cuidado para não se frustrar.

— De maneira alguma. Tenho sonhado com Paris.

— Está com tanta vontade de viajar que seu subconsciente o leva para lá.

— Não sei, não... Tenho a nítida sensação de que já estive lá. Sabe, mãe, sempre sonhei em estagiar no Instituto Pasteur e, com sorte e dedicação, estagiar com a equipe do

---

1 Quem precisa de orientação ou quer esclarecer dúvidas sobre aids e outras ISTs (infecções sexualmente transmissíveis) pode ligar no 0800-162550, serviço telefônico gratuito da Secretaria de Estado da Saúde. Desde 1983 no ar e pioneiro na América Latina, o Disque DST/Aids funciona de segunda a sexta--feira das 8 às 18 horas. Quem quiser pode também tirar dúvidas pelo e-mail: duvidasaids@crt.saude.sp.gov.br. Outros sites que podem auxiliar na busca de informações: Portal CRT (Centro de Referência e Treinamento DST/Aids-SP) – crt.saude.sp.gov.br; Ministério da Saúde – aids.gov.br; UNAIDS Brasil – unaids.org.br.

A ÚLTIMA CHANCE

doutor Luc Montagnier[2]. A equipe dele isolou e caracterizou um retrovírus, ou seja, um vírus mutante que se transforma conforme o meio em que vive, como causador da aids. Eles descobriram finalmente o vírus HIV, o vírus da aids.

— Temos passado momentos tão bons. Vai ser difícil ficar sem sua companhia por um ano.

— Um ano no mínimo. Se tudo der certo, quero fazer residência lá no exterior.

— Habituei-me com sua presença.

— Você mal para em casa. Está sempre viajando com suas amigas. Excursionou pelo país todo.

— Agora só falta o exterior.

Roberto a beijou na testa.

— Eu a adoro, mãe.

— Eu também o adoro, filho.

Ele abraçou e beijou Helena várias vezes no rosto. Em seguida, começou a lhe fazer cócegas e logo os dois estavam brincando no chão do quarto.

A relação de ambos melhorou bastante. Desde que viera para a capital e comprara o sobradão na quadra de trás de Eliana, Helena transformou-se em outra mulher. Passou a fazer caminhadas diárias no parque próximo de sua casa e voltou em pouco tempo a ter o corpo esguio dos tempos de mocidade. Ela passou a tratar da pele e tingiu os cabelos de castanho-claro, realçando a cor dos olhos e os lábios.

Não demorou muito para ela se adaptar à vida agitada da capital paulistana. Helena mal parava em casa. Tomava condução, pegava metrô e cada dia dirigia-se a um canto da metrópole. E todo fim de mês, religiosamente, fazia uma excursão

---

2 Luc Montagnier (1932-2022) foi um médico francês. Em 1983, descobriu com a sua equipe, nos laboratórios do Instituto Pasteur, o retrovírus da Síndrome da imunodeficiência adquirida, inicialmente designado LAV, e que em 1986 recebeu o nome de VIH-HIV. A descoberta foi relatada na mesma edição de maio da revista Science na qual o médico americano Robert Gallo (1937-) relatou descobrir "Vírus linfotrópico da célula T humana 3" ou HTLV-III. Após quatro anos de disputa, ambos aceitaram compartilhar o mérito de terem descoberto o HIV. Em 2008, Luc Montagnier e Françoise Barré-Sinoussi (1947-) foram laureados com o Nobel de Medicina.

com um grupo de amigas da mesma idade que moravam na vizinhança.

O convívio com Roberto não poderia ser melhor. Helena leu livros e conversou muito com Eliana sobre a sexualidade do filho. Aos poucos, a homossexualidade foi deixando de ser um bicho-papão em sua cabeça. Lembrou-se do quanto havia sido omissa na educação do filho e de quantas vezes o seu silêncio funcionara como indiferença, em que Otávio aproveitava sua passividade e descia o couro no menino.

Helena precisou ver alguém agir como seu marido para que ela se despisse de vez de algum resquício de preconceito. Aconteceu com o filho de uma amiga sua. Haviam combinado de dividir um táxi até a praça da República. Geralmente era de lá que saíam os ônibus de excursão. Chegando à casa da amiga, não pôde deixar de escutar o marido, que, fora de si e aos berros, insultava o filho no escritório ao lado da sala de estar.

— Você morreu para mim. Nunca mais ponha os pés nesta casa.

— Por favor, pai...

— Você escolheu ser fresco. Fique com os viados! Morra como eles!

Helena viu o rapaz sair aos prantos e em disparada para a rua. Sentiu um aperto no peito sem igual. A empregada avisou que o táxi tinha acabado de chegar.

— Você não vai fazer nada em relação a isso? — perguntou aturdida para sua amiga.

— De que adianta? Quem manda aqui é meu marido. Eu não posso contrariá-lo.

Helena sentiu um gosto amargo na boca. Tinha vontade de invadir o escritório e encher aquele homem de sopapos.

— Vamos perder o ônibus.

— Você está tranquila demais. Viu como seu filho saiu de casa?

— É sempre assim. Depois de uns dias ele volta e fingimos que está tudo normal.

A ÚLTIMA CHANCE

Helena meneou a cabeça para os lados. Mal podia acreditar no que ouvira. Ela mordiscou os lábios e em seguida lembrou-se de Otávio, e de como ela também fora uma mãe relapsa durante tantos anos. Se Roberto não tivesse tido o carinho e apoio de Eliana e Ricardo, talvez estivesse passando pelo mesmo que o filho de sua amiga, que deveria ter a mesma idade de Roberto.

— Como pude deixar me envolver pelo preconceito e pela homofobia? Como podemos julgar a pessoa pela sua orientação sexual, ou até mesmo pela raça ou condição social? Em que mundo vivemos? Deus, ajude-me a ser cada vez mais lúcida e, portanto, menos preconceituosa.

Além de entender seu filho, Helena o admirava e, acima de tudo, amava-o incondicionalmente.

Roberto se transformou num homem muito bonito. Logo que ingressou na universidade, foi convidado para participar da equipe de natação de sua turma. Em poucos anos seu tórax e braços desenvolveram-se, e ele se tornou mais forte, mais encorpado, mais viril. Totalmente à vontade com sua orientação sexual, tornou-se um homem seguro, com gestos mais masculinos. Sua voz engrossou e ele era paquerado tanto por homens quanto por mulheres.

O jovem até que tentou conciliar namoro e faculdade, mas em vão. O seu relacionamento com Davi durara pouco mais de seis meses. Às vezes, eles se telefonavam e matavam as saudades. Depois de algum tempo, Davi desapareceu. Não ligou mais e seu número de telefone pertencia a outro assinante. Mesmo assim, Roberto continuou tendo um carinho especial por Davi. Jamais se esqueceria de sua primeira noite de amor e, logicamente, das noites seguintes, tão boas quanto a primeira.

Envolvido nos estudos, a meta de Roberto tornou-se uma só: formar-se médico. Quando não estava em aula ou praticando natação, ele absorvia todas as matérias publicadas sobre aids. Sabia que iria se tornar infectologista, com especialização em aids.

CAPÍTULO 22

Ao saber que seu irmão iria para a França, Eliana sentiu uma emoção sem igual. E, naturalmente, lembrou-se de Nicolas. Afinal de contas, por onde ele andaria?

Nicolas voltou para a França no dia seguinte ao jantar onde conhecera Eliana. Embora ambos estivessem atraídos um pelo outro, ele tinha compromissos inadiáveis em sua terra natal. Na outra mão, ela precisava resolver sua situação matrimonial.

Depois de assinar os papéis da separação, Eliana ficou com a casa. Entretanto, Alaor driblou a Justiça, falsificou comprovantes de renda e assim pagava uma pequena pensão que mal dava para custear as mensalidades do colégio de Rafaela.

Eliana deixou de sonhar com seu príncipe encantado e foi à luta. Arrumou o primeiro emprego num consultório dentário. O salário era pequeno, mas dava para as despesas básicas da casa. Até que uma das clientes simpatizou com ela e a convidou para trabalhar como vendedora em sua loja de roupas femininas, num shopping badalado da cidade.

Era a oportunidade com que Eliana tanto sonhara. Com dedicação e esforço, ela se atirou no trabalho. Dalva cuidava de Rafaela e Eliana compensava a falta de contato diário com fins de semana regados a muitos passeios, conversas e muita intimidade. Eliana não realizava nenhum programa no fim de semana que não fosse estar ao lado de Rafaela. Dessa forma, a menina cresceu num ambiente saudável e amoroso. Rafaela agora era uma mocinha e, influenciada pelo comportamento da mãe, mostrou-se menina dedicada e sem preconceitos. Afinal, fora criada para apreciar as diferenças e nutria grande carinho por Roberto. Era seu tio querido, que conhecera e convivera desde a mais tenra infância. Para ela não importava a orientação sexual do tio. O amor que os unia estava acima de qualquer coisa. Moça educadíssima e prendada, fazia os deveres de casa e ajudava Dalva a manter a casa em ordem.

Eliana destacou-se no emprego e em menos de dois anos tornou-se gerente da loja. Ganhava um salário fixo e comissão sobre as vendas. Seus rendimentos cresceram e ela pôde concretizar seu sonho de voltar a estudar. Impulsionada e motivada pela nova profissão, deixou para trás o Direito e passou a fazer cursos nas áreas de marketing, vendas e administração.

Ela tinha uma vida modesta, sem luxos. Pagava suas contas, o salário de Dalva, mas não sobrava dinheiro para uma poupança. Alaor dava trabalho para pagar a pensão e ela tinha de arcar com as mensalidades do colégio de Rafaela.

Envolvida num novo estilo de vida através dos anos, o sonho de reencontrar Nicolas foi-se esvaindo. E havia mais outro ponto que a fazia querer, ou melhor, tentar esquecer o francês.

Anne e Ricardo casaram-se numa cerimônia discreta, para amigos e familiares. Embora Helena sonhasse em ver o filho entrando todo garboso numa igreja, ficou feliz em vê-lo ao lado de seu grande amor. E, se Ricardo fora fisgado pelo bichinho do amor e resolvera viver ao lado de Anne, de que adiantava seguir o protocolo social? Mais valia o sorriso do filho e seus olhos constantemente iluminados de amor e ternura pela companheira.

Logo depois dos papéis assinados na frente do juiz, Anne teve de vir a São Paulo para tratar de alguns assuntos profissionais. Ela trabalhava numa multinacional e não eram raras as vezes em que estendia sua estada na cidade para matar as saudades da sogra, da cunhada e do cunhadinho. Anne adorava Roberto.

Numa dessas vindas à capital, Anne, muito discreta, percebeu a falta de brilho nos olhos da cunhada. Chamou Eliana de lado para uma conversa. Precisava explicar-lhe sobre o sumiço do irmão.

— Aquele jantar não significou tanta coisa, Anne. Confesso que cheguei a sonhar com uma possível aproximação entre mim e Nicolas. Mas depois o tempo foi passando, tive de enfrentar e levar minha separação adiante. Alaor não se mostrou um ex-marido amigo e solidário. Fugiu das suas responsabilidades de pai. Tive de trabalhar, reformular toda minha vida.

— Todavia você esperou por um novo contato.

— A princípio sim. Não vou negar que seu irmão mexeu com meus sentimentos. Mas Nicolas nunca me enviou o cartão-postal e a essa altura já deve saber que eu estou divorciada.

— Meu irmão nunca teve relacionamentos longos. Seu primeiro casamento foi um verdadeiro fracasso. Depois disso, Nicolas nunca mais acreditou na possibilidade de um relacionamento estável. Ao conhecê-la, eu senti que ele se apaixonou de verdade. Foi amor à primeira vista.

— Amor a dar de vista, você quer dizer.

— Conheço muito bem meu irmão e tenho de lhe contar algo muito desagradável.

— O que foi?

Anne baixou o tom de voz e confidenciou-lhe:

A ÚLTIMA CHANCE

— Meu irmão estava saindo com uma garota lá na França.

— A aspirante a modelo. Sei...

— Nada de especial. Mas não tomaram os cuidados necessários e ela engravidou.

Eliana mordiscou os lábios.

— E ele se casou.

— Eles se casaram porque a família da moça é de sociedade. Mesmo que não fossem, Nicolas é homem íntegro e assumiu a responsabilidade de enfrentar novo casamento, sem amor, de uma hora para outra, e de encarar a paternidade. Giselle estava mais interessada no dinheiro dele. Ter um filho foi uma maneira de garantir rendimentos pelo resto da vida.

— Se ela era de sociedade, não vejo por que tenha aplicado o golpe da barriga.

— Giselle sempre foi muito insegura. Sua carreira de modelo não decolou. Tem dois irmãos que controlam todos os negócios da família. E sabe como são esses negócios de família. Eles sempre querem que a mulher fique longe de tudo. Giselle começou a receber uma quantia mensal e quis mais. Foi exigir dos irmãos que aumentassem seus rendimentos, visto que ela era herdeira dos negócios. Criaram muita confusão, impedindo que ela pudesse receber mais do que eles consideravam justo. Desesperada e vislumbrando um futuro nada atrativo, ela investiu em Nicolas.

— Ela não ama seu irmão?

— Não.

— Certeza? Não há sentimentos que os una?

— De forma alguma. Nicolas sempre lhe disse a verdade, que se casou porque ela engravidara. Ele não sentia nada por ela.

— E Giselle?

— Rebateu na mesma moeda. Disse para deus e todo mundo que Nicolas significava para ela um futuro garantido e colorido.

— Se eles não se amam, por que se uniram?

— Nicolas adora crianças. Sempre quis ser pai. E sacrificou muitas de suas vontades em prol do filho. Não quer ser um pai ausente.
— Por isso nada de postais e nada de Brasil.
— Não creio que ele retorne tão logo ao país.
— Minhas esperanças foram por água abaixo.
— Não pense assim. Você é livre. Logo Nicolas vai absorver melhor a ideia de ser pai, vai perceber o quanto é sacrificante e inútil manter um casamento sem amor e vai procurá-la.
— Não acredito.
— Confie.

Essa conversa ocorrera havia alguns anos e, a cada dia que passava, mais distante ficava o sonho de reencontrar Nicolas. Até que Roberto veio com a notícia de mudar-se para a França. Eliana sentiu um friozinho na boca do estômago. Quando o assunto era a França, impossível não se lembrar de Nicolas.

Seus pensamentos foram esparramados com a chegada alegre de Rafaela.
— Mamãe! Eu arrumei nosso jardim. Venha ver que lindo!
Eliana sorriu. Rafaela tornara-se uma linda mocinha. Os cabelos caíam pelas costas e eram levemente encaracolados. Ela tinha os olhos vivos e bastante expressivos. Lembrava muito Eliana quando pequena.
— Vamos, filha. Quero ver esse jardim.

Levou muito tempo para Leila absorver o impacto daquela informação bombástica. Ela passou anos à procura de uma filha e Nelson lhe trazia uma novidade surpreendente. Ela havia dado à luz um menino.
— Tem certeza de que irmã Agnes não estava variando das ideias?
— Sim.

— Ela estava doente, o corpo debilitado...

— Eu fui checar os dados. Descobri, depois da confissão dela, que você teve de fato um menino.

— E agora? Como iremos atrás dele?

— Teremos de recomeçar do zero.

— Nunca vou encontrá-lo.

— Tantos anos debruçado em cima do seu caso e acabei tornando-me amigo do delegado Medeiros. Ele parece ser um bom homem e está me ajudando. O pai dele foi político influente na região e se lembra do seu ex-noivo.

— De que vai adiantar? Herculano morreu, seus pais devem estar mortos.

Nelson coçou o queixo e encarou-a nos olhos.

— Não vai ser difícil Medeiros pressionar algum parente em busca de informações mais precisas. Logo descobriremos o paradeiro de seu filho.

Não foi tão fácil assim. Nelson contava com a ajuda do delegado Medeiros para chegar à família que adotara o filho de Leila. Como o destino tem suas próprias leis, Medeiros morreu algum tempo depois e toda a busca teve de ser interrompida.

Leila, no início, passou a angustiar-se, mas depois de um tempo começou a ter sonhos. Um desses foi muito real, nítido, e ela jamais esqueceria da conversa, como também daquele espírito em forma de mulher cuja luz era de uma luminosidade sem igual.

Certa noite, angustiada e deprimida por saber que Medeiros havia morrido e, portanto, reencontrar seu filho tornava-se algo mais para o impossível, Leila deitou-se e custou para pegar no sono.

Ela não lembra como tudo aconteceu, porém acordou com forte sensação de que aquele sonho quisera lhe dizer alguma coisa, ou até lhe mostrar o porquê de ter sido separada do filho.

Assim que pegou no sono, Leila sonhou com uma pessoa desencarnada que conhecia de outras vidas.

— Gina!

— Como vai, Leila?

— Quanto tempo... — nesse momento ela teve um lampejo de lucidez. — Estava angustiada. Não acredito que eu vá reencontrar meu amado filho Victor.

— Você está a um passo de reencontrá-lo, minha querida. Confie na vida.

— Como confiar? Ele foi arrancado de meus braços tão logo veio ao mundo. Isso não é justo.

Gina sorriu.

— Não acha justo? E o que você fez com Eliana?

— Não fiz nada com Eliana. Eu a adoro. Somos amigas.

— Nesta vida são amigas. E quanto à vida passada?

Leila susteve a respiração. Num instante a cena se formou em sua mente. Ela bem quis esquecer-se do passado, mas ele fazia parte dela, parte das memórias que seu próprio espírito carregava desde os mais remotos tempos.

Gina apertou levemente sua mão, encorajando a amiga a relembrar-se de seu passado. Leila fechou os olhos e deixou-se conduzir pelas lembranças.

❧

Havia muitos e muitos anos, Leila era uma linda moça, filha de camponeses pobres, numa aldeia encravada no meio da Europa. Inconformada com a falta de luxo e riqueza na vida, tratou logo de usar a beleza como fonte de sedução. Quem sabe não conseguiria um bom partido e teria a vida de rainha que sempre sonhara?

Determinada em seus intentos, Leila conheceu Eliezer, um jovem muito rico que não via problema em relacionar-se com alguém de classe social inferior. Apaixonou-se perdidamente por Leila e ela finalmente teve concretizado seu sonho de riqueza. Eliezer a transformou numa verdadeira dama, fazendo todos os seus gostos.

Leila engravidou e deu à luz um lindo menino. Seu nome era Victor. Logo nos primeiros meses de vida perceberam que o

A ÚLTIMA CHANCE

bebê não tinha boa saúde, resultado do abuso do corpo — muita droga e muito sexo — em outras vidas. O menino passou pelas mãos dos mais renomados médicos da época e o diagnóstico era sempre o mesmo: Victor cresceria muito debilitado, necessitaria sempre de cuidados e não viveria muito tempo.

Por que ele tinha de nascer com *defeito*? Por que justamente seu filho? Inconformada, Leila passou a nutrir verdadeiro sentimento de raiva pelo filho. Eliezer tentava contemporizar e quis ter outros filhos. Insistia numa outra gravidez, porquanto, naqueles tempos, as famílias abastadas multiplicavam suas fortunas casando os filhos entre si. Victor jamais se casaria e, se eles não tivessem outro filho, corriam o risco de chegar à velhice sem nenhum vintém.

Leila não queria contrariar o marido. Engravidava e, em seguida, provocava o aborto. Ela tinha verdadeiro pavor de ter outro filho imperfeito. Acreditava que tivesse algum problema genético e qualquer criança que saísse do seu ventre seria fraca e doente.

Um dia Eliezer foi categórico. Ou ela engravidava, ou ele pediria o divórcio. Isso não poderia acontecer de maneira alguma. Ela experimentara o sabor do luxo e da riqueza e não estava disposta a ficar sem nada.

Leila não teve dúvida. Conhecia uma freira que fazia partos de meninas solteiras e depois, por uma boa quantia em dinheiro, entregava essas crianças para adoção. A conversa com irmã Agnes foi curta e grossa. Ela precisava de uma criança para no máximo seis meses.

Eliezer ficou muito feliz com a notícia da gravidez de Leila. Claro que ela mentiu ao marido, mas precisava fazer tudo de maneira que ele acreditasse que ela seria mãe de novo. Imbuída em concretizar seu plano, Leila pretextou náuseas e dores decorrentes da falsa gravidez. Viajou para a casa de uma prima e nem quis saber do filho. Victor ficou largado em seu quarto, literalmente abandonado, aos cuidados dos empregados da casa.

Eliana era uma mocinha de tez clara, bem bonitinha, que se parecia bastante com Leila quando nova. Assim que a viu no convento, Leila não teve dúvida. Queria que o filho de Eliana fosse seu. Mas havia um problema: Eliana não queria entregar o filho para adoção. Como os pais a expulsaram de casa, ela acreditou que o convento pudesse ser um local seguro para ela enfrentar a gravidez sozinha, ter seu filho e, depois do nascimento, mudar-se de cidade e recomeçar sua vida. Eliana sempre fora mocinha determinada e independente. Forçada a ter relações com um primo casado, engravidou. E, mesmo ficando grávida a contragosto, sem amor, ela nunca pensou em aborto. Teria seu filho e o criaria com amor e carinho.

As freiras tentaram convencer Eliana, mas em vão. Ela não abria mão de ter o filho e viver ao lado dele. Leila foi tão arrogante e infernizou tanto a vida das freiras que seu desejo foi realizado. Tão logo nascera, a criança fora levada para os braços de Leila. Eliana nunca chegou a ver o filho. Protestou, xingou, quase enlouqueceu. Nada a fez rever seu bebezinho. Ela sofreu muito e depois de muitos anos casou-se com excelente rapaz. Ela e Nicolas tiveram dois filhos e com os anos Eliana foi-se esquecendo do primeiro filho.

Leila ficou radiante. A criança era linda. Ela lhe deu o nome de Robert. Voltou da casa da prima com a criança no colo e Eliezer não cabia em si de tanta felicidade. Agora ele tinha um filho de boa saúde que cresceria sadio e no futuro multiplicaria sua fortuna.

Com a chegada de Robert na casa, Victor caiu no esquecimento. Leila mal visitava o filho no quarto e sua vida se resumia em Robert. Ela amou aquela criança como se tivesse dado à luz seu próprio filho.

Alguns anos depois, Victor faleceu em decorrência da saúde debilitada. Na vida anterior a esta, Victor havia desencarnado em virtude dos excessos a que submetera seu corpo físico, fosse por bebidas, fosse por uso imoderado do sexo.

Leila intimamente agradeceu a Deus. Tirara um grande peso das costas. E dali em diante passou a dedicar-se a Robert. Somente a ele.

Robert cresceu um menino lindo. Tornou-se homem de rara beleza, mas com um pequeno detalhe: ele era homossexual.

Descobriu isso de maneira nada inusitada. Robert passou a sentir-se atraído pelo filho da governanta. Dênis era um menino muito atraente, porém gostava de mulheres.

Robert infernizava o menino e, sempre que podia, abusava sexualmente de Dênis. Com medo de ser constantemente molestado, Dênis decidiu mudar-se de cidade. Sentiu vontade de matar Robert, mas no fundo sabia que Robert tinha seu jeito de ser. Mais tarde, Dênis conheceu uma moça, casaram-se e tiveram muitos filhos.

Robert tornou-se homem-feito e, de certa forma, lidava bem com sua sexualidade e apaixonara-se por Gérard, primo de sua mãe. Embora tivesse problemas de aceitação com sua sexualidade, Gérard apaixonou-se perdidamente por Robert.

Eles decidiram viver juntos, causando um rebuliço na cidade, pois, em fins do século dezoito, a homossexualidade — ou pederastia, ou sodomia, como se dizia à época — era algo inaceitável em qualquer parte do mundo.

Robert tinha uma fraqueza por dinheiro. Eliezer obrigou o filho a acabar com aquele relacionamento acintoso e casar-se com uma mulher, pois a fortuna da família corria sério risco de esvair-se.

Robert relutou. Amava Gérard, mas amava ainda mais o dinheiro, o luxo e condoeu-se com a tristeza estampada nos olhos dos pais. Principalmente da mãe. Robert era alucinado por Leila e jamais faria algo que a magoasse, mesmo que tivesse de renunciar a seu amor.

Numa conversa tensa, Robert rompeu com Gérard. Casou-se com uma moça de família tradicional, Hélène. Ele a maltratava e descontava sobre ela a ira de ter se separado de Gérard. Tiveram um filho, Octavio. O garoto era alucinado por Robert, porém não recebia carinho do pai. Levava constantes surras em decorrência do desequilíbrio emocional do pai, desde que tivera de deixar seu grande amor e viver uma vida de aparências.

Robert nunca mais foi o mesmo. Só conversava com os empregados da casa, Gilbert e Régine, que lhe eram fiéis e o entendiam. Robert não deixou nada para a esposa ou o filho. Em seu testamento deixou tudo para o casal de empregados. Morreu rico, mas com o coração em frangalhos, vazio de sentimentos. Arrependera-se amargamente de ter rompido com Gérard e não ter vivido ao lado de seu grande amor. Após o desencarne, Robert arrependeu-se do que fizera e prometeu que numa próxima chance de reencarnação iria lutar contra o preconceito e reconquistar o amor de Gérard.

Gérard não teve estrutura emocional para superar a separação. Era um homem bonito, cuja atração por rapazes ninguém desconfiava. Era homem viril, bem masculino, mas não sentia atração por mulheres. Quando se apaixonou perdidamente por Robert, Gérard rompeu seu silêncio e enfrentou o preconceito e o escárnio da sociedade. Ao lado de Robert, sentia-se forte para enfrentar as convenções sociais. Depois do rompimento, passou a ser motivo de chacota. As pessoas apontavam para ele e riam, debochavam, faziam piadinhas e, sem o amante ao seu lado, fechou-se numa concha.

Seu irmão Claude e sua cunhada Gina tentaram de tudo para que ele se animasse, saísse da depressão e retomasse sua vida. Claude e Gina tinham carinho enorme por Gérard. Decidiram levá-lo para uma viagem. Ele precisava sair um pouco de cena, esperar a poeira baixar e em pouco tempo outro escândalo surgiria e as pessoas iriam esquecê-lo. Foram para a casa de campo nos Alpes. Gina tentava consolar o cunhado e Claude fazia de tudo para que ele voltasse a ser o homem alegre de outrora. Desprovidos de preconceito, aceitavam Gérard do jeito que era e chegaram a apresentar-lhe alguns rapazes que pudessem lhe despertar o interesse. Mas tudo em vão. Gérard não conseguia esquecer seu grande amor. Pensava em Robert o tempo todo. Chorava dia após dia.

Doente e abatido, Gérard começou a alucinar e às vezes tinha flashes de uma vida anterior. Nela, via-se ao lado de Victor e, embora vivessem juntos como um casal, tinham uma forte queda pelos prazeres sexuais. Colocaram o sentimento de lado e deixaram seus corpos serem consumidos pelo excesso de álcool e de sexo, com inúmeros parceiros. Haviam desencarnado num péssimo estado e passaram muitos anos no umbral, viciados no sexo desordenado.

Gérard, acreditando que nesta existência poderia mudar seus conceitos e começar a dar vazão ao amor puro e verdadeiro, escreveu cartas de amor para Robert. As cartas retornavam e, inconformado em ser passado para trás por descobrir que Robert se casara, resolveu acabar de uma vez por todas com aquela tristeza que consumia seu espírito.

Numa noite muito fria de inverno rigoroso, Gérard fingiu estar melhor e esperou que o irmão e a cunhada o deixassem só e fossem para a cama. No meio da madrugada, ele se despiu e atirou o corpo nu sobre um tapete de neve que se formara em frente ao jardim da casa. Na manhã seguinte, Claude e Gina encontraram-no congelado e morto.

Leila abriu os olhos e piscou várias vezes.

— Gina! — exclamou. — Isso não foi sonho.

— Não foi.

— Aconteceu de fato!

— Sim.

Leila encostou a cabeça no ombro de Gina e chorou copiosamente. As lágrimas corriam insopitáveis.

— Como pude ser tão má?

— Você não foi má.

— Arrancar um filho dos braços de uma mãe?

— Você fez o melhor que pôde.

— Isso não é consolo — disse entre soluços. — Fui um monstro.

— Estamos sempre caminhando rumo à evolução. Você e Victor tinham sérios problemas de relacionamento. A saúde debilitada dele serviria para uni-los e jamais afastá-los naquela vida.

— Perdemos uma encarnação à toa.

— Pelo contrário. Na vida nada se perde.

— Foi um desperdício.

— Tudo é aproveitado, toda experiência é válida.

— Eu tirei o filho de Eliana. É justo que tenham agora tirado meu filho.

— Você acreditou assim. Sua alma quis passar pelo mesmo que ela. Embora Eliana a tenha perdoado quando desencarnadas, você nunca se perdoou. A culpa a consumia pelo fato de ter separado uma mãe do próprio filho. Embora você amasse Robert como se o tivesse parido, jamais se perdoou pelo sofrimento que causou a Eliana.

— Ela é uma boa amiga.

— Vocês duas se conhecem de muito tempo. Foi-lhe permitido ter acesso à última existência, porque ela tem a ver com o que está vivenciando no momento.

— Ela nunca demonstrou por mim nenhum rancor. Muito pelo contrário.

— Eliana é espírito bom, de muita lucidez. Robert retornou ao mundo como seu irmão querido e seus filhos estão de novo ao seu lado. Ela tem a consciência tranquila e nutre verdadeiro sentimento de amizade por você.

— Eu desprezei Victor por toda uma existência. É justo que Deus o tenha tirado de mim.

— Deus não fez isso — salientou Gina. — Você quis assim. Foi escolha sua, para que por meio da experiência dolorosa você perdoasse a si mesma.

— Quero muito encontrar meu filho e recuperar o tempo perdido.

— Vocês terão a oportunidade de se reencontrarem.

— Quando?

— Tudo acontece na hora certa. Aguarde e confie.

Leila acordou naquela manhã com o coração menos apertado. Sua intuição dizia que ela iria em breve encontrar o filho. Assim que despertou, disse para si mesma:

— Vou aguardar e confiar — em seguida, pegou a correntinha que Roberto havia lhe dado e repetiu em alto tom: — Eu sou amada e protegida por Deus.

Ela se levantou, espreguiçou-se e escutou o latido de Rex. Ele estava na beira da cama, saltitante.

A ÚLTIMA CHANCE

— Olá, meu querido — ela fez sinal com as mãos. — Bom dia. Nelson apareceu na soleira da porta.

— Bom dia, preguiçosa.

— Dormi tão bem. Estou com uma sensação tão gostosa.

— Sonhou comigo?

— Por que sonhar com você se o tenho vinte e quatro horas por dia?

Nelson aproximou-se e a beijou nos lábios.

— Estou muito feliz de poder passar alguns dias na sua casa. Nunca me senti tão à vontade ao lado de mulher alguma.

Leila esboçou um lindo sorriso mostrando aqueles dentes brancos e perfeitos.

— Gostaria de passar mais dias?

— Como assim?

— Ah, de ficar aqui comigo não só alguns dias, mas todos os dias...

— O que quer dizer?

— Bobinho, eu gostaria que você se mudasse para cá em definitivo. Rex também adoraria, não é Rex? — indagou ela encarando o cachorrinho ao lado da cama.

Nelson sentiu enorme sensação de bem-estar. Era como se seu coração se distendesse num largo sorriso. Ele amava Leila, amara-a desde o primeiro dia em que a vira. Depois veio a amizade, o namoro, mas a situação estava muito solta para o gosto dele. Como ela era uma mulher independente e decidida, Nelson tinha medo de que uma proposta mais séria pudesse afastá-la de seu convívio.

— Você está falando sério?

— Estou. Eu o amo. Quero viver ao seu lado.

— Eu também a amo. Muito.

Nelson aproximou-se e beijou-a demoradamente nos lábios. Deitou seu corpo sobre o dela, porém Rex os impediu de continuarem as carícias. Leila riu:

— Nosso filhinho quer fazer seu passeio matinal.

— Creio que depois do passeio continuaremos de onde paramos.

— Combinado.

Nelson beijou-a nos lábios, pegou a coleirinha sobre a cômoda. Instantes depois ele caminhava feliz com o cachorrinho pela redondeza. Leila levantou-se e tomou uma ducha reconfortante. Sentia-se mais forte e mais confiante. Se fosse para encontrar seu filho, ótimo. Contudo, se a vida não permitisse tal encontro, ela entenderia. Quer dizer, sua alma sabia da verdade. Sentia-se forte porque tinha Nelson ao seu lado. Ou Eliezer, em outra vida. Leila estava em paz.

CAPÍTULO 23

Fazia algum tempo que Vicente tinha sido afastado do trabalho. Estava de licença médica. Uma noite, durante escala em Nova York, teve febre e dores pelo corpo. Era algo parecido a forte gripe. Durante alguns dias, sentiu calafrios pelo corpo todo, febres altíssimas. Engoliu comprimidos para a gripe e continuou levando sua vida de sempre.

Mesmo debilitado, ele saiu e foi a um bar. Vicente vira a transformação pela qual a comunidade gay havia passado nos últimos anos. A noite não tinha mais seu brilho. Muitas saunas haviam sido fechadas, inclusive a St. Mark's Baths. Até mesmo a música dançante e as discotecas tinham ficado para trás. As divas da discoteca davam lugar para novos movimentos musicais e bandas como Devo, The Smiths, The B 52's ou U2.

No pouco tempo em que a doença se espalhou, o sexo desenfreado deu lugar ao pânico, ao medo, ao terror, à afluência de doentes aos hospitais e às mortes, que deixaram desamparados amigos e amantes das vítimas da praga gay. Fazer sexo com vários parceiros numa mesma noite tinha se tornado algo completamente fora de moda, inadequado. E mortal.

Vicente entrou num bar e pediu uma cerveja. Naquele tempo os bares de Nova York tinham balcão e banquetas logo na entrada e, mais ao fundo, geralmente uma porta de ferro preta ou uma cortina que levava o frequentador a uma sala escura, parcamente iluminada, onde ele podia trocar carícias ou fazer sexo com um desconhecido. Durante os anos em que a única doença que os gays temiam era a gonorreia, esse tipo de sala — conhecida como *dark room* — estava sempre cheia, e cada pedacinho de espaço era disputado a tapa.

O rapaz olhou ao redor do balcão e os rostos não eram confiáveis. As pessoas tinham receio de se relacionar, de trocar um beijo, de avançar o sinal. O medo era expressão presente no rosto de todos os homossexuais.

Vicente resolveu ir ao *dark room*. Talvez lá pudesse encontrar alguém menos encanado com a tal doença. Tudo bem, a aids existia, estava matando um monte de gente. Mas ele estava vivo e acreditava que a doença até poderia ter sido um vírus de laboratório criado durante o governo do presidente Ronald Reagan para acabar com a raça gay.

A bem da verdade, Vicente não estava nem aí para a aids ou para quem estivesse doente. Afastara-se dos amigos contaminados. Ele tinha horror a qualquer doença e ver alguém ser destruído pelo vírus maldito lhe causava profunda repugnância.

— Eles não tomaram os devidos cuidados. De que adianta eu estar ao lado deles? Vão morrer de qualquer jeito...

Se o mundo heterossexual sentia-se combalido a acreditar que os gays eram os propagadores da doença maldita, estigmatizando e fuzilando cada homossexual com olhos reprovadores, dentro da própria comunidade gay também havia muito preconceito.

Embora associações fossem criadas para defender os direitos dos homossexuais doentes, grupos de pessoas dedicadas e empenhadas na busca de melhores condições de tratamento aos pacientes pipocassem em várias partes do globo, muitos homossexuais agiam tal como determinada parcela de heterossexuais intolerantes. Vicente era um deles. Certa vez, um rapaz aidético — termo usado em larga escala para designar quem estivesse contaminado, naqueles tempos difíceis — entrou no avião. Vicente e mais outros colegas fizeram o maior alarde, e o pobre rapaz não pôde embarcar. Foi rejeitado no avião, assim como as agências funerárias se recusavam a preparar os corpos dos mortos pela aids.

Vicente dirigiu-se ao *dark room* e a porta estava trancada. Um rapaz lhe disse em inglês:

— Pode esquecer. Está fechado por tempo indeterminado. Estão acabando com nossa fonte de prazer.

— Aonde posso ir? Eu preciso transar. Não quero ir para casa sem nada.

O rapaz sorriu e aproximou-se. Até que ele era bonitinho. Troncudo, fortinho, barbinha ruiva. Estava usando uma camisa xadrez e parecia um lenhador americano. Vicente devolveu o sorriso e eles se abraçaram ali mesmo. Durante as trocas de carícias, Vicente foi mordiscar o pescoço do rapaz e notou os gânglios inchados. Ele teve um nojo sem igual e empurrou o rapaz com violência.

— Sua bicha doente!

— Um beijo não mata — revidou o rapaz.

— Espero que morra!

Vicente falou, cuspiu no chão e estugou o passo. Ganhou a rua e aspirou e soltou o ar várias vezes.

— Está todo mundo morrendo. Eu só volto ao Brasil daqui a quatro dias. Não vou poder esperar tanto tempo para me deitar com Sérgio. Preciso transar.

Ele rodou nos calcanhares e caminhou em direção ao Central Park. Havia uma área do parque escolhida pelos homens para fazer sexo durante a madrugada. Vicente não pensou duas vezes.

— É para lá que eu vou.

Na volta ao Brasil, além das febres, Vicente começou a transpirar noite após noite. Não era um suor qualquer. Era um suor de molhar o pijama, o travesseiro e os lençóis da cama, a ponto de terem de ser trocados no dia seguinte.

— Isso não pode ficar assim, Vicente. Por que não consulta um médico?

— É só uma gripe.

— Uma gripe que não passa. Há quanto tempo está assim? Um mês?

— Mais ou menos. É a mudança brusca de temperatura. Acontece sempre nesta época do ano. Lá está muito frio e aqui no Brasil muito calor. Choque térmico.

Sérgio havia se separado de Vicente. Por um bom tempo ficou sem vê-lo e não quis saber de relacionamento sério. Recentemente, ambos se encontraram numa boate e ficaram juntos. Voltaram a namorar. Cláudio já não ligava mais para esse namoro. Sérgio era dono do próprio nariz e das próprias emoções. Ele jogava a toalha. Rezava para que seu amigo não sofresse no futuro.

Numa noite, Sérgio acendeu o abajur da mesinha de cabeceira, ajeitou seu travesseiro e virou-se de frente para Vicente. O rapaz suava às bicas. Sérgio ajudou-o a tirar o pijama todo empapado de suor.

— Melhor ficar sem roupa.

— Tem razão.

Vicente fez força e sentou-se na cama. Sérgio puxou a parte de cima do pijama e ficou aterrado. Fechou a boca para não soltar um grito. As costas de Vicente estavam tomadas por feridas vermelhas. Tratava-se de lesões de cor arroxeada, elevadas e com uma forma irregular. Sérgio imediatamente lembrou-se do dia em que visitara dois amigos no hospital, cujos corpos estavam tomados por lesões bem parecidas. Era o temível sarcoma de Kaposi, um tipo de câncer que se desenvolve em muitos dos doentes de aids.

Sérgio abriu e fechou os olhos. Seu parceiro estava contaminado. E agora, o que fazer? Mostrar as lesões a Vicente? Levá-lo ao médico na marra? Não havia dúvida alguma. Vicente estava com aids.

— Está mudo, Sérgio. O que foi?

— Nada.

— Faz uma eternidade que está tentando tirar a camisa do pijama e não fala. O que foi? Viu assombração?

— Não foi nada. Escute, você não tem dores nas costas? Não está sentindo nada?

— Uma coceira de vez em quando. Mas não tenho olho para ver as costas. E não fico olhando meu corpo no espelho. Agora virou moda, quer dizer, virou uma obsessão. Todo mundo fica horas na frente do espelho procurando por um pontinho vermelho, por um gânglio inchado. Isso é neurose em altíssimo grau.

— Amanhã vamos ao médico.

— Eu não vou ao médico. Estou muito bem. Cansado tão somente por causa desta gripe intermitente.

— Everaldo está internado no hospital. Orlando, Fábio e Maurício morreram.

— E o que eu tenho a ver com isso?

— Você namorou Everaldo e fez sexo com Maurício.

— E daí?

— Como e daí? Não tem medo de estar infectado?

Vicente deu uma gargalhada.

— Eu?! Infectado? Está louco?

— Não, mas...

— Nada de mas. Para que vou procurar pelo em ovo? Os médicos têm necessidade de dizer que temos algo. Precisam justificar o valor da consulta.

— Eu posso acompanhá-lo.

— Não. Se ao menos tivéssemos um teste para detectar essa praga nojenta, tudo bem. Mas ninguém sabe se está ou não infectado. Esse é o terror.

— Mas essa tosse, esse cansaço, as febres noturnas...

Vicente mordiscou os lábios. Não queria pensar em nada. Ele podia ou não estar com o vírus. Ainda não existia teste anti-HIV, ou seja, o teste imunoenzimático que permite a detecção de anticorpos específicos no soro. O teste só seria disponibilizado algum tempo depois. Nessa parte da nossa narrativa, a pessoa descobria ser portadora do vírus quando o sistema imunológico dava sinais claros de baixíssima defesa do organismo, por meio de doenças oportunistas.

Sérgio pensou e pensou. Levar o companheiro até o banheiro e mostrar-lhe as costas cheias de erupções não seria de bom-tom. Ele ajudou Vicente a se cobrir e ficou pensando numa maneira de arrastá-lo até um médico.

Não precisou de muito tempo porque tudo aconteceu de maneira muito desagradável, muito triste. Vicente continuava debilitado, saúde fraca, tosse constante e febre intermitente. Devido ao estado "gripal", que se estendia ao longo de semanas, a companhia aérea o afastou do serviço. Vicente acreditou que alguns dias de descanso ajudariam no seu pronto restabelecimento.

Ele insistiu com Sérgio para irem à inauguração de uma nova casa noturna na cidade. Os convites eram disputadíssimos e mesmo assim conseguiram dois ingressos. Vicente vestiu-se com dificuldade. Ao terminar de se arrumar, as grossas gotas de suor escorriam-lhe pela fronte. Ele estava arfante, mas não queria perder aquela inauguração. De maneira alguma.

— Comprei esse terno Armani para a ocasião.

— Você está fraco.

— Mas estou vivo. Não perco essa inauguração por nada deste mundo.

Uma brisa leve soprava na noite. Sérgio estacionou e foi com dificuldade que Vicente saiu do carro. Já dentro da casa noturna, ele pediu para que Sérgio arrumasse um lugar para se sentar. Mal conseguia se manter em pé.

Vicente estava doente, as erupções cobriam boa parte de seu corpo, mas seu rosto mantinha bom aspecto e as roupas cobriam perfeitamente as feridas. Ele cumprimentou e foi cumprimentado. Sérgio foi ao balcão e pegou uma bebida e um refrigerante. Ao trazê-las, Vicente exasperou-se:

— Não quero refrigerante. Quero uísque.

— Não creio que você esteja em condições de tomar bebida alcoólica.

— Quem é você para decidir o que devo ou não beber?

— Não é isso...

— Virou minha babá? Eu mesmo pego minha bebida.

Em seguida, Vicente levantou-se e foi caminhando lentamente até o bar. Sorriu para alguns conhecidos. Passou por um rapaz, outrora muito bonito, que claramente estava sendo consumido pela aids. Vicente fez um esgar de incredulidade. Disse algo como "argh!" e foi com tristeza que o rapaz afundou-se na banqueta do bar.

— Como vai, Vicente?

— Bem, Lucas. O contrário de você.

— Estou doente.

— Dá para perceber.

Vicente foi se afastando. Olhar para Lucas o deixava transtornado. De repente, veio o inesperado. Vicente sentiu uma tremenda dor de barriga, uma cólica terrível. Fechou os olhos, respirou fundo e deixou o bar. Tentou caminhar até o banheiro. Não conseguiu. Tão logo ele começou a andar a cólica intestinal intensificou-se e ele não teve como segurar. A disenteria veio forte e Vicente borrou-se todo, na frente de todo mundo. O mau cheiro imediatamente inundou o ambiente, e as pessoas, aterradas e com cara de nojo, afastaram-se, fazendo um círculo ao redor do rapaz. Lucas começou a passar mal e saiu em disparada. Ao passar por Vicente, soltou:

— Você também tem aids.

O olhar de súplica que Vicente dirigiu a Sérgio foi de cortar o coração. Sérgio imediatamente correu até seu encontro, passou o braço pela cintura do companheiro. As lágrimas escorriam abundantes. Vicente disse em voz melíflua:

— Leve-me embora daqui, pelo amor de Deus.

Sérgio o conduziu até a saída, a passos lentos. As pessoas faziam comentários maledicentes e apontavam para o casal. Alguns riam daquela situação, outros demonstravam verdadeiro asco. Logo eles saíram, o cheiro dissipou-se no ar e a festa de inauguração continuou, sem maiores problemas.

Ao chegar próximo do carro, Vicente tirou a calça e a cueca. Limpou-se. Sérgio tirou o paletó e jogou sobre o banco do passageiro.

— Vamos para um hospital.

— Não, por favor — suplicou Vicente. — Não posso chegar ao hospital todo sujo e malcheiroso. Leve-me para casa, ajude-me a tomar um banho. Depois vamos para o hospital.

— Promete?

— Sim.

Sérgio o acomodou no banco, deu a volta e entrou no carro. Deu partida e em pouco mais de vinte minutos estavam em frente ao Copan. Sérgio estacionou o automóvel, olhou ao redor, não havia ninguém. Delicadamente, pegou no braço de Vicente e o conduziu até o elevador. Chegaram ao andar e Vicente lhe entregou a chave. Sérgio abriu a porta e foram direto para o banheiro.

Foi um banho demorado. Sem um pio. Um silêncio absoluto. Sérgio banhou demoradamente o companheiro. Depois, pegou roupas limpas e Vicente se vestiu.

— Foi humilhante. Eu me borrei na frente de todo mundo.

— Não pense assim. Aconteceu.

— Viu a expressão no rosto das pessoas? Viu o Lucas?

— O que tem ele?

— Ele saía comigo, era meu companheiro de boate. A expressão de horror na cara dele foi como uma punhalada nas costas.

— Eu notei que ele tentou conversar com você, mas...

— Tenho medo, Sérgio. Eu vou morrer.

— Que morrer, que nada!

— Leve-me ao hospital. Estou me sentindo muito fraco.

A ÚLTIMA CHANCE

Meia hora depois, Vicente deu entrada no hospital. Precisou levar ainda a madrugada inteira para que fosse atendido. Havia muitos outros doentes na frente, em situação semelhante à sua. Parecia que o mundo estava padecendo do mesmo mal, tamanha a quantidade de pacientes que não paravam de chegar.

O dia estava clareando quando Vicente foi atendido. Imediatamente, levaram-no para a enfermaria.

— Quero ir junto — solicitou Sérgio.

A enfermeira, muito simpática, rebateu, de maneira amável:

— Sinto muito, mas o hospital está em sua capacidade máxima. Temos até pacientes espalhados pelos corredores. Quase não estamos dando conta.

— Sérgio, não me deixe sozinho.

— Eu não posso ficar. São ordens do hospital.

— Não quero morrer só.

— Você não vai morrer.

A enfermeira interveio:

— Não podemos permitir acompanhantes nesta ala. Seu amigo precisa ir.

Mesmo sob os protestos de Vicente, Sérgio teve de ir. Sentiu uma dor no coração sem igual. Despediu-se do companheiro e saiu. Ao passar pelos corredores, viu o terror estampado no rosto dos pacientes. Sérgio tinha certeza de que todos estavam com aids. E a maioria ali iria morrer.

CAPÍTULO 24

A viagem transcorreu agradável e Roberto chegou à França em puro estado de êxtase. Nunca havia viajado para fora do Estado, jamais havia saído do país. O voo correu tranquilo e, quando a aeronave aterrissou no aeroporto Charles de Gaulle, ele foi recebido por um professor da universidade. Gilbert carregava uma cartolina branca com o nome de Roberto escrito. Cumprimentaram-se em francês.

— Como foi de viagem?

— Nunca viajei antes de avião. Não tenho referências. Para mim foi um voo tranquilo.

Roberto demonstrou plena capacidade de comunicar-se em outro idioma.

— Você vai adorar a cidade.

— Não tenho dúvida.

— Seja bem-vindo.

— Obrigado.

Os dois caminharam até o carro. Roberto colocou a bagagem no porta-malas e a conversa fluiu agradável. Quando o veículo aproximou-se do centro velho de Paris e seus olhos depararam-se com a torre Eiffel, reconhecida em todo o mundo como um símbolo da França, Roberto não conseguiu evitar que algumas lágrimas escorressem pelo canto de seus olhos. Emocionou-se. Gilbert o viu de esguelha. Comentou:

— Não conheço quem não se sinta emocionado com esse monumento.

— É muito lindo. Eu cresci vendo essa imagem pela televisão, ou mesmo em livros e revistas. É bem diferente quando se vê ao vivo e em cores.

— Sabia que nós, franceses, apelidamos a torre de Dama de Ferro?

— Pensei que esse fosse o apelido da primeira-ministra britânica Margaret Thatcher.

Gilbert sorriu.

— Você é um rapaz culto e sensível. Minha esposa vai adorar conhecê-lo.

— Eu gostaria de ir para o hotel e tomar um banho. Estou há mais de um dia com esta roupa.

— Eu o deixaria no hotel, mas vamos para casa. Régine preparou um almoço de boas-vindas.

— Estou suado e com cheiro de ontem — riu.

— Régine está nos esperando. Está ansiosa em conhecê-lo. Após o almoço, você vai para o hotel e descansa. Eu lhe prometo.

Roberto estava contente. Conseguira a vaga para estudar e concluir seus estudos. Estava a um passo de tornar-se médico. O sonho de uma vida profissional promissora estava se concretizando. Ele era bem-resolvido, tinha uma família que o amava e o apoiava. O professor Vidigal tecia-lhe sempre elogios. E iria estagiar num renomado instituto.

O que mais queria da vida? Roberto olhava os monumentos ao redor, o vaivém das pessoas. Ficou deveras encantado. De repente, sentiu uma vontade grande de compartilhar esse museu de grandes novidades com alguém. Seria tão bom ter um namorado, um companheiro, um amigo especial que pudesse estar ao seu lado naquele momento.

Foi então que Roberto se deu conta de que sua vida afetiva estava colocada bem de lado, ou bem abaixo, na lista de prioridades. De um certo modo ele sacrificara as horas de lazer e as possibilidades de relacionamento em prol dos estudos. Conseguira realizar o grande sonho de chegar a Paris e estudar com uma das melhores equipes médicas do mundo, porém o vazio no peito era sinal de que estava na hora de conhecer alguém ou ao menos se deixar envolver por uma pessoa que valesse a pena.

Roberto lembrou-se da rápida experiência ao lado de Davi. Para ele a experiência tinha sido muito boa, embora não tivesse referências, nem anteriores, tampouco posteriores. Davi mostrara-se um amante perfeito. Fora cavalheiro, carinhoso, mas, além do fato de Roberto priorizar os estudos, Davi sonhava com a possibilidade de ser pai. Os dois podiam funcionar muito bem na cama, porém os objetivos de vida de cada um eram bem diferentes.

Os encontros com Davi foram se espaçando e havia alguns anos Roberto via-se sem um flerte, um namoro, ou mesmo uma transa. Não diria que ele estivesse subindo pelas paredes, visto que sua energia vital era canalizada sobretudo para estudos e pesquisas.

O rapaz estava em equilíbrio, mas, ao notar os lugares famosos que Gilbert lhe apontava, sentiu que poderia compartilhar essa surpresa com alguém, digamos, especial.

— Está muito distante.

— Estou impressionado com tanta beleza, com tanta coisa bonita.

— E por que então esse ar melancólico?

— Sinto que esta cidade foi feita para os enamorados. Bateu aqui no peito uma vontade de ter alguém...

— Um rapaz bonito como você não deixou namorada no Brasil?

— Eu não tenho namorada. Sempre coloquei os estudos em primeiro lugar.

— Eu conheço alguns lugares aqui e creio que não vai ser difícil encontrar uma namorada.

Roberto sorriu.

— Muito obrigado, senhor Gilbert, mas vai perder seu tempo me levando a bares cheios de garotas. Eu sou gay.

— *Bien sûr!* Iremos para bares onde você possa encontrar rapazes — rebateu num tom natural.

— Mal cheguei a Paris e o senhor quer que eu arrume alguém?

Gilbert deu uma risada bem alta.

— Gostei de você, garoto. É autêntico, seguro de si. Em vez de esconder sua orientação sexual, você foi bem claro, mais direto, impossível. Eu tenho alguns amigos gays, posso apresentá-los.

— Depois que eu retomar os estudos e iniciar meu estágio no instituto, pensarei nisso.

Gilbert dobrou algumas quadras e pararam defronte de um elegante edifício de quatro andares, cercado por um jardim muito florido e bem-cuidado, próximo ao boulevard Saint-Michel.

— Chegamos.

— O senhor mora aqui?

— Moro.

— É muito bonito.

— Obrigado. Os pais de Régine lhe deixaram de herança. Não poderíamos morar num endereço melhor. Pode-se ir a pé daqui até a universidade.

Roberto saltou do carro e olhou ao redor. A rua era bem arborizada, tranquila. Alguns passarinhos brincavam saltitantes nas árvores. Ele deu a volta e pegou a bagagem no porta-malas. Atravessaram o portão de ferro, contornaram o jardim e pararam diante do hall de entrada. Gilbert cumprimentou o porteiro e virou-se para Roberto:

— Não temos elevador aqui. Importa-se de subir dois lances de escada?

— De maneira alguma.

O porteiro pegou a mala de Roberto.

— Eu carrego para o senhor.

— Não tem necessidade.

— Ele vai almoçar e depois vai para o hotel. Podemos deixar a mala aqui embaixo, Jean?

— Sem problemas, senhor Gilbert. Eu tomarei conta.

Roberto agradeceu com um sorriso e recebeu outro de volta. Jean era um homem muito bonito. Pele bem clara, alto, forte, cabelos castanhos penteados para trás, olhos verdes e um cavanhaque, cuja coloração ia do castanho ao ruivo, além de uma boca bonita e sorridente.

Enquanto subiam as escadas, Gilbert deu uma piscadela de olho.

— Jean gostou de você.

— Como assim?

— Eu o conheço há anos e ele sempre foi muito discreto.

— Jean é muito bonito.

— Vocês formariam um belo casal.

— Mal cheguei a Paris e quer me jogar nos braços do primeiro homem que simpatiza comigo?

Os dois riram.

— Tem razão, garoto, você mal chegou de viagem. Pensaremos nessa questão depois.

Em instantes, estavam dentro do apartamento. Espaçoso, decorado com muito bom gosto. Roberto sentiu-se muito bem. Régine apareceu da cozinha. Era uma mulher de meia-idade, loira, olhos azuis e algumas sardas no rosto que lhe conferiam um ar juvenil. Ela cumprimentou Roberto e, ao saber que ele se virava muito bem na língua francesa, surpreendeu-se.

— Você fala muito bem nosso idioma.

— Obrigado, senhora.

— Senhora? Eu tenho cara de senhora? Por favor, chame-me pelo nome.

— Está certo, Régine.

— Você é muito bonito, bastante simpático.

Antes que ela dissesse algo sobre garotas ou namoradas, Gilbert interveio:

— Jean simpatizou com ele.

— Sério?! Eu jamais imaginaria que você fosse gay. É tão masculino.

— Eu já fui mais afetado, principalmente na adolescência, quando era inseguro no tocante à minha preferência sexual. Agora adulto, seguro e bem-resolvido, sinto-me até mais viril.

— Isso acontece. Quanto mais você se aceita como é, mais natural fica.

Conversaram bastante e Régine os convidou para almoçar. O resto da tarde foi bem agradável. Falaram de música, de filmes, sobre os hábitos de vida dos franceses e dos brasileiros. Régine ficou encantada com a sensibilidade e o jeito meigo de Roberto.

— Não tivemos filhos por opção, mas, se tivéssemos, eu gostaria de ter um filho como você.

Roberto emocionou-se.

— Vocês são adoráveis. Sinto que minha estada em Paris vai ser ótima.

Ele se despediu de Régine e desceu com Gilbert. Jean estava separando algumas correspondências. Ao ver Roberto, deixou-as sobre a mesinha e pegou a mala.

— Onde eu a levo?

— Pode deixar que eu mesmo a levo. Continue fazendo seu trabalho.

— Será um prazer carregar a sua bagagem até o carro.

Roberto sorriu e Jean colocou a mala no porta-malas. Apertaram as mãos e Jean devolveu um sorriso malicioso para Roberto.

— Se quiser sair à noite e conhecer alguns bares, eu poderei acompanhá-lo.

— Pensarei no assunto.

Antes de entrar no carro, Jean debruçou-se na porta do veículo.

— Sabe onde me encontrar.

Despediram-se e Gilbert soltou uma risadinha.

— Eu bem lhe disse que Jean estava interessado.

— Primeiro a faculdade e o instituto. Depois vou procurá-lo. Escute, Gilbert, ele é um bom rapaz?

— Excelente pessoa. Dedicado e esforçado. Estuda de manhã na Escola de Negócios e à tarde trabalha no prédio.
— Onde mora?
— Aqui no prédio. No subsolo há um porão. Transformamos em moradia. É um espaço pequeno, mas bem arejado e suficiente para Jean dormir e fazer pequenas refeições. Tem um banheiro só para ele. Em troca dos serviços no prédio, ele não paga aluguel, que aqui na redondeza custa uma fortuna.
— Achei-o simpático.
— É um bom e belo rapaz. E não namora.
— Ah...
Gilbert parou o carro no meio-fio. Estavam diante do hotel. Roberto saltou do carro, pegou sua mala e despediram-se. Como Gilbert seria um de seus professores, em breve iriam se ver, todos os dias.

Algumas semanas depois, Roberto estava totalmente à vontade nessa fase parisiense. Acordava cedo, ia para a universidade. À tarde, corria para o instituto e, à noite, debruçava-se nos livros. Precisou comprar muitos livros para estudo, e o dinheiro da bolsa não estava dando para cobrir as suas despesas. Ele até pensou numa outra atividade, a fim de ganhar uns trocados, mas o tempo era escasso, a não ser que ele deixasse de dormir.

O convívio com Gilbert e Régine foi se tornando cada vez mais intenso. Era obrigatório os três se reunirem todos os domingos. Tomavam um café da manhã bastante reforçado e passavam o dia entre conversas, leituras, músicas e filmes antigos.

Régine tinha uma bela voz e Roberto adorava quando ela cantava as músicas de Édith Piaf, uma das maiores cantoras de todos os tempos. Roberto se encantava com a docilidade de sua voz e sempre pedia para que ela cantasse a sua música preferida: *Non, je ne regrette rien* — Não, eu não lamento nada.

As tardes eram animadas, e depois de Roberto falar sobre as dificuldades, Gilbert perguntou:

— Você havia me dito dia desses que o irmão de sua cunhada mora aqui.

— Não. Ele mora aqui na França. Mas em Lyon.

— Vai gostar de Lyon — disse Régine. — Fica a algumas horas daqui, mais ao Sul.

— Foi lá que os irmãos Lumière inventaram o cinema, não foi? Régine abriu e fechou a boca.

— Esse menino sabe de tudo! É uma enciclopédia viva.

Os três riram.

— Eu gosto de ler. Sempre gostei muito de cinema. Não podia deixar de saber sobre esse detalhe.

— Muitos acham que o cinema nasceu em Hollywood.

— Eu bem que gostaria de conhecer Lyon.

— Podemos aproveitar algum feriado, o que acha? — sugeriu Gilbert.

— No momento não tenciono viajar. Não quero me desconcentrar. Primeiro os estudos e o trabalho. Se sobrar um tempinho, eu viajo. Já não chegam os passeios que fazemos aqui mesmo em Paris?

— Mas a França é mais que Paris.

— Por outro lado, Régine, por que eu iria atrapalhar a vida de Nicolas? Ele é homem ocupado, trabalha muito.

— Bom, você não conhece ninguém por aqui que pudesse ajudá-lo?

— Não. Só tinha a referência de Nicolas. Embora Anne fosse muito legal comigo, afirmando que eu poderia contar com seu irmão no que precisasse, eu não quero atrapalhar.

— Aceitaria ficar aqui conosco?

— Como assim?

— Nosso apartamento é grande, espaçoso. Temos um quarto onde guardamos tralhas. Estou cansada de tanta bagunça. Podemos ajeitá-lo e você viria morar conosco.

— Morar com vocês? Vou atrapalhar, vocês têm uma rotina e...

Gilbert interveio.

— Régine e eu gostamos muito de você, e gostaríamos de ajudá-lo de alguma forma. Ficando aqui em casa você vai poder usar o dinheiro do hotel com livros e sentir-se mais à vontade.

— Eu adoraria!

— Vamos até o hotel. Pegaremos seus pertences e você vem para casa hoje.

— Mas precisam arrumar o quarto e...

— Nem mais nem menos — salientou Régine. — Vai dormir aqui na sala por enquanto. Em três dias eu deixo o quarto pronto. Quanto menos você gastar no hotel, melhor.

Roberto os abraçou feliz e emocionado. Gilbert e Régine eram como pais para ele. Tratavam-no com carinho sincero e genuíno. Ele adorava estar na companhia dos dois. Havia feito algumas amizades na universidade e até no trabalho, tornando-se um dos assistentes preferidos da doutora Françoise, pois Roberto era muito simpático e atencioso com as pessoas. Contudo, preferia a companhia desse casal de meia-idade. Eles eram muito simpáticos e amáveis.

Acertada a conta no hotel e com a mala no banco de trás do veículo, mais uma caixa repleta de livros, Gilbert deu as chaves do carro para Roberto conduzir.

— Conhece a cidade melhor do que eu. Pode dirigir.

O rapaz sorriu, pegou o molho de chaves e deu partida. Antes de chegarem à residência de Gilbert, eles deram umas voltas pela cidade. Divertiram-se e riram bastante.

Passava das seis da tarde quando Roberto parou o carro no meio-fio. Gilbert pegou a caixa de livros. Roberto pegou a mala e encostou a porta do carro. Subiram e Régine o abraçou pousando carinhoso beijo em sua testa.

— Seja bem-vindo, meu filho.

— Muito obrigado — ele falou e pôs a mão à cabeça: — Ih, esqueci de trancar o carro. Volto num minuto.

Ele desceu rapidamente as escadas. Atravessou o hall, o jardim, passou pelo portão e trancou as portas do veículo. Ao virar-se para entrar no prédio, sentiu uma mão puxar-lhe delicadamente o braço.

— Como vai?

— Jean! — exclamou surpreso. — Eu não o vejo há tanto tempo. Bem, e você?

— Melhor agora.

Roberto enrubesceu. Jean deu mais uma tragada no cigarro e o atirou a distância.

— O que faz aqui? Não está na hora de ir para casa?

— Acabei de me mudar. Vou morar aqui — respondeu animado.

Os olhos de Jean brilharam de maneira diferente.

— Vai mesmo morar aqui?

— Vou. Preciso economizar, e Gilbert e Régine me ofereceram um quarto.

— Eles são boas pessoas. Ajudaram-me bastante.

— Sei disso. Gilbert preocupa-se como um pai, e Régine tem um coração de mãe.

— Está cansado?

— Ainda é cedo. Teria de ler um capítulo para a aula de amanhã, mas estou a par do assunto e sossegado.

— Quer conhecer minha humilde casa?

— Quero. Mas não está trabalhando?

— Domingo eu largo o serviço mais cedo. Venha comigo.

Roberto acompanhou o rapaz até seu pequeno aposento. Estava com o coração na boca. Fazia tanto tempo que ele não trocava carícias com outro rapaz que parecia ser sua primeira vez. Jean o levou até o porão e, depois que entraram, acendeu um abajur na cabeceira e apagou a luz.

— Agora estamos sós.

Jean o abraçou e foram para a cama. Minutos antes, Gilbert os vira pela janela da sala. Quando percebeu que os dois se dirigiam ao porão, esboçou um sorriso.

— Roberto está demorando.

— Vai demorar mais, Régine.

— Aconteceu alguma coisa?

— Espero que aconteça. E torço para que Roberto não durma em casa esta noite.

CAPÍTULO 25

Vicente recebeu outra alta do hospital. Era um entra e sai de enfermaria que ele nem mesmo sabia se estava em casa ou num leito de hospital. Nos últimos tempos sua vida era essa. Muitos morriam em pouco tempo, mas Vicente dava sinais de que o fim se aproximava e de repente melhorava e dava novos sinais de que duraria mais tempo.

O médico lhe receitou uma quantidade enorme de medicamentos. Embora naquela época não existisse remédio para combater o vírus da aids, havia alguma possibilidade de, com a associação de alguns remédios, tentar restabelecer o fortalecimento de seu sistema imunológico.

Sérgio pacientemente ouvia as explanações do médico.

— A síndrome da imunodeficiência adquirida ou aids é uma manifestação clínica avançada da infecção pelo vírus da imunodeficiência humana (HIV-1 e HIV-2). Geralmente, a infecção pelo HIV leva a uma desregulação imunitária.

— Daí surgiram as infecções oportunistas no corpo de Vicente?

— Isso mesmo. A aids, como doença totalmente manifesta, caracteriza-se por contagens muito baixas de linfócitos T-CD4.

— Esses linfócitos funcionam como o exército do nosso corpo, combatendo os vírus e bactérias?

— Exatamente. Uma infecção comum, que numa pessoa sem aids seria tratada e curada facilmente, pode se tornar fatal para uma pessoa contaminada com o HIV.

— O advento da terapia antirretroviral e das profilaxias pode mudar sobremaneira a história natural da aids, certo, doutor?

— Em termos. A terapia de medicamentos ainda é um sonho. No momento não temos nada a oferecer, somente apoio e cuidados para ajudar no aumento de sobrevida. É importante saber conviver com pacientes aidéticos e observar algumas regras simples, mas importantes.

Sérgio odiava a palavra "aidético". Preferia portador do vírus ou algo menos carregado de ranço e preconceito. O termo soropositivo era uma palavra que seria adotada anos depois para designar os pacientes infectados pelo vírus HIV. Ele percebeu o tom de repulsa na voz do médico, mas precisava saber como cuidar de seu companheiro.

— Por favor, doutor, quais são os cuidados?

— No caso dele, trabalhar e voltar à vida social será praticamente impossível. Vicente não pode doar sangue, tampouco manter relações sexuais sem camisinha.

Sérgio já sabia disso. E muito provavelmente Vicente não faria mais sexo. Sua saúde e seu corpo alquebrado e fraquinho não permitiriam o mínimo de esforço. A sua libido estava a zero.

— Em relação aos curativos, o que devo fazer?

— Os seus ferimentos devem ser mantidos cobertos com curativos impermeáveis. Para evitar a transmissão de muitas doenças, é importante que cada um dos dois tenha os seus objetos de uso pessoal: toalhas, alicates de unha, escovas de dente. Não há problemas no uso de aparelhos comuns, como telefone, ferramentas, equipamentos de trabalho, máquinas de escrever ou o recém-lançado computador.

— Mais alguma outra recomendação, doutor?

— Nenhuma.

— Se ele piorar, o que faço?

— Faça o mesmo que tem feito nos últimos tempos, ou seja, traga-o para cá. Iremos cuidar de outras possíveis doenças oportunistas.

— Sei que pode parecer absurdo, mas gostaria de lhe fazer uma última pergunta.

— Pode fazer.

— Vicente vai morrer, doutor?

O médico esboçou um sorriso amarelo.

— Todos nós vamos morrer um dia, meu filho. Agora vá, seu amigo precisa de você.

Sérgio despediu-se do médico e saiu do consultório. Meses depois, ele foi novamente obrigado a atravessar a ala de internados, e os rostos e gemidos eram de impressionar. Havia entrado tantas vezes naquele hospital, mas nunca se acostumaria com aqueles pacientes à beira da morte. Dessa vez ele procurou um banheiro e, ao entrar, trancou a porta, sentou-se sobre o vaso e pôs-se a chorar.

— Eu não sei lidar com doença. Eu não quero abandonar o Vicente. Vou cuidar dele como amigo, porque ele não tem ninguém no mundo. Mas eu sou fraco. Por favor, Deus, dê-me forças para aguentar essa tempestade que se abateu sobre nós.

O espírito de Gina aproximou-se e lhe deu um passe reconfortante.

— Meu querido, tenha calma. Mantenha-se sereno. Daqui a algum tempo iremos conversar sobre aids. Você ainda está muito nervoso e impressionado. O mundo tem uma forte crença de que um portador do vírus está condenado à morte. Mas, de certa maneira, não estamos todos condenados a morrer?

Um dia não teremos de deixar o mundo físico e partir para o nosso verdadeiro lar, que é a pátria espiritual?

Sérgio sentiu as vibrações amorosas de Gina. Parou de chorar, enxugou as lágrimas e lavou o rosto. Ela o beijou na testa.

— Agora vá e ajude Vicente. Ele não vai viver por muito tempo. Fique ao lado dele e o ajude a partir para o mundo espiritual.

Ele meio que registrou as palavras de Gina. Sentiu uma força tamanha, estugou o passo e foi até o leito de Vicente.

— Acima de tudo sou seu amigo. Vou ajudá-lo.

Sérgio pegou Vicente pelos braços e o apoiou sobre seu corpo. Ele estava bem magro, a pele sem viço. Sua aparência, no geral, não era das melhores. A diarreia havia parado, mas Vicente perdera o controle dos músculos que retêm a saída das fezes. Fazia bom tempo que usava fraldas. Era ultrajante. Ele estava possesso, sentindo-se o pior dos seres. Despediu-se dos enfermeiros pela enésima vez e com dificuldade atravessou o corredor, ganhou a rua e chegou até o carro. Sérgio o ajudou a se sentar. Deu a volta, sentou-se no banco do motorista e deu partida.

— Como se sente?

— Quero ir para casa.

— Depois desta oitava internação...

— Quero ir.

— Você não está bem. Faz tanto tempo que está doente...

Vicente o cortou com violência.

— Como faz tempo? Estou doente há um mês.

Sérgio pendeu a cabeça para cima e para baixo. Desde três internações atrás Vicente apresentava perda significativa de memória. Ele perdera a noção de tempo e espaço. Sérgio procurou manter um tom natural na voz.

— Talvez seja melhor passar uns dias comigo — propôs Sérgio. — A sua saúde ainda inspira cuidados e você não pode mais ficar sozinho.

— Sinto falta da minha casa, do meu quarto, da minha cama.

— Está bem. Iremos para sua casa. Só dessa vez. Vou ligar para o Carlos.

— Carlos?! O que ele quer comigo?

Carlos o visitava amiúde, porém Vicente estava com a mente confusa. Sérgio acostumara-se com as perdas de memória.

— Sei que vocês tiveram uma relação bastante tumultuada. Contudo, os anos passaram e Carlos está bem.

— Ele tem raiva de mim. Eu não fui um bom namorado.

— Ele teve raiva, muita raiva. Mas isso pertence ao passado. Carlos mudou e quer ajudá-lo.

— Vai ver quer tripudiar sobre mim. Olhe meu estado. Eu era tão bonito, tão desejado. Quem vai olhar para mim agora?

— Não diga isso, Vicente. Eu gosto de você.

— Como amigo. Porque quer me ajudar. Sabe que o sexo entre nós morreu.

— Quem disse que preciso de sexo?

Vicente deu uma gargalhada.

— Todos nós precisamos de sexo. Eu não tenho mais como fazê-lo, mas você...

— Está se censurando. Logo vai estar bem, a saúde restabelecida. Voltaremos a ter uma vida... quer dizer... — Sérgio engasgou. Por mais que tentasse, havia se impressionado sobremaneira com o aspecto físico de Vicente. Ele iria estar ao seu lado para o que desse e viesse, mas nunca mais teria intimidade com seu parceiro. Disso ele tinha certeza.

— Sei que você não me deseja mais.

— Não é isso.

— Claro que é. Eu sou um ser abjeto. Algo repugnante.

— Não fale assim. Quanto mais se colocar para baixo, pior vai ser.

— De que adianta eu melhorar minha autoestima? Olhe para mim! Quem vai encarar esse corpo cheio de feridas? E com cara de aidético?

— Não gosto desta palavra. É pesada e preconceituosa.

— Aidético não é aquele que sofre de aids? Pois bem, eu sou um aidético. E mereço ser um. Só quis saber de sexo nesta vida. Mais nada.

— Não acredito. Você pode ser um rapaz voluntarioso, de gênio difícil, mas no fundo tem um bom coração. Afinal, todos somos bons na essência.

— Eu não tenho boa essência. Sou mau. Mereço passar por isso.

— Está irritado e fora de si. Quando estiver mais calmo, mudará de conceito em relação a si próprio.

Sérgio estacionou na porta do Copan.

— Eu não vou descer assim. Nem morto!

— Quer que eu entre na garagem?

— Por favor...

Sérgio saiu do carro e conversou com um dos porteiros. Explicou que Vicente havia feito uma cirurgia — mentiu — e necessitava entrar com o carro na garagem. O porteiro bastante desconfiado com o número de internações, deu de ombros e comunicou-se com outro — afinal aquele prédio era uma cidade —, fez sinal positivo e acionou o controle remoto. O portão se abriu e, antes de Sérgio entrar no carro, Carlos apareceu e o cumprimentou.

— Foi transmissão de pensamento! Eu ia ligar para você.

— Estava andando pela cidade e me deu vontade de ficar aqui por perto. Creio que algum espírito me chamou para vir.

— Fico feliz que tenha vindo — disse Sérgio. — Contudo, pode ser que Vicente não se lembre de nada. A sua memória está péssima.

— Virei a página. Mesmo tendo passado por maus bocados nas mãos de Vicente, confesso que também facilitei muito e joguei sobre seus ombros todo o peso da rejeição e a dor da separação. Eu atraí o Vicente para minha vida porque tinha pensamentos muito inadequados no tocante a relacionamentos afetivos.

— Seu olhar está triste.

— Estou reagindo. Não é fácil ver alguém com quem vivi padecer de aids. Vicente tem piorado a olhos vistos. E quantas vezes ele foi e voltou do hospital? De mais a mais, perdemos quase todos os nossos amigos. Eu não aguento mais ir a tanto velório e enterro. Toda semana recebo a notícia da morte de algum amigo nosso ou conhecido.

— Não tem sido fácil.

— Como ele deixou o hospital?

— Desmemoriado e irritado.

— Se está irritado, está bem. Vaso ruim demora a quebrar.

Eles riram.

— Entre no carro. Vicente precisa do carinho e apoio dos amigos.

Carlos fez sinal afirmativo com a cabeça. Entrou no carro e cumprimentou Vicente. Embora a aparência estivesse assustadora, Carlos não reagiu. Fazia tempo que se deparava com amigos neste estado, bem parecido ao de Vicente. Geralmente bem magros, debilitados, a pele levemente escurecida, e as lesões pelo corpo. Carlos não se impressionava mais.

— Quem é você? — perguntou Vicente.

— Carlos. Lembra-se?

— Da sauna?

Ele riu.

— Sim.

— Fui à sauna ontem. Agora me lembro de você...

Ajudaram Vicente a sair do carro, foi com dificuldade que o arrastaram até o elevador e depois ao apartamento. Sérgio abriu a porta e logo Vicente procurou o quarto. Entrou e esparramou-se na cama. O contato com suas coisas pessoais o trouxe de volta à lucidez.

— Espero não sair mais daqui.

— Está sendo muito pessimista — rebateu Sérgio.

— Acha que vou melhorar e voltar a ter uma vida como antes? Nunca. Agora meu corpo vai ficar impregnado com toda a sujeira do sexo que pratiquei.

— Está se punindo — tornou Carlos.

— E não deveria? Essa praga não é como câncer, que aparece do nada. É algo que se pega por conta de contato sexual. Creio ser uma punição divina.

A ÚLTIMA CHANCE

— Por que pensa assim, Vicente?

— Porque ser gay é errado. A homossexualidade é um defeito. Nascemos tortos e morreremos tortos. E estou pagando alto preço por ser homossexual. Eu e todos vocês.

— Eu não — replicou Sérgio.

— Quem disse?

— Não me sinto bem com a minha sexualidade, mas o que fazer? Nasci assim e estou começando a ficar cansado de lutar. Talvez eu morra sem aceitar-me como sou.

— Esse é o grande erro que estamos cometendo — interveio Carlos.

— Erro?

— Sim. Estamos nos olhando como seres maus, imperfeitos, moralmente condenados.

— E não somos? — indagou Vicente.

— Não. Se Deus é perfeição e se Ele nos criou assim, então a homossexualidade é algo divino.

— Isso é um absurdo! Dizer que ser gay é coisa de Deus?

— E por que não? Você está enxergando a homossexualidade do ponto de vista da moral humana. O homem criou os tabus sobre sexualidade. Não podemos mais aceitar que somos imperfeitos e maus. Chegou a hora de mostrar à sociedade que, mesmo que essa doença tenha aparecido em nosso caminho, somos dignos de aceitação, de respeito e de amor.

— Eu me sinto errado.

— Não deveria, Vicente. Somos seres perfeitos, amados e protegidos por Deus.

— Se eu fosse mesmo protegido por Deus não estaria assim. Fui afastado do emprego e, mesmo que queira voltar, quem vai querer ser atendido por um comissário de bordo aidético?

— Você se coloca muito para baixo. Maltrata a si próprio enchendo sua cabeça de pensamentos ruins a respeito de sua sexualidade, como pode querer que a vida o proteja? Você não se dá o respeito, como pode querer que a natureza o respeite?

— Você não é o mesmo Carlos que namorei no século passado! — brincou Vicente. — Você era tão mole, tão romântico, vivia cheio de sonhos e estava sempre choramingando pelos cantos. Agora vejo um homem sereno, de fala firme, e com ideias nada convencionais. O que aconteceu? Acaso foi abduzido por marcianos?

Carlos sorriu.

— Eu pensei que era fraco e valia menos que os outros, pelo fato de ser gay. Vivia querendo companhia, namorar, casar, tal como os heterossexuais, porque esse era o modelo de união que conheci na vida. Por essa razão eu era tão carente e sempre queria que meus envolvimentos durassem para sempre.

— E começou a sair com homens casados por quê? — indagou Sérgio.

— Percebi que os namoros não eram eternos e, desiludido, acreditei que os relacionamentos com homens casados me feriam menos o coração.

— Não entendo...

— Era a falta de compromisso. Eu queria tanto o compromisso e não conseguia, que fui atrás de quem não podia se comprometer comigo. Ao sair com um homem casado, eu sabia que seria muito difícil a relação se transformar em namoro. O fim já era previsível. Não havia entrega de nenhuma parte e eu me comprazia em ser o outro, em ser relegado para segundo plano.

— Mas você se apaixonou por aquele homem, anos atrás.

— Verdade. Quando conheci Alaor, acreditei que as coisas podiam ser diferentes. Algum tempo depois de estarmos juntos, ele me falou que ia se separar da esposa e teríamos uma vida só nossa.

— Você acreditou.

— Muito — disse Carlos enquanto meneava a cabeça para cima e para baixo. — Ele sairia do casamento e resolveria ter uma vida em comum comigo. Esse era o meu sonho transformado em realidade. Pura ilusão.

— Pelo que me consta, faz bastante tempo que eu não os vejo juntos.

— O namoro durou muito pouco. Depois que Alaor se separou da esposa, ele mudou em tudo, nas atitudes, no comportamento, na maneira de se relacionar comigo. Assinados os papéis da separação, ele veio viver comigo por uns tempos. Mas o universo homossexual era novidade para ele. Alaor queria sair, queria se divertir, conhecer outros homens, aproveitar, segundo palavras dele mesmo, o tempo perdido. Ele gostava de mim, mas por que ficaria preso a mim se no mundo havia tanto homem disponível?

— Ele deve ter arrebentado seu coração. Aproveitou de sua generosidade, tomou coragem de se separar, mudou-se para sua casa. Vendo que o mundo gay era mais apetitoso que um namoro sério, decidiu debandar.

— Um dia estávamos numa feirinha de antiguidades procurando alguns enfeites para a decoração da casa. Fazíamos planos e tudo o mais. Eu fiquei encantado com uma estátua de uma bailarina. Era de bronze e estilo art déco.

— Eu o conheço e sei que adora peças e móveis nesse estilo.

— Pois é. Eu fiquei apreciando a peça e barganhei com o vendedor um preço menos salgado. Quando dei por mim, Alaor estava a alguns metros de distância conversando com um lindo rapaz.

— Eram amigos?

— Qual nada! Tinham acabado de se conhecer. Alaor teve o desplante de me apresentar como amigo e deu um cartão para que o rapaz ligasse para ele. Depois dessa vez, aconteceu novamente numa boate. Aí começaram algumas ligações de estranhos lá em casa. Percebi que eu havia perdido Alaor.

— Na verdade você nunca o teve. Criou um castelo de sonhos. Acreditou que ele fosse mudar e caber na historinha que você colocou na cabeça — rebateu Vicente, arfante e visivelmente cansado.

— Depois dessa desilusão eu me fortaleci. Procurei ajuda médica, fiz terapia. Durante uma das sessões de terapia eu conheci um rapaz muito simpático.

— Ele curou suas feridas emocionais! — exclamou Sérgio.

— De maneira alguma. Estávamos enfrentando os mesmos problemas. Ele me falou de suas desilusões amorosas e que atraía pessoas emocionalmente complicadas porque ele mesmo tinha problemas de aceitação por si mesmo. Conversamos bastante e ele havia acabado de ler um livro de autoajuda que um colega de trabalho trouxera dos Estados Unidos.

— Vai ver eu conheço esse amigo — tornou Vicente. — Não será o mesmo que conhecemos em Nova York semana passada?

Carlos procurou manter o semblante tranquilo. Sérgio levantou-se, puxou a coberta até o pescoço de Vicente. Cerrou as cortinas e acendeu o abajur de cabeceira.

— Você está cansado e precisa descansar.

— Não quero ficar sozinho.

— Eu e Carlos estaremos na sala. Deixarei a porta entreaberta. Se precisar, é só me chamar.

Vicente pendeu a cabeça para cima e para baixo, e em seguida adormeceu. Sérgio fez sinal para Carlos e ambos foram para a cozinha.

— Quer um café?

— Adoraria.

— Uma noite, dentre as constantes internações, Vicente teve uma febre muito alta. Delirou e quando voltou não era mais o mesmo. Tem momentos de muita lucidez. De repente, de uma hora para outra, ele fala coisas desconexas. Como fez agora.

— Sobre afirmar que estava em Nova York semana passada?

— Sim. Vicente não viaja há meses.

— Compreendo. Já havia notado esse comportamento dele no carro.

— Tenho medo, Carlos. Sinto que ele vai morrer.

— Vai mesmo.

Os olhos de Sérgio brilharam aterrorizados.

— Precisa falar com essa calma? Parece que acha natural morrer.

— E não é? A gente nasce sabendo que mais dia, menos dia vai morrer. É a lei. Faz parte da natureza humana. Alguns vão com dias de vida, outros vão aos trinta, quarenta anos de idade. Outros duram uma centena de anos. Depende de quanto tempo necessitam ficar e experienciar as coisas da Terra.

— Falando desse jeito a morte se torna natural.

— Nossa sociedade tem preconceito em falar da morte. Deveríamos encarar isso de maneira natural. O nosso medo não é acreditar que vamos morrer, mas como vamos partir deste mundo.

— Isso me incomoda.

— Somos semelhantes, porém diferentes em atitudes, comportamentos e crenças. Vivemos uma vida única e por essa razão temos uma morte única. Veja que ninguém morre da mesma forma. Pode-se morrer de maneira semelhante, mas nunca igual.

— Vicente não merece. Tudo bem, ele sempre foi arrogante e pisou em muitas pessoas, inclusive em você. Mas no fundo é um menino acuado. Cresceu sofrendo humilhações dentro de casa. Foi renegado pela família, teve de batalhar sozinho para sobreviver. Depois de conhecê-lo melhor, percebi que ele age assim por pura defesa.

— Eu também percebi isso. Levou anos, mas percebi. Eu gosto dele. Não o culpo por eu ter ficado tão ruim emocionalmente depois que descobri ser traído. Eu deveria cuidar mais de mim, ficar do meu lado. Preferi jogar toda a responsabilidade do término nas costas de Vicente. Assim ficava mais fácil não ter de olhar para dentro de mim e fazer as mudanças necessárias para uma vida afetiva mais prazerosa e feliz.

— Você mudou muito, Carlos. Sinto-o mais maduro. Até sua postura me transmite força. Foi o rapaz do consultório?

— Também — riu. — Dênis teve uma vida difícil e por muitos anos viveu com um remorso cruel a dominar-lhe o coração. Sentia atração por homens, mas se recusava terminantemente a admitir a possibilidade de uma aproximação.

— Como todos nós.

— Exatamente. Ele cresceu numa família muito humilde, mas se esforçou, estudou até o fim do colegial e há dois anos foi transferido do interior para trabalhar na sede da empresa. Ele progrediu, conseguiu melhor salário, ingressou na faculdade de administração.

— Parece ser esforçado.

— Ele é. Assim que teve aumento no contracheque, Dênis decidiu fazer terapia e lidar com suas emoções conturbadas. Ele diz que, na adolescência, chegou a infernizar um amiguinho homossexual.

— Era óbvio. Ele se via no garoto gay.

— Exatamente. Embora tenha sido perdoado pelo garoto, Dênis sentiu necessidade de mudar seus conceitos e aceitar-se como gay. Fomos nos encontrando nas sessões seguintes e ficamos amigos.

— Amigos?

— É. Não tivemos nada mais sério.

— Por quê? Ele não é interessante?

— Sim. Dênis é um tipo bem interessante, o rosto quadrado lhe confere um ar bem masculino.

— Não entendo...

— Eu mudei muito, Sérgio. A terapia ajudou-me a me enxergar como sou e aceitar-me do jeitinho que eu sou, sem mais nem menos. Daí eu comecei a ler o livro que Dênis ganhou do colega de trabalho. Aprendi a me amar incondicionalmente. Essa é a chave da cura emocional e de tantas outras feridas emocionais. Até de doenças físicas. O amor é capaz de tudo.

— Quem escreveu o livro?

— Uma orientadora espiritual. O livro se chama *Você pode curar sua vida*, de Louise Hay. Segundo a autora, todas as doenças que temos são criadas por nós. Afirma ela que somos cem por cento responsáveis por tudo de ruim que acontece em nosso organismo.

— A gente cria as próprias doenças?

— Sim. Ela afirma que as nossas crenças e a ideia que temos a respeito de nós mesmos — geralmente negativas — são a causa de nossos problemas emocionais e de nossas doenças.

Por meio do envio de mensagens positivas para nosso subconsciente, meditação e outras ferramentas, podemos mudar nossos pensamentos e ter uma vida melhor.

— Eu gostaria de ler o livro. Você se importaria de me emprestar?

— Claro que não. Você tem um bom inglês e vai entender tudo. A leitura é fácil e agradável. E o melhor de tudo é que o livro vai ser lançado no Brasil.

— Poderá ajudar muitas pessoas.

— Espero.

O café ficou pronto e Sérgio entregou uma xícara com o líquido fumegante para Carlos.

— Espero que esteja bom.

Carlos experimentou, estalou a língua no céu da boca.

— Está uma delícia! Diga-me, como anda o Cláudio?

— Levando sua vidinha no Rio. Fez algumas amizades, conheceu uns caras bacanas.

— Está namorando?

— Cláudio? Nunca. Ele diz que o amor dele não é deste mundo.

— Talvez não seja mesmo.

— Às vezes sinto que ele está fugindo de compromisso.

— Conheço Cláudio o suficiente para entender que ele jamais fugiria de compromisso. Seu amor pode não ter reencarnado.

— Acho isso muito fantasioso — rebateu Sérgio.

— Eu não acho. Diga-me, ele sabe sobre Vicente?

— Hum, hum. Está a par desde a primeira internação. Ele me prometeu que no próximo feriado vem nos visitar.

— Gostaria de revê-lo. Cláudio é um ótimo amigo, uma pessoa boníssima, de coração puro.

— Mas não gosta de Vicente.

— Não é porque a pessoa é boa que deve simpatizar com todo mundo.

— Ele sempre me disse que Vicente não era coisa boa na minha vida.

Carlos coçou o queixo. Bebericou seu café.

— Você acha que Vicente lhe passou o vírus?

— Não acredito. Minha saúde anda a mil. Estou ótimo.

— Que bom! Sabe que, na verdade, a saúde vem daqui — apontou para a própria cabeça. — Se estiver com a cabeça boa, não tem doença que se aproxime.

— Concordo — Sérgio não queria continuar o assunto. Estava na verdade temeroso. O teste para detectar o HIV no sangue era algo recente e ele tinha muito medo de fazer. Morria de medo de estar contaminado. Não queria ficar como Vicente. Ele estava bem, seu corpo não apresentava nenhum sintoma, nenhuma lesão. Era melhor esquecer e mudar o assunto. — Eu gostaria de conhecer o Dênis.

— Vai adorá-lo, tenho certeza.

— Você fala esse nome e seus olhos brilham emocionados.

— Sinto que estou apaixonado. Mas vou com calma.

— Às vezes acho que sou como o Cláudio. Nunca vou me apaixonar.

— Você viveu uma bela história com o Vicente.

— Engano seu. Eu me iludi. Nunca nos amamos. Sempre foi algo físico, de desejo. Somos amigos, nunca houve cumplicidade entre mim e Vicente. Terminamos tempos atrás e jurei ao Cláudio que nunca mais voltaria com Vicente. Depois de um tempo nos reencontramos na noite e ficamos. Mais por tesão. Nada de amor. Acho que me acomodei e agora estou ao seu lado como amigo. Não vou abandoná-lo nesta hora tão difícil.

— Nada de julgamentos. Precisamos passar por cima das críticas e ajudar.

— É o que tento fazer. Vicente é sozinho no mundo.

— Quem sabe se mudar seus pensamentos não vai arrumar um homem que o ame de verdade?

— Acredita nisso?

— Você tem de acreditar!

Encostaram as xícaras e fizeram um brinde.

— Ao amor!

A ÚLTIMA CHANCE

CAPÍTULO 26

Leila fazia estripulias com Rex no quintal quando ouviu a voz de Nelson. Ela e o cachorro saíram em disparada para recebê-lo. Rex chegou primeiro e tentou se atirar sobre ele. Contudo, o cãozinho estava velho e tinha dificuldade em pular. Nelson mal conseguiu fechar o portãozinho de ferro.

— Meninão, quanta saudade!

O cachorro latia feliz. Leila chegou por trás e delicadamente pousou as mãos sobre seus olhos.

— Adivinhe quem é?

— Hum, deixe-me ver... Ah, a loira do banheiro!

Leila deu uma sonora risada. Nelson virou o corpo e a beijou demoradamente nos lábios.

— Meu amor, quanta saudade!

— Eu também, querida.

— Onde está sua mala?

— Maria a levou para cima.

— Tem novidades?

— Sim.

Leila sentiu o coração vir à garganta.

— Encontraram o paradeiro de meu filho?

Nelson meneou a cabeça para cima e para baixo.

— Achamos.

— Minha Nossa Senhora!

— Eu bem lhe disse que demandava tempo, mas não seria impossível localizá-lo. Depois que soubemos que se tratava de um garoto, em vez de uma menina, não foi difícil.

— Levou alguns anos — disse ela com desdém.

— Meu amor — Nelson a abraçou carinhosamente —, você esperou mais de anos para começar a procurá-lo.

— Não queria arrumar encrenca com Herculano ou sua família. Depois que ele morreu, acreditei que estaria livre para procurar minha filha.

— Logo depois da morte dele, você me procurou, contratou os serviços do meu escritório e desde então tenho me empenhado na busca da criança. Infelizmente, muitas coisas nos atrapalharam. Primeiro foi o sexo do bebê.

— Tem razão, por anos pensamos se tratar efetivamente de uma menina.

— Depois, o Medeiros morreu quando estava chegando à família que adotou seu filho.

— Sinto-me aflita, Nelson. Em que lugar ele se encontra?

— Mais perto do que imaginamos.

— Quer dizer...

— Seu filho encontra-se aqui na cidade.

Os olhos dela brilharam e uma lágrima escorreu pelo canto do olho.

— Todos esses anos morando perto! Acreditamos que ele estivesse no Sul do país.

— Ele está aqui na capital. Localizamos o apartamento e fica no centro.

— Podemos ir lá agora?

— Não sei se devemos. Chegaremos de supetão e falaremos o quê? Que ele foi adotado e que você é a mãe verdadeira?

— Não sei... Podemos tentar.

— Se quiser, podemos ir agora.

— Diga uma coisa, Nelson.

— Sim?

— Qual é o nome dele?

Nelson tirou um papel do bolso e o entregou a Leila. Ela fixou o papel e leu com os olhos. Silêncio.

— Bonito nome!

— O importante é que você tem um filho, ele está vivo e morando na mesma cidade.

— Vou apanhar minha bolsa.

— Eu a espero.

Leila subiu as escadas. Entrou no quarto, sentou-se na cômoda e retocou a maquiagem. Passou um pouco de batom nos lábios.

— Meu filho! Vou encontrar meu filho... Será que ele vai me receber bem?

Ela mordiscou os lábios apreensiva e retocou novamente a maquiagem. Estava nervosa. Passados alguns minutos em frente à penteadeira, Leila levantou-se, apanhou sua bolsa sobre a cômoda e desceu. Estava pronta para se encontrar com seu filho, depois de mais de vinte anos.

⚬✗⚬

O relacionamento de Roberto e Jean durou o mesmo tempo que o curso na universidade e o estágio no Instituto Pasteur. Os dois sabiam disso. Numa noite, enquanto estavam deitados na cama e olhando para o teto, tocaram no assunto.

— Você foi um dos caras que mais tocou meu coração nos últimos anos.

— A recíproca é verdadeira, Jean. Eu também gostei muito de você.

— Teve muitos relacionamentos antes?

Roberto sorriu.

— Eu conheci um rapaz certa vez numa boate, alguns anos atrás. Eu havia acabado de passar no vestibular. Flertamos, conversamos, bebemos alguma coisa e terminei a noite na casa dele. Depois nos vimos mais uns meses e acabei me dedicando única e exclusivamente ao curso de medicina. O afastamento foi natural. Eu queria ser médico e ele queria ser pai.

— E depois dele?

— Só você.

— Não posso crer.

— É verdade. Depois de Davi não me relacionei com ninguém.

— Nem saiu para, digamos, dar uma aliviada nas tensões?

Os dois riram. Roberto tornou, sorridente:

— Eu tenho uma grande amiga no Brasil e a considero minha segunda mãe. Leila é uma figura encantadora. Nos tempos de faculdade ela me emprestava livros de autoajuda e espiritualistas em geral para eu sair um pouco da leitura acadêmica. Eu aliviava minhas tensões lendo.

— Nem uma transadinha?

— Não. E, por outro lado, eu tinha um pouco de medo. Estou me especializando em infectologia e estagiei num hospital público na minha cidade que se tornou referência no atendimento aos doentes de aids. Vi tanto sofrimento que refletia bastante e decidia por não procurar ninguém.

— Medo de se contaminar?

— Sim. Creio que agora as coisas comecem a melhorar.

— Como assim?

— Antes não tínhamos como saber se éramos ou não portadores do vírus. Agora, com o teste anti-HIV disponível no mercado, as pessoas podem descobrir antes que a doença se manifeste. Isso já é um grande avanço.

— Eu fiz meu teste mês passado.

— E o resultado?

— Negativo.

— Nós que estagiamos no instituto devemos realizar o teste todo mês em virtude de manipularmos vários tipos de vírus.

— Tem preconceito em se relacionar com um portador do vírus HIV?

— De forma alguma. Se ele tiver uma boa estrutura emocional e cuidar bem da cabeça e do físico, tudo bem. Creio que em breve teremos medicamentos que ajudarão a controlar o vírus, e os pacientes de aids vão viver normalmente, como se fosse uma doença crônica.

— Como pressão alta ou diabetes?

— Sim.

— Eu saí com um rapaz soropositivo e só não continuamos porque ele desistiu de namorar. Disse que tinha muito pouco tempo para viver ao lado de um homem só.

— Cada cabeça uma sentença. Você tomou as precauções?

— Usamos camisinha. Mas nos beijamos.

— Beijo não transmite aids. Se assim fosse, toda a humanidade estaria contaminada.

Jean sorriu.

— Tem razão. Mas diga-me uma coisa.

— Pode perguntar.

— Você praticamente está formado e é um médico. Como pode gostar de livros de autoajuda ou espiritualistas? Não vai contra a maré científica e acadêmica?

— De forma alguma. A física quântica tem feito avanços impressionantes. Pelo menos agora sabemos que tudo aquilo que é sólido no mundo é feito de pura energia. Eu acredito em energia. Sou favorável à medicina holística, que vê o homem como um todo integrado, qualquer comportamento envolve toda a estrutura humana, realçando o importante comando do espírito sobre as suas outras áreas.

— Interessante.

— Como o espírito é algo etéreo, ele atua diretamente dentro da mente. A sua vontade move os intrincados mecanismos de seus corpos. Daí ele escolhe, no mar das ideias, quais os pensamentos em que quer acreditar, imprimindo sua convicção e dando-lhes força de ação. Nossos aparelhos astrais e físicos são acionados de acordo com o teor desses pensamentos.

— Quer dizer que, dessa forma, tudo o que nos acontece de bom ou de ruim, como as doenças, é resultado dos pensamentos que formam nossas experiências?

— Sim. Ou seja, repetir padrões de pensamentos inadequados neste nosso estágio de evolução gera doenças. Sem sombra de dúvidas, a doença é a força da evolução em nós reclamando que façamos o melhor, porquanto já estamos aptos a fazer.

— Eu diria que essa sua maneira de encarar o homem e as doenças fará de você um grande médico.

— Espero. Nasci para ser médico. Não saberia fazer outra coisa na vida. E, há alguns anos, tenho tido sonhos que me mostram aspectos da medicina que a ciência ainda não tem como alcançar.

— Sonhos premonitórios?

— Não. Eu sonho com uma mulher linda, que me explica muita coisa sobre o corpo humano, sobre as doenças. Eu às vezes consigo me lembrar do que sonhei. Outras vezes não. Entretanto parece que fica tudo aqui — apontou para a cabeça — armazenado, esperando a hora certa para que eu use determinada informação do astral.

— Não acha que tudo vem da sua cabeça?

Roberto deu de ombros.

— Não me interessa se vem de mim, de sonho, de espírito. O importante é que as ideias são boas e sempre me ajudam. Se fazem bem, por que não aproveitar?

— Eu gosto do espiritismo. Afinal, ele nasceu aqui na França.

— Contudo, você não pratica.

— Não. Acredito que a vida continue após a morte do corpo físico. Só. Sem estar ligado a nenhuma corrente religiosa. Sou livre. Gosto de me sentir assim.

— Por falar em liberdade, estamos juntos há mais de um ano e logo regresso ao Brasil. Eu nem tenho como cobrar-lhe uma posição sobre a nossa relação.

— Esse foi o nosso momento. Vivemos nosso amor com intensidade, com carinho, com respeito. Tudo na vida tem começo, meio e fim. Estamos perto do fim. Somos adultos, maduros, e eu quero ir para a Itália. Você deseja voltar ao Brasil. Melhor sabermos que nossa bela história vai se findar em breve. Nossos objetivos de vida são bem diferentes. Embora nós dois acreditemos ser possível uma relação estável e duradoura entre dois homens, sabemos que nossas vidas seguirão rumos diferentes.

— Penso como você, Jean. Eu adoro meu país e pretendo seguir carreira por lá. Não tenciono viver aqui em Paris nem mesmo ir para a Itália.

— Eu terminei meu curso de administração e recebi uma boa proposta de emprego de uma montadora italiana. Não posso recusar.

— Quando estiver de férias, vá me visitar no Brasil.

— Adoraria conhecer a vida nos trópicos.

— A vida nos trópicos é muito boa.

— É verdade que não existe pecado do lado de baixo do Equador?

Caíram na gargalhada. Abraçaram-se e permaneceram assim por bastante tempo. Dois meses depois dessa noite, Jean, Gilbert e Régine despediam-se de Roberto no aeroporto.

— Não deixe de nos escrever — pediu Régine, emocionada.

— Toda vez que vier a Paris, sabe que tem um quarto reservado para você — tornou Gilbert, amável.

— Vamos trocar cartas. Não quero perder sua amizade — disse Jean com lágrimas nos olhos.

Roberto os abraçou com carinho e também com lágrimas nos olhos. Estudar em Paris era um sonho antigo, mas viver na cidade em companhia de Gilbert, Régine e Jean dera-lhe um colorido especial, jamais sonhado.

O rapaz acenou, rodou nos calcanhares e caminhou rumo à sala de embarque. Ele terminara o curso, estudara com a equipe de Luc Montagnier e retornava ao Brasil como um médico de carreira promissora e totalmente dedicado ao tratamento de pacientes com o vírus HIV.

CAPÍTULO 27

Alguns meses antes de Roberto regressar ao país, Leila, com o papelzinho do endereço entre as mãos, chegou à portaria do edifício Copan. Naquela multidão de gente que por ali passava, demorou para eles encontrarem a portaria do bloco respectivo. Deram o nome. O porteiro sorriu simpático.

— São muitas visitas. Podem subir direto — indicou o andar e emendou: — O apartamento fica em frente ao elevador.

Leila agradeceu e segurou firme a mão de Nelson.

— Ele é representante comercial? Será que vende alguma coisa em casa? Por que será que recebe muitas visitas?

— Tudo é novidade para nós, meu amor. Vamos subir e saberemos.

— Estou nervosa. Esperei tantos anos e agora esse bebê terá um rosto, um corpo.

— Já tem nome.

— Será que ele se parece comigo ou com o Herculano?

— Está muito ansiosa. Segure-se no meu braço e mantenha a calma.

Leila assentiu com a cabeça. Entraram no elevador e, ao chegarem ao andar, Nelson abriu a porta e fez sinal para ela passar. Aproximaram-se do apartamento e ela tocou a campainha, aflita.

Uma moça simpática a recepcionou.

— Pois não?

— É aqui que mo... mo...

Leila engasgou e Nelson tomou a palavra.

— Estamos à procura de Vicente Ferraz Stankvos.

A moça esboçou sorriso triste.

— Prazer, meu nome é Marisa.

— Somos Leila e Nelson.

— São parentes?

— Sim, distantes. Mas somos parentes.

— Até que enfim! — ela suspirou. Fez sinal para que eles entrassem e lhes indicou o sofá para se sentarem. Continuou: — Como pode a família não querer saber dele? Que descaso! Se não fossem os poucos amigos e o companheiro dele, creio que Vicente já teria morrido.

Leila levou a mão à boca, aterrorizada.

— Morrido?

— Bom, pela cara de vocês, acho que nem desconfiam de que ele esteja doente.

— O que ele tem? — perguntou Nelson.

Marisa abaixou o tom de voz.

— Vicente é doente de aids. Está muito mal.

Leila levou a mão ao peito.

— Minha nossa!

— Ele pode receber visitas? — indagou Nelson, visivelmente perturbado.

— Pode. Ele não está reconhecendo as pessoas. Tem lapsos de memória. Hoje ele me deu bom-dia e meia hora depois perguntou quem eu era e o que estava fazendo no quarto.

— Entendo.

— Vocês são parentes do Rio Grande do Sul?

Leila estava chocada, não tinha o que responder. Simplesmente fez sim com a cabeça. Nelson respondeu, procurando manter tom natural na voz.

— Somos. Você é amiga do Vicente há muito tempo?

— Sou amiga de trabalho. Comissária de bordo. Viajávamos sempre juntos para Nova York. Infelizmente, a maioria dos amigos gays sumiu tão logo souberam que ele estava doente. Eu, o Sérgio, o Carlos e o namorado dele estamos dando uma força. Os pais se recusam a falar com ele. Uma das irmãs, em nossa última tentativa de contato com a família, disse-me que Vicente fora adotado e eles não queriam saber de um irmão pervertido, cuja doença poderia sujar e envergonhar o nome da família.

— Isso é ultrajante! — protestou Leila.

— A senhora não tem ideia de como o preconceito é forte. Outro dia um amigo nosso de trabalho também morreu em consequência da aids. Eu e o namorado dele tivemos de tomar todas as providências. Compramos o caixão, pegamos atestado de óbito, fizemos velório, contatamos as pessoas. O Bruno e o Élton moravam juntos havia mais de dez anos. O Élton cuidou do Bruno até morrer. E a família nunca quis saber de aproximação. Sabe o que aconteceu depois do enterro?

Nelson respondeu, desconfortável.

— Não.

— A família teve o desplante de, durante o enterro, chamar um chaveiro e trocar a fechadura da porta do apartamento. Pegaram duas sacolas, colocaram as roupas do Élton dentro e ele não pôde mais entrar no apartamento que era "deles".

— Não podem fazer uma coisa dessas. Se eles moravam juntos, o Élton não pode ser enxotado pela família do companheiro morto.

— Mas foi. A sorte é que o Bruno fez um testamento em que metade do apartamento ficava para o Élton. Só que a família do Bruno é muito rica e influente. O pai dele está fazendo da vida de Élton um inferno. Eles não querem que ele fique com o apartamento.

A ÚLTIMA CHANCE

— Que barbaridade!

— Para vocês verem. A lei, infelizmente, não favorece os gays[1]. E, por outro lado, a família despreza, afasta-se, tem vergonha e evita o contato. Depois que o doente morre, eles vêm feito abutres. Querem saber se tinha dinheiro no banco, bens, veículo, tomam posse de tudo. Quando vivo é desprezado, espezinhado e maltratado. Depois de morto, o gay se transforma numa excelente fonte de renda. Ainda mais homossexuais bem-sucedidos, que não têm filhos e acabam por ter uma vida mais confortável e dinheiro no banco.

— Estou pasmada com tanta mesquinharia e tanta falta de compaixão. Esses familiares botaram um filho no mundo. Não é o fato de ele ser gay que vai mudar alguma coisa. O amor não pode variar segundo a orientação sexual do filho. Amor é amor — disse Leila, num tom comovente, deixando as lágrimas correrem livremente pelo rosto.

Marisa apertou a mão de Leila.

— A senhora deve gostar muito do Vicente.

— Gosto sim.

A moça levantou-se e foi até a estante. Pegou um porta-retratos com uma foto de Vicente, tirada alguns anos antes. Ele estava lindo. Os cabelos jogados para trás, os olhos brilhantes, um sorriso contagiante e sedutor. Ela o mostrou para Leila.

— Olhe como ele estava lindo nesta foto.

— É de quando?

— Faz uns cinco anos.

Leila sentiu uma emoção sem igual. Vicente lembrava muito Herculano. Os olhos, o queixo quadrado. Não tinha como negar.

---

1 Na época, gays de um modo geral não tinham amparo das leis como os heterossexuais. Todavia, a partir do início do século XXI, o casamento entre pessoas do mesmo sexo foi reconhecido em vários países. A Holanda foi o primeiro, em 2001. Em 2011 o Brasil adotou a equiparação da união estável homoafetiva; na sequência, em 2013, foi aprovado o casamento civil e, em 2015, casais do mesmo sexo passaram a ter direito à adoção. Só para constar: no início de 2022, o casamento entre pessoas do mesmo sexo era legalmente realizado e reconhecido em 30 países, sendo o mais recente o Chile, em 2021.

O nariz e a boca eram bem parecidos com os de Leila. Ela levou o porta-retratos ao encontro do peito.

— Como meu menino é lindo!

Nelson a abraçou, comovido.

— Realmente é um lindo rapaz. Parabéns.

Leila suspirou e perguntou:

— Onde ele está?

— No quarto — respondeu Marisa.

— Poderia vê-lo?

Nelson a interrompeu.

— Tem certeza? Não vai se chocar?

— Ele é meu filho. Como poderia me chocar?

Marisa arregalou os olhos.

— A senhora é mãe do Vicente?

— Sou. A mãe biológica.

— Meu Deus!

— Faz anos que tenho procurado meu filho. Depois eu lhe conto a minha busca desesperada por Vicente. Agora quero vê-lo, por favor.

Marisa meneou a cabeça para cima e para baixo. Sorriu e pegou levemente em sua mão.

— Venha comigo.

Leila concordou e atravessou o corredor. Chegaram. A porta estava entreaberta. Marisa bateu de leve.

— Vicente, está acordado?

— Estou.

— Vou entrar. Tenho visitas.

Marisa empurrou a porta e entrou. Leila estava logo atrás e aproximou-se da cama. Sentou-se na beirada e passou as mãos com delicadeza pelo rosto magro e pálido do filho.

— Como está, meu filho?

— Quem é você?

— Vim de longe para visitá-lo.

— A minha memória tem falhado bastante. Eu a conheço?

— Não. Mas eu o tenho procurado por muitos anos. Muitos e muitos anos.

A ÚLTIMA CHANCE

— É mesmo? Por quê?

— Porque... porque... eu o gerei. Eu sou sua mãe biológica.

Vicente piscou os olhos algumas vezes.

— Minha mãe?

— Sim.

— Sabe de uma coisa? Minha mãe não quer me ver. Ela me odeia. Sempre me odiou. Ela e meu pai nunca gostaram de mim. Expulsaram-me de casa. Eles têm vergonha de mim. Você tem vergonha de mim?

As lágrimas corriam insopitáveis pelo rosto de Leila. Enquanto ela acariciava o rosto do filho, disse-lhe com ternura:

— Eu jamais teria vergonha de você.

— Mesmo?

— Eu tenho orgulho de você. Tornou-se um homem bonito, de responsabilidade. Mesmo expulso de casa, não se perdeu na marginalidade. Arrumou um bom emprego e tem uma boa vida.

— Esse apartamento é meu. Eu moro no Copan.

— Muito famoso esse prédio.

— Comprei com meu dinheiro, sabia?

— É mesmo?

— Você me conhece?

— Gostaria muito de conhecê-lo.

— Eu vou morrer.

— Todos nós vamos morrer. Faz parte da vida. Nascer, viver e morrer.

— Eu fui muito mau.

— A maldade é fruto da cabeça em desequilíbrio.

— Eu acho que não sou digno ou merecedor de viver em sociedade.

— Por quê?

Vicente abaixou o tom de voz.

— Eu sou homossexual.

— E qual é o problema?

— Ser gay não é bom.

— Quem lhe falou? — perguntou Leila, com amabilidade na voz.

— As pessoas, o mundo, a sociedade. É errado ser gay. E estou pagando por ser errado.

— Não obstante, as punições ocasionadas por conta da religião e as discriminações em nome da ciência e da moralidade mostram-se cada vez mais sem um pingo de consistência.

— Sua presença me faz bem.

— Obrigada.

— Você não me condena por eu ser gay?

— Nunca.

— Se eu fosse seu filho, você me aceitaria?

— Claro!

— Eu gostei de você.

— Eu também — tornou Leila, visivelmente comovida.

— Vem me visitar de novo?

— Posso?

— Venha me ver. Estou com o tempo livre.

— Está certo. Amanhã eu voltarei — Leila virou-se para Marisa: — O que ele pode comer?

— Alimentos bem leves. De preferência cozidos e amassados. Vitaminas, sucos. Vicente perdeu o controle do intestino e procuramos lhe dar uma alimentação menos sólida.

— Entendo.

Vicente interveio:

— Você volta?

— Volto sim. Prometo.

Leila o beijou demoradamente na testa. Passou a mão pelos ralos cabelos do rapaz. Ele pegou na mão dela e encostou nos lábios.

— Você é boa.

— Obrigada.

Ele cerrou os olhos e em seguida perguntou, arfante:

— Quem é você?

— Uma amiga querida que muito o ama.

Vicente sorriu, pendeu a cabeça para o lado e adormeceu.

— Ele falou demais. Está muito debilitado — tornou Marisa.

— Até que ele falou bastante.

A ÚLTIMA CHANCE

— Estou ouvindo vozes vindas da sala. Acho que Sérgio chegou.

— Gostaria de conhecer o companheiro do meu filho.

Marisa pôs a mão sobre a testa de Vicente.

— Ele não está febril. Ainda bem. Vamos para a sala.

Leila concordou com a cabeça. Depositou mais um beijo na testa de Vicente, levantou-se e saiu. Ao chegarem à sala, Nelson conversava com Sérgio. Assim que elas apareceram, Sérgio levantou-se e correu em apertar sua mão.

— Prazer. Nelson estava me contando sua saga. Então a senhora é a mãe do Vicente!

— Sou. Mas deixe a senhora no céu, por favor e me chame apenas de Leila.

— É muito jovem para ter um filho com a idade de Vicente.

— Engravidei muito novinha. Eu mal havia completado dezessete anos de idade quando Vicente veio ao mundo.

Marisa sorriu.

— Vou fazer um cafezinho para nós. Gostei muito da senhora, quer dizer, de você. Quero saber sobre essa sua busca pelo filho perdido.

Leila sentou-se entre Nelson e Sérgio.

— Sinto muito que tenha encontrado seu filho neste estado.

— Eu não sinto nada. São anos à sua procura. Agora, nem que eu o tenha por pouco tempo, não vou abandoná-lo.

— Vicente nunca foi de muitos amigos. Quem não o conhece acredita que seja metido, esnobe e arrogante. Confesso que ele seja um pouco genioso, mas, se observarmos sua história de vida, notaremos que tudo foi uma defesa. Vicente machucou-se tanto, teve tantas feridas emocionais, que criou uma barreira para não se deixar machucar mais.

— Imagino que tenha tido uma vida difícil.

— Pois teve, Leila, como a maioria de nós. O fato de ser homossexual já é de causar muito desconforto. A sociedade nos condena, acusa-nos, como se resolvêssemos virar gay da noite para o dia.

— Atualmente, o mundo vem compreendendo que a homossexualidade não é boa nem ruim, mas apenas uma condição natural, notada em todas as civilizações e em todos os tempos, e absolutamente comum nos seres da natureza — disse ela, num tom mais sério.

— Nem todo mundo enxerga assim. Vicente foi expulso de casa, seus familiares viraram-lhe as costas. Ao saberem que ele estava doente, pediram, por favor, para que não entrássemos mais em contato. Uma das irmãs ligou semana passada querendo saber se o apartamento era mesmo dele. Afinal, esse apartamento vale uma boa nota.

— Eles não têm esse direito. Estão mais interessados num apartamento do que na saúde de Vicente?

— Infelizmente essa é a verdade.

— As pessoas contaminadas pelo HIV são dignas de carinho e respeito.

— Essa é a sua visão e de mais uma meia dúzia. Até entre o meio homossexual há forte preconceito. A maioria dos amigos de Vicente afastou-se. Alguns alegaram não saber lidar com doenças, outros têm verdadeiro pavor de tocá-lo e serem contaminados.

— Absurdo! Hoje sabemos como se transmite o vírus. Tocar, abraçar e beijar não contamina, muito pelo contrário, dignifica um portador do vírus.

— Eu tenho percebido o quanto Vicente sofreu com a rejeição dos amigos e familiares. Se pudesse escolher de fato, eu não gostaria de nascer assim.

— Não diga isso.

— Você é homossexual?

Leila meneou a cabeça para os lados.

— Não. Eu vivo com Nelson.

— Então não imagina o que é sentir o peso do preconceito.

— Mas de certa forma todos nós sofremos preconceitos.

— Discordo — respondeu Sérgio.

— É a pura verdade. Sofre-se preconceito porque é homem, porque é gay, porque é mulher, porque é gordo, porque é magro, porque é baixo, porque é alto, porque é negro, porque é branco demais... todos nós, de alguma forma, sofremos com o preconceito, em maior ou menor grau.

— O preconceito é uma chaga que deve ser banida da sociedade — ajuntou Nelson.

— Eu nunca havia notado o preconceito por esse ângulo — replicou Sérgio.

— Pois é — disse Leila. — Eu sofri preconceito por ser mulher, por ter engravidado sem casar.

— É duro ter de manter as aparências.

— Você é assumidamente gay?

Sérgio engoliu em seco.

— Não. Nem poderia.

— Por quê?

— Porque tenho de impor respeito às pessoas. Um homossexual não impõe respeito a nada nem ninguém.

— Você está sendo preconceituoso! — exclamou Leila.

— Eu sou professor. Se meus alunos descobrirem que sou gay, eles vão me recriminar. Se a direção da escola desconfiar de minha opção sexual, serei demitido.

— Não se trata de opção, mas de orientação sexual. Por acaso você optou por ser gay?

— Claro que não! Por que iria receber os dedos acusadores da sociedade? Melhor seria gostar de mulher. Mas eu não sinto atração.

— Deve respeitar-se acima de tudo.

— É fácil falar.

— Eu tenho um filho que é homossexual e, mesmo que o tenha encontrado agora, nunca iria evitá-lo ou condená-lo por conta de sua sexualidade. Eu tenho um grande amigo que está para voltar ao Brasil que é homossexual. Ele é como um filho para mim. Nunca tive preconceito, muito pelo contrário. Sempre ajudei Roberto a assumir sua homossexualidade e estar sempre do seu lado.

— Por acaso ajudou?

— Muito. Ele se tornou um homem respeitado.

— As pessoas no trabalho sabem de suas preferências sexuais? Ele é gay assumido?

— Roberto não grita pelos quatro cantos do mundo que é homossexual, mas não esconde de ninguém suas preferências. Ele convive bem com sua orientação sexual.

— Parece o Cláudio.

— Quem é esse?

— Meu amigo. Ele é gay e acha tudo natural.

— Esse seu amigo tem uma boa cabeça.

— Para mim é muito difícil. Eu luto todos os dias com a aceitação de minha homossexualidade.

— Precisa fazer uma terapia, procurar ajudar-se a si próprio. Se você continuar em desequilíbrio, seu corpo logo vai somatizar essas emoções negativas e você vai ficar doente.

Sérgio levantou o sobrolho e bateu três vezes na mesinha de centro.

— Deus me livre e guarde!

— Mas é. Eu tenho lido muitos livros sobre o poder do pensamento. Se você ficar se colocando para baixo, achando que não presta, que não merece ter uma boa vida porque é gay, o que você espera que a vida lhe dê?

Sérgio não respondeu. Marisa chegou com uma bandeja. Havia um bule de café, xícaras e uns docinhos.

— O café está uma delícia. De primeira classe. Sirvam-se.

A conversa fluiu aprazível e, no fim da tarde, Leila e Nelson se despediram de Sérgio e Marisa.

— Amanhã estarei de volta.

— Bom mesmo — respondeu Marisa. — Eu fui escalada para voar amanhã. Não sei quando volto. Sérgio tem de dar aulas e não podemos deixar Vicente sozinho. Ele depende de muitos cuidados e não pode ficar sozinho.

— Uma enfermeira...

— Seria maravilhoso, mas não temos condições.

— Eu vou arrumar uma.

— Mesmo?

A ÚLTIMA CHANCE

— E a partir de amanhã virei todos os dias e ficarei com ele até Sérgio chegar do trabalho.

— Agradeço, Leila.

— Não tem de agradecer. Eu é que tenho de agradecer a vocês de estarem ao lado do meu filho. Desta vez vou cuidar dele.

— O que foi que disse? — perguntou Nelson.

— O quê?

— Desta vez vai cuidar dele. Por que desta vez?

— Algo me diz que meu espírito precisava passar por essa experiência. Sinto que eu já tive oportunidade antes de cuidar de Vicente e não o fiz. Agora vou cuidar. Com todo o amor do mundo.

Finalmente chegou a grande oportunidade de Leila amparar e cuidar do filho. Se em outra vida Victor fora abandonado, nesta nova oportunidade, reencarnado como Vicente, receberia, mesmo em pouco tempo, todo o cuidado e carinho do mundo.

CAPÍTULO 28

Semanas depois, a chegada de Roberto foi festejada com muita alegria. Sua mãe, seus irmãos, cunhada e sobrinha, além de Leila e Nelson, estavam todos no saguão de desembarque do aeroporto.

O rapaz foi calorosamente recebido. Surpreendeu-se com o tamanho e beleza de Rafaela. Ela estava tão bonita e tão mocinha!

— Tio, eu vou ser médica também.

— Mesmo?

— É. Tenho tanto orgulho de você, vejo-o tão dedicado aos estudos e ao trabalho. Quero seguir seu exemplo e me tornar uma boa médica.

— Tem que gostar de lidar com gente. Eu nasci para isso.

— Acho que eu também.

Roberto cumprimentou os demais. Helena estava com boa aparência. Eliana estava mais madura e mais bonita. Ricardo e Anne pareciam o casal mais feliz do mundo. Ele notou certa tristeza nos olhos de Leila.

— Pensei que fosse ficar feliz em me ver.

Ela o abraçou e uma lágrima escorreu pelo canto do olho.

— Temos muito que conversar. Você acabou de chegar de viagem, deve estar cansado, e Rafaela estava louca para vê-lo. Eu e Nelson viemos para recepcioná-lo. Amanhã, quando estiver mais descansado, gostaria que fosse em casa para conversarmos.

— Posso ir amanhã cedo.

— Eu tenho compromisso. Passo o dia fora. Chegarei em casa por volta das sete da noite. Gostaria de jantar conosco?

— Adoraria.

— Maria está morrendo de saudades. Quer porque quer lhe fazer bife com batata frita e mostrar que cozinha melhor que Dalva.

Ele sorriu.

— Eu vou comer a comida das duas, podem avisá-las. E nada de competição. Conheci pratos maravilhosos. A culinária francesa é soberba. Mas confesso que senti muita saudade do arroz com feijão e principalmente dos bifes com batatas fritas da Dalva e da Maria.

— Vou esperá-lo. Sete e meia, está bem?

— Está. Mas, espere aí. Vocês não vão almoçar em casa?

— Hoje não vai dar. Amanhã conversaremos.

Leila e Nelson despediram-se de Roberto. O jovem percebeu que algo muito triste acontecera com sua querida amiga. Ele resolveu que iria vê-la naquela mesma noite. Correu na direção do casal.

— Leila, diga a Maria que vou jantar em sua casa hoje à noite. Eu almoço, descanso um pouco e vou para sua casa.

O sorriso nos lábios dela já dizia tudo.

— Obrigada, criança. Sabia poder contar com sua ajuda.

Leila despediu-se mais uma vez e, ao entrar no carro, pediu para Nelson levá-la até o apartamento de Vicente.

— Esse seu amor e a maneira como encara a doença de Vicente... é algo divino.

— Não tem nada de divino nisso.

— Como não?

— Eu o amo incondicionalmente. Quando chegamos a esse estágio do sentimento, tudo fica fácil. Nada é drama, nada é ruim.

— Ficou longe tanto tempo e quando o encontrou...

— Eu estaria mentindo se dissesse que não queria ver meu filho bem e saudável, vendendo saúde, rindo e se divertindo. Adoraria que pudéssemos viver muitos anos juntos, lado a lado. Entretanto, a vida nos impõe desafios. Eu quero aproveitar cada minuto ao lado de Vicente.

— Não deixou que o remorso dominasse seu coração.

— Jamais. Meu amor por Vicente está acima de tudo. É bom lembrar que amor nunca se esquece e nunca se apaga. Pela eternidade afora, os meus laços com Vicente serão de amor, do mais puro amor. Isso não tem preço.

Nelson admirou-se pela força com que Leila imprimia cada palavra. Ele a abraçou e a beijou demoradamente nos lábios.

— Eu a amo.

— Eu também o amo.

Nelson assentiu com a cabeça e deu partida. Meia hora depois chegavam ao Copan. Leila aproximou-se da respectiva portaria e o rapaz sorriu.

— Como vai, dona Leila?

— Bem, Samuel.

— Veio cuidar do filhão?

— Vim.

— A senhora não falha um dia. Faz meses. O seu Sérgio sai e a senhora chega. A senhora sai e o seu Sérgio chega, sem contar a enfermeira, que acabou de sair. O Vicente está sempre com companhia.

— Augusta saiu? — perguntou Leila, estupefata.

— Foi comprar alguma coisa na farmácia. Disse que volta em cinco minutinhos.

Leila correu e se dirigiu ao hall de entrada. Nelson colocou a mão sobre seu ombro.

— Calma.

— Como calma? Meu filho não pode ficar um minuto sozinho.

Pegaram o elevador e chegaram ao andar de Vicente. Quando saíram do elevador, sentiram um cheiro ácido, algo pútrido.

— Vem do apartamento dele — exasperou-se Nelson.

Abriram a porta do apartamento e a cena não era das mais agradáveis. Sérgio havia saído meia hora antes. Leila se atrasara um pouquinho para recepcionar Roberto no aeroporto e Augusta havia se ausentado apenas alguns minutos para comprar um antibiótico que acabara. Pois esse pouco tempo foi crucial na vida de Vicente. Sozinho e alheado, com os lapsos cada vez maiores de memória, ele se levantou da cama assim que Augusta desceu para a farmácia. Quis tomar banho, mas não encontrou o banheiro. Vicente tirou a fralda e caminhou pelo apartamento procurando o chuveiro. Como as diarreias voltaram a ser constantes e ele não mais tinha controle do intestino, o líquido fecal estava por toda parte. Ele estava sentado numa poltrona, nu, olhar perdido, todo sujo.

— Quem é você? — era sempre essa pergunta que ele fazia, fosse para Leila, para Sérgio ou para qualquer outra pessoa que aparecesse.

— Leila. Sua mãe.

— Minha mãe! Deus trocou minha mãe. Afastou-me daquela bruxa e me deu você. Uma fada. Você é minha fada, não é?

As lágrimas escorriam tanto pelos olhos de Leila como de Nelson. A cena era muito deprimente. Vicente estava nu e a magreza do corpo era assustadora. Para se ter uma ideia de sua aparência, ele se assemelhava àqueles presos de campos de concentração na Segunda Guerra Mundial. Os ossos estavam saltados, a pele tinha uma coloração indefinível. As feridas pelo corpo eram tantas que mal dava para notar a exata coloração de sua pele.

Vicente tinha próximo de um metro e oitenta de altura. Antes da doença, pesava algo em torno de setenta e cinco quilos.

Tinha um corpo esguio, naturalmente torneado. Atualmente, se estivesse pesando quarenta quilos, era muito. Nelson o colocou nos braços com bastante facilidade. Leila correu até o banheiro e abriu as torneiras da banheira. Temperou a água. Em seguida Nelson o deitou na banheira e começaram a banhá-lo e limpá-lo.

— Eu me sujei. Sou ruim.

— Você não é ruim. É um bom garoto.

— Não sou. Sou mau. Nunca fui suficientemente bom.

Leila passava a esponja com suavidade para não machucar ainda mais as feridas abertas.

— Diga: estou contente com minha sexualidade e comigo mesmo.

Vicente balbuciava as palavras. Tinha bastante falta de ar.

— Estou con... contente com a minha sexualidade.

— E comigo mesmo.

— Comigo mesmo.

— Eu sou amado e protegido por Deus.

— Não sou.

— Repita comigo: eu sou amado e protegido por Deus.

— Mas não sou! Deus não pode gostar de mim. Deus não pode amar uma bicha!

— Eu amo você.

— Você me ama?

— Muito.

— Então Deus também pode me amar?

— Pode.

Vicente batia as mãos na água.

— Oba! Deus me ama. Que bom!

— Continue repetindo: Deus me ama.

Terminaram o banho. Paciente e cuidadosamente Leila o enxugou. Fez curativos nas feridas que estavam abertas e purulentas. Nelson ajudou a colocar a fralda e vestiram-lhe um roupão bem macio. Augusta chegou em seguida e estava constrangida, os olhos rasos d'água.

— Desculpe, dona Leila, mas eu me preocupei quando acabou o antibiótico. Sei que não deveria deixá-lo sozinho, mas...

A ÚLTIMA CHANCE

Leila a cortou de maneira cordata.

— Você não tem culpa de nada. Em vez de se desculpar, ajude-me na limpeza da sala.

— É para já, senhora.

— Obrigada.

Vicente balbuciou:

— Estou com sono. Estou cansado.

— Nelson vai levá-lo para a cama.

— Fica comigo?

— Vou ficar. Até Sérgio chegar.

— Ah, não.

— Eu gostaria, mas Sérgio é seu namorado. Ele tem o direito de ficar ao seu lado.

— Quem é Sérgio? — perguntou aparentando cada vez mais um total distanciamento da realidade.

Nelson tinha de voltar ao escritório. Estava com uma boa carteira de clientes e precisava ir. Despediu-se de Leila e ficou de buscá-la por volta das sete da noite.

— Se precisar de algo, não hesite em ligar.

— Ficaremos bem. Pode ir.

Vicente dormiu praticamente o dia todo. Augusta media a pressão e a temperatura. Leila procurava conversar com ele falando sobre o poder do pensamento positivo, da mudança de crenças e atitudes, do amor por si próprio. Às vezes ele ficava bem lúcido, abraçava-a e pedia para nunca abandoná-lo.

— Não me abandone mais.

— Eu nunca vou abandoná-lo, meu filho.

Leila lia trechos de livros de autoajuda e ele fazia força para entender. Depois desistia.

— De que adianta? Essa doença está me consumindo todo.

— A doença pode acabar com seu corpo físico, mas nunca atingirá seu espírito. Tenho certeza de que seu espírito está se tornando forte a cada dia que passa.

— Eu não queria mesmo esse corpo. Está estragado. A aids está acabando com ele. Será que quando eu morrer vou para o inferno?

— Claro que não!

— Eu pequei muito. Saí com muitos homens. Muitos. Minha vida foi uma busca incessante de prazer no sexo.

— A sua busca pelo prazer não tem nada a ver com a doença. O problema está aqui — ela tocou de leve na cabeça dele. — Os pensamentos é que moldam nossa realidade, nossa vida.

— Eu não vou para o inferno ou para o umbral?

— Quem disse isso?

— Uma vez assisti a um programa de televisão onde um conhecido espírita afirmava com convicção que os aidéticos vão para o umbral.

— Não ligue para esses comentários carregados de precon-ceito. Você não é aidético. É uma pessoa que vive com aids.

— Mas o que ele fala é lei para os espíritas.

— Nem tudo o que se fala é verdade.

— Como se sabe quando falamos a verdade?

— Quando o coração se abre e entende aquele ensina-mento como verdadeiro. Tudo que oprime e aperta o peito não tem a ver com as verdades da vida.

— Eu não gostei do que ele falou. Disse que a aids veio para dar uma lição nos gays.

— Você acreditou, meu filho?

— Acreditei.

— O que me diz de uma criança que nasce com aids? Ela nem tem ainda a sua sexualidade definida e nasce com o vírus. Por que essa criança veio ao mundo assim?

— Nunca pensei nisso.

— E as mulheres que foram infectadas pelos maridos que as traíam pelas costas, fosse com travestis, prostitutas ou garotos de programa? E o que me diz dos drogados, que não têm nada a ver com sexo? Ou dos hemofílicos, que receberam transfusão de sangue contaminado?

— Essa doença não é mesmo só de homossexuais. Tem razão.

— Pode ter começado no meio gay, mas não é e nunca será exclusivamente uma doença de gay.

— Você me faz tão bem. Parece o Carlos.

— Por quê?

— Ele fala palavras parecidas com as suas. Ele não me condena, diz que eu atraí essa doença porque sempre me senti marginalizado e menosprezado.

— Faz sentido.

— Eu o namorei muitos anos atrás. Fui muito rude. Ele terminou o namoro porque eu o traía com outros. Fui mau.

— Precisa arrancar essa crença de que você é mau. Você fez o que tinha de fazer. Não foi nem bom, nem mau. Se pudesse fazer diferente, com certeza faria, porém você fez o melhor que pôde.

— Assim eu me sinto menos culpado. Não gosto de magoar as pessoas.

— Somos responsáveis por nossos sentimentos. Ninguém nos magoa. Nós é que nos deixamos magoar. É uma questão de deixar-se invadir, ou não, pelo pensamento alheio.

— Dessa forma sinto-me melhor.

— Precisa nutrir sua mente com pensamentos positivos acerca de si mesmo.

— Mas eu vou morrer.

— E daí? Pelo menos sua consciência vai estar mais lúcida.

— Se eu melhorar minhas emoções, não vou para o umbral?

— De forma alguma. Quem estiver desesperado ao morrer, ou seja, quem não estiver em paz consigo mesmo acabará indo para o umbral por questão de desequilíbrio emocional e, por conseguinte, afinidade energética, visto que se trata do local ideal para receber espíritos perturbados.

— É mesmo?

— Se você morre e não aceita sua condição de morto, fica desesperado e reclama pela vida que lhe foi tirada, acaba indo para o umbral, imediatamente. Isso serve para qualquer um, independentemente de raça, cor, religião, orientação sexual ou classe social. É uma condição de bem-estar interior. Quem morre em paz consigo mesmo vai para as várias colônias espirituais que se perdem no espaço.

Vicente esboçou um sorriso.

— Quero ir para uma colônia. Não quero ir para o umbral.

— Vamos tratar de mudar os pensamentos.

— Será que tem uma colônia só para gays?

— Acho que sim.

— Imagine que delícia? Uma colônia cheia de espíritos gays!

Leila riu da imaginação criativa e temporária do filho.

— Estou com fome. Quero um suco.

Ela foi se levantar, mas Augusta fez sinal com as mãos. Levantou-se e foi lhe preparar um suco. Depois que Vicente bebeu, o interfone tocou. O porteiro avisava da chegada de Carlos. Leila pediu para que o rapaz subisse.

Carlos foi recebido por Leila com caloroso abraço.

— Vamos encher o ambiente de boas vibrações.

— Isso mesmo, Carlos, ajude-me a manter o apartamento numa boa vibração, por favor.

— Como está Vicente?

— Alguns momentos de lucidez, outros de alheamento.

— Seu espírito está querendo deixar o mundo físico, mas sua mente ainda está presa na culpa.

— Tenho ajudado Vicente a incorporar padrões de pensamentos positivos para que ele parta para o plano espiritual sentindo-se em paz consigo mesmo.

— Creio que podemos fazer um bom trabalho. Nunca é tarde.

— Obrigada por cuidar do meu filho. Você sempre arruma um jeito de dar uma passadinha.

— Faço isso de coração.

— Vicente me disse, num momento de lucidez, mais uma vez, que o traiu e o feriu emocionalmente. Diz-se arrependido.

— Ele se deixa levar pela culpa, pelo remorso. Eu não atraí Vicente para a minha vida por acaso. Sempre fui muito sonhador. Queria ter um príncipe encantado como namorado, igual ao dos contos de fada. Eu me apaixonava e me transformava em outra pessoa. Eu deixava de ser eu mesmo somente para agradar meu parceiro.

A ÚLTIMA CHANCE

— Você distanciava-se de sua verdade e inconscientemente seus namorados captavam isso e acabavam por deixá-lo.

— Exatamente. Eu sou cem por cento responsável por tudo o que me acontece. Quando conheci Vicente, ele queria que eu viajasse com ele para Nova York. Eu tinha de trabalhar e me forçava a viajar só para agradá-lo. Se eu queria comer pizza e ele queria peixe, eu nem discutia. A gente ia comer peixe. Eu deixava meus gostos, minhas vontades, tudo de lado, acreditando que assim a relação seria perfeita e meu companheiro jamais me abandonaria.

— E não percebia o quanto estava se apagando e se tornando uma pessoa sem atrativos.

— Por certo. O sexto sentido de Vicente percebeu que eu fazia de tudo para deixá-lo feliz. Nunca impunha uma vontade minha, um gosto sequer. Ele se cansou de ter ao seu lado uma vaca de presépio em vez de um namorado.

Leila riu.

— Você é lúcido. Cada dia gosto mais de você.

— Eu também a adoro.

Foram para o quarto. Entraram e cumprimentaram Augusta, sentada numa poltrona próxima da cama. Vicente, ao ver Carlos, perguntou:

— Quem é você?

— Carlos. Seu ex-namorado.

— Meu ex-namorado chama-se Sérgio.

Leila interveio.

— Sérgio é seu atual namorado.

— Você me ama?

— Amo sim. Diga ao Carlos uma frase bonita a seu respeito.

Vicente refletiu por instantes e disse:

— Eu me amo e me aceito do jeito que sou.

Carlos bateu palmas.

— Bonito. Parabéns.

— Estou com sono. Quero dormir.

Vicente virou a cabeça de lado e adormeceu. Leila fechou as cortinas e acendeu o abajur do criado-mudo.

— Vou deixar a porta entreaberta. Vamos para a sala.

Carlos assentiu com a cabeça. Chegaram à sala e sentaram-se próximo um do outro no sofá.

— Como espiritualista, o que sente?

— Acredito na continuidade da vida após a morte do corpo físico. Acho inconcebível que venhamos ao mundo para viver sem mais nem menos. Se fosse assim, Deus faria com que todos nascessem iguais e tivessem as mesmas oportunidades. Vicente está a um passo de partir.

— Concordo. Por mais que me doa, eu não vejo alternativa e também sinto que ele esteja próximo do desencarne.

— Vamos orar para ele. A oração sempre ajuda.

Leila assentiu com a cabeça. Deram-se as mãos e fizeram sentida prece. Depois, Leila tornou, mais serena:

— Acredito na existência de outros mundos, além deste em que habitamos.

— Eu também.

— Diga-me, como foi que você mudou? Sérgio me disse que você sofreu muito, mas eu o vejo tão sereno.

— Depois que Vicente me abandonou, quer dizer, depois que me senti abandonado por seu filho, eu fui ao fundo do poço. Fiquei muito mal, acreditando que os homens não valiam nada, que os gays só queriam saber de sexo e mais nada. Eu era a única vítima do universo, sempre o traído, o largado.

— Daí percebeu que as coisas não funcionavam assim.

— Exatamente! Um amigo meu foi aos Estados Unidos e, quando voltou, contou-me maravilhas sobre uma palestrante, uma orientadora espiritual que estava causando furor por conta de suas novas ideias acerca da vida.

— Mesmo?

— Sim. E, algum tempo depois, meu atual namorado me trouxe o livro da Louise Hay.

— Eu já ouvi falar nela.

— Ela nos ajuda a ter uma vida plena e feliz, por meio da mudança de nossos pensamentos. E, de um tempo para cá, Louise Hay remou contra a maré do pânico que aterrorizava o mundo por conta do surgimento da aids. Ela mostrou que, pela mudança de crenças e atitudes para melhor, um doente pode evitar que a aids se espalhe pelo corpo.

— Impressionante. Ela conseguiu algum resultado positivo?

— Sem dúvida. Há alguns anos, Louise iniciou em sua própria residência um grupo de apoio com a participação de seis homens diagnosticados com aids. Pouco tempo depois, o encontro semanal já contava com mais de oitocentas pessoas e continuou crescendo. Obviamente que sua residência não comportava mais tanta gente e tiveram de fazer os encontros num auditório, em West Hollywood, bairro de Los Angeles, na Califórnia.

— Que ideia brilhante! E ela deu continuidade a esse magnífico trabalho?

— Por certo. Os encontros continuam e até hoje são ministrados por ela. Mais uma vez Louise iniciou um movimento de apoio e, acima de tudo, de amor. Foi nessa época que ela escreveu o livro da aids, com base em suas próprias experiências com o grupo durante as semanas em que se encontravam. Ela foi capaz de mostrar algo de bom, atacando o pânico instaurado na população e fazendo uma abordagem positiva da doença. O livro é conhecido no mundo inteiro e tem ajudado milhares de pessoas contaminadas, independentemente de sua orientação sexual. No Brasil, o livro foi publicado com o título *A vida em perigo*.

— O livro é fácil de ser encontrado?

— Em qualquer livraria do país. Nesse livro, em particular, a autora ajuda-nos a enxergar como a aids ou outras doenças consideradas incuráveis pela medicina tradicional podem ser vencidas pelos poderes positivos e curativos de nossa mente.

— Adoraria ter esse livro.

— Não seja por isso — Carlos abriu sua pasta e dela retirou um exemplar: — Pode ficar com você. Acabei de comprar.

— Para mim?

— Pode ficar de presente. Gosto de presentear as pessoas com livros, principalmente os que ajudam a transformar nossa vida para melhor. Depois eu compro um exemplar para mim.

— Obrigada.

Leila o abraçou e em seguida ouviram os gemidos de Vicente e a voz de Augusta.

— Voltemos ao quarto. Vamos encher Vicente de ideias positivas.

— Ótimo.

CAPÍTULO 29

A tarde se despediu com um belo pôr do sol e, quando algumas estrelas despontavam no céu, Sérgio chegou ao apartamento de Vicente. Ele praticamente se mudara para lá. Ia para seu apartamento uma vez por semana, para pagar a empregada, pegar correspondências e mudas de roupas.

Ele passou numa padaria e comprou alguns frios. Sabia que Carlos estava lá e em breve Dênis também se juntaria a eles. Sérgio não se preocupava com a comida, pois a alimentação de Vicente era especial e Augusta fazia suas refeições em restaurantes da redondeza.

Dênis abriu a porta.

— Pensamos nas mesmas coisas. Eu trouxe uma torta. Carlos comprou alguns refrigerantes. Ah, a empregada do Carlos fez umas comidinhas especialmente para o Vicente.

— Carlos, passou a ela as restrições e recomendações do médico?

— Sim. Nada de gordura. Legumes cozidos e amassados, sopas, nada que o obrigue a mastigar.

— A mãe dele tem trazido comida todos os dias. Pelo menos estamos conseguindo manter Vicente bem alimentado.

— Leila partiu há pouco. Ela queria falar com você, mas parece que um amigo querido chegou de viagem e ela quer conversar com ele sobre Vicente.

— Ela comentou comigo sobre esse rapaz. É médico e é infectologista.

— Quem sabe ele saiba de algum medicamento, de alguma droga, que ajude no combate da doença?

— Não sei — disse Sérgio entristecido enquanto colocava os pacotes sobre a pia da cozinha. — Vicente está por um fio. Não creio que ele tenha chances de se recuperar.

— Tudo é possível.

— Se ele estivesse melhor, se seu corpo não fosse tão atacado por esse vírus maldito, eu acreditaria numa possível recuperação.

Carlos apareceu na soleira da porta e interveio:

— Vicente quer morrer. Nem que esse amigo de Leila nos consiga uma fórmula miraculosa, nosso amigo deseja partir deste mundo.

— E o que ele poderia querer? — perguntou Sérgio. — Ele pegou uma doença incurável e, pior, uma doença carregada de preconceito. Eu desejaria morrer também.

— A questão não é querer, ou não, morrer. Todos nós temos o direito de decidir quando queremos ir embora deste mundo, mesmo inconscientemente. Vicente decidiu que não quer continuar aqui. Nos seus momentos de lucidez, acredita que seu corpo esteja todo purulento e cheio de chagas porque ele foi sujo, praticou sexo a torto e a direito. Ele acredita que esteja purgando no corpo físico todas as tentações pelas quais se deixou seduzir.

— Mas ele não pode acreditar ser sujo somente porque fez sexo.

— Todavia, ele acredita que abusou. E joga todo esse sentimento de culpa sobre o corpo. Tenha certeza de que, quando ele partir para o plano espiritual, seu perispírito estará praticamente saudável.

— Ouvi dizer que quem morre de aids purga no umbral — disse Dênis.

— Papo-furado, conversa para boi dormir.

— Mas a pessoa não estaria em pecado?

— E o que é estar em pecado? Acredito muito mais numa culpa infligida a nós mesmos. Quando não nos aceitamos do jeito que somos, iremos arcar com as consequências funestas oriundas dessa postura de baixa autoestima. Vicente não se julga uma boa pessoa. Deixou-se levar pelo preconceito, pela rejeição e não ficou ao lado de si mesmo para enfrentar os dedos acusadores de uma sociedade moralista, que simplesmente condena as pessoas por conta de sua conduta sexual — Carlos fitou o nada por instantes e depois finalizou: — Assim que desencarnar, tenho certeza de que Vicente vai ficar muito bem.

— Como tem certeza? — indagou Sérgio, de maneira desconfiada.

— Eu sinto que ele vai ficar bem. E, quanto mais lhe mandarmos vibrações de amor, melhor será. A energia de amor ajuda na recuperação daqueles que queremos bem.

Carlos ajudou no preparo dos lanches. Convidaram Augusta, mas ela preferiu ficar ao lado de Vicente. Logo estavam os três conversando e comendo, num clima de aparente tranquilidade. No meio do lanche, após outros assuntos, Sérgio pousou sua mão sobre a de Carlos.

— Você mudou muito nos últimos anos. Eu o achava tão inseguro e pegajoso.

— Pegajoso?

— Sim. Desculpe a franqueza. Entretanto, você não se parece nem um pouco com o Carlos de anos atrás. Está mais maduro, tem uma postura totalmente diferente das pessoas que conheço.

— Eu vivia mergulhado no mundo das ilusões. Acreditava que precisava de alguém ao meu lado para poder me dependurar.

Eu nunca vi um namorado como um companheiro, mas como um cabide, onde eu depositava todas as minhas expectativas e desejos. Claro, sempre que o namoro começava a ir por água abaixo, eu colocava a culpa no parceiro. Descobri com o tempo que eu sufocava as pessoas com as minhas carências.

— O que fez com que mudasse da água para o vinho? Seu temperamento hoje é tão doce, tão sereno.

— Depois que Alaor passou pela minha vida, tudo mudou. Eu fiquei muito mal emocionalmente. Ele se separou da esposa para ficar comigo.

— E não ficou...

— Pois é. Alaor deslumbrou-se com o mundo gay. Como ele sempre foi um homem muito atraente, seu ego não resistiu aos inúmeros assédios. Alaor logo notou que eu havia sido a ponte para a vida que ele tanto desejou.

— Você o tem visto ultimamente?

— Não. Ele desapareceu. Eu mudei muito e não tenho mais frequentado boates e saunas. Desde que conheci Dênis, temos feito outros programas. Viajamos nos fins de semana, vamos a concertos, teatros, cinemas, restaurantes. Gostamos de receber e de ir à casa dos amigos.

— Provavelmente Alaor deve estar pulando de galho em galho — interveio Dênis.

— Por que diz isso?

— Porque, quando vim para a capital e decidi me assumir, percebi o quanto a carne é fraca e o quanto somos constantemente bombardeados pelas tentações do mundo gay. As condutas e regras no meio são mais flexíveis que no meio heterossexual. Nós, homens, somos seres ultrassexuais e por conta disso não é fácil domar o nosso bicho. Nosso instinto animal fala mais alto e temos de exercer grande controle sobre nossa vontade para não nos deixar cair em tentação. Alaor ficou fascinado com a possibilidade de sair com vários parceiros diferentes ao mesmo tempo. Preferiu esse tipo de vida. Não está certo nem errado, é simplesmente uma maneira que seu espírito encontrou para realizar todas as fantasias que talvez ele tenha reprimido ao longo de muitas encarnações.

— Você é feliz ao lado de Carlos?

Dênis sorriu.

— Bastante! Eu demorei para me aceitar como homossexual. Acreditei que viria para a capital e tudo seria fácil. Não foi.

— E antes de vir? Como era sua vida no interior?

— Uma confusão sem tamanho. Havia um garoto na minha cidade que eu infernizei bastante. Ele aparentava ser gay e eu, óbvio, percebia que de alguma forma éramos parecidos. Contudo, eu tinha raiva de mim por sentir desejo por homens. Acabei por descontar minha ira sobre o pobrezinho do Roberto.

— O que você fazia?

— Eu era tão diferente anos atrás! Não queria saber de estudar, andava com uma turma barra-pesada. Eu me obrigava a sair com garotas e, percebendo que não me satisfazia, mais raiva eu sentia. Eu amolava o Roberto. Eu tinha um amigo mais velho, o Plínio. Ele era mal-encarado, um cara até perigoso. Mas eu o achava lindo. Desejava ter intimidade com ele. Entretanto, nunca poderia me entregar assim de bandeja. Eu usava o Roberto. Fazia com que ele tocasse, à força, o Plínio, e às vezes o fazia me tocar também só para diminuir esse meu desejo louco pelo mesmo sexo.

— Coitado do garoto.

— Arrumei emprego numa metalúrgica e sofri um acidente em seguida. Precisei de uma transfusão e sabe quem me salvou?

Sérgio meneou a cabeça para os lados.

— Não.

— Roberto.

Carlos aquiesceu:

— Veja como a vida acaba criando situações para que possamos refletir sobre nossos atos. Ao ser socorrido pelo colega que tanto azucrinou, Dênis percebeu o quanto estava sendo rude consigo mesmo.

— Eu pedi perdão ao Roberto e tempos depois vim para São Paulo. Fico feliz de ter pirado quando cheguei. Fui fazer terapia algum tempo depois e conheci o Carlos, e estamos juntos até hoje. Se depender de mim, ficaremos juntos para sempre.

Carlos piscou para o namorado.

— Muito bonita essa história. Pena que eu não saiba o que é amar — tornou Sérgio.

— Nunca amou Vicente? — perguntou Dênis.

— Não. Eu sempre fui meio parecido com o Carlos. Tinha um comportamento parecido com o dele. Sempre acreditei num companheiro como alguém para suprir todas as minhas necessidades. Quando conheci o Vicente, estava cansado de pular de galho em galho. Ele me parecia um bom sujeito, embora Cláudio nunca tenha aprovado nosso namoro.

Carlos objetou:

— Hoje entendo a postura de Cláudio. Ele é seu melhor amigo e, embora não saiba, por falta de conhecimento, Cláudio é dotado de extrema sensibilidade. O que noto é que seu amigo percebeu que Vicente estivesse com o vírus. Algo em sua essência lhe dizia que Vicente era uma ameaça para você.

— Isso é loucura. Quando conheci o Vicente não existia aids.

— Não existia porque não sabíamos de sua existência. Há estudos hoje que apontam para casos de aids na década de cinquenta. Há pacientes que morreram na década de setenta de causas desconhecidas, e a ciência hoje afirma categoricamente que a morte desses pacientes foi ocasionada pela aids.

— Você diz que Cláudio percebia no Vicente...

— ... que ele estivesse doente — concluiu Carlos. — Não vejo que seja algo pessoal. Cláudio tinha medo de que algo ruim lhe acontecesse.

— Por falar nisso — retrucou Dênis. — Você já fez o teste?

Sérgio fechou os olhos e levantou-se abruptamente da mesa. Enquanto se dirigia para a sala, disse numa voz apavorada:

— Não quero falar sobre isso!

Carlos e Dênis nada disseram. Abaixaram os olhos e continuaram comendo os lanches.

Nisso, Augusta cochilou na poltrona. Vicente dormia e, ao seu lado, o espírito de Gina alisava com delicadeza seus cabelos.

— Ele está por um fio — falou Otacílio.

— Ainda precisa ficar mais um pouco no mundo terreno. Muito em breve vai se libertar e partir para a pátria espiritual. Vamos continuar em vibração. Vicente precisa de nossas orações para que os fios que o prendem ao corpo físico sejam desatados.

— Sérgio não anda bem.

— Nada podemos fazer, Otacílio. Sérgio atraiu a doença para si.

— Quer dizer que ele vai ter um fim igual ao de Vicente?

— Cada caso é um caso. Sérgio tem determinados padrões de pensamentos e crenças semelhantes às de Vicente. Lembre-se de que em última vida Sérgio teve problemas em aceitar-se homossexual. Vicente tem a facilidade, se assim podemos dizer, de transferir para o físico todas as suas emoções conturbadas.

— Ele somatiza no corpo.

— Exatamente. Outros conseguem transformar pensamentos e atitudes, e revertem o quadro. Por isso que, de todas as doenças conhecidas na Terra, pelo menos existe um caso de cura. Se existe pelo menos um caso de cura que seja, é sinal de que tudo é reversível.

— Noto que a aura de Sérgio está sem brilho e com alguns buracos.

— A falta de brilho é pela descrença na vida. Inconscientemente, Sérgio deseja morrer. Dessa forma, não teria mais que lutar contra seus desejos e se sentiria livre do preconceito. Ele se engana acreditando que ao deixar o corpo físico vai se livrar de seus tormentos. Vamos lhe dar um passe reconfortante.

Otacílio anuiu com a cabeça e foram até a sala. Sérgio estava cabisbaixo, mãos entre as têmporas, evitando pensar no que lhe parecia o óbvio: que ele estivesse contaminado pelo vírus.

— Eu não quero adoecer como Vicente. Não quero.

Gina aproximou-se e pousou delicadamente a mão sobre a fronte dele.

— Não se deixe impressionar. Você é único. O espírito de Vicente precisa passar por essas experiências porque ele assim determinou. Você pode fazer diferente.

Enquanto Sérgio atormentava-se com a possibilidade de estar com o vírus, Gina e Otacílio lhe ministravam um passe na altura da testa, ajudando-o a ter um mínimo de paz mental.

⊜✕⊙

Leila chegou em casa apreensiva. Foi a primeira vez em meses que teve vontade de sair mais cedo da casa do filho. Aproveitou a visita de Carlos e Dênis, e deixou o apartamento bem antes do horário habitual. Ligou de um orelhão para Nelson, mas ele não podia sair para pegá-la. Estava numa importante reunião com um cliente. Assim que desligou, ela pegou um táxi e quando entrou em casa ligou para Roberto. Pediu a ele que viesse imediatamente ao seu encontro.

O rapaz chegou e a abraçou com carinho.

— Eliana me contou sobre seu filho. Sinto muito.

— Eu sinto pelo sofrimento dele, no entanto, estou feliz e aliviada porque o encontrei. Esses meses têm sido os mais importantes de toda a minha vida.

— Não é fácil lidar com doença.

— Eu entendo e aceito que Vicente tenha de passar por essa dolorosa experiência. Sei que seu espírito está crescendo bastante com tudo isso. Mas será que não poderíamos suavizar sua dor? Será que não existe nada que possa ajudá-lo a terminar seus dias com dignidade? — perguntava ela, profundamente emocionada.

— Eu entendo sua angústia. Atendi a muitos casos em Paris. Não sei quem sofre mais, se o paciente, ou os amigos e familiares.

— São tantos antibióticos, remédios de todo tipo, mas nada para debelar esse vírus. Nada.

Roberto pegou Leila pelo braço e a conduziu até o sofá. Sentaram-se.

— Depois que você foi embora e Eliana me contou toda a história de Vicente, liguei imediatamente para o doutor Vidigal.

— Eu falei com ele há meses e, embora pronto para me prestar todo e qualquer esclarecimento, não podia me oferecer nada em termos de remédio.

— Há uma droga que aparentemente ataca o vírus.

Os olhos de Leila brilharam emocionados. Havia uma luz no fim do túnel.

— Onde eu a encontro?

— Não é tão fácil assim. É importada e há enorme burocracia para consegui-la. Como o professor Vidigal faz parte da equipe que coordena o programa nacional de aids, acho que poderei conseguir esse medicamento com menos dificuldade.

— Eu pago o que for preciso. Dinheiro não é problema. Que medicamento é esse?

— Chama-se zidovudina, mais conhecida como AZT. Trata-se da primeira droga antirretroviral aprovada pelo FDA, órgão responsável pela liberação de medicamentos nos Estados Unidos, que se assemelha ao nosso Ministério da Saúde. Um estudo mostrou a eficácia desse medicamento em prolongar a sobrevida dos pacientes em etapas avançadas da doença. Houve também uma diminuição na incidência de infecções oportunistas, ganho de peso, melhora na capacidade funcional e elevação das células CD4 nesses indivíduos.

— Quer dizer que essa droga pode curar Vicente?

— A principal função do AZT é impedir a reprodução do vírus da aids ainda em sua fase inicial.

— Há uma chance...

— Serei muito honesto com você, Leila — ele apertou a mão dela com força, transmitindo-lhe coragem: — Eu usei esse medicamento com alguns pacientes em Paris. Embora ataque o vírus, seus efeitos colaterais são terríveis. Muitos pacientes têm até uma sobrevida maior com a utilização do AZT. Outros, infelizmente, estão com seus corpos tão debilitados que mal resistem aos efeitos. Embora aparentemente eficiente no controle do vírus, o medicamento provoca efeitos colaterais significativos nos rins, no fígado e também no sistema imunológico dos pacientes. Além disso, houve uma diminuição da efetividade da droga, com melhora imunológica parcial e transitória, demonstrando aparecimento de resistência à droga e falha terapêutica. É uma faca de dois gumes.

— Gostaria que fosse ver o Vicente. No estado em que se encontra, não sei se ele poderá tomar um remédio desses. Mas, se for a única saída, por que não tentar?

— Você está certa. Por que não tentar?

Leila sentiu-se aliviada. Seu filho, mesmo muito doente, poderia ter a chance de melhorar. Afinal, tudo era possível.

Roberto combinou de conversar com Vidigal no dia seguinte e, se tudo corresse bem, em dois dias ele teria os comprimidos para dar a Vicente.

❧✗❧

De alguma forma, no dia seguinte, Leila acordou com forte sensação de que a morte do filho se aproximava. Naquele dia acordara determinada a ir ao apartamento de Vicente e não arredar o pé. Nelson tentou demovê-la da ideia de ficar. Sérgio disse-lhe que poderia ir para casa descansar, que Augusta cuidaria bem de seu filho, contudo, algo dentro dela insistia que ficasse.

— É coração de mãe — disse para Nelson e Sérgio.

— Você está cansada. Não precisa conversar com Roberto e combinarem de ele vir aqui para ministrar essa droga nova para o Vicente?

— Não, Sérgio. Eu vou ficar. Falei há pouco com Roberto e ele me disse que conseguiu algumas cápsulas. Amanhã combinaremos o horário para apanhá-las.

— Então vá para casa. Descanse.

— Não sei por que, mas não quero ir. Preciso estar ao lado de Vicente.

Leila não percebeu, mas os espíritos de Gina, Otacílio e Venceslau estavam no quarto de Vicente. Enquanto Gina sussurrava palavras positivas e inspirava Leila a ficar, Otacílio e Venceslau começavam a desprender os últimos laços que prendiam Vicente ao corpo físico.

— Fique. Converse com seu filho.

Leila pensou ser sua mente a lhe falar.

O que poderia falar para meu filho?, perguntou para si, em pensamento. *Vicente me parece estar em coma.*

— Ajude-o a partir. Diga-lhe para não ter medo. Sua hora chegou e ele está bem amparado por amigos espirituais que o querem muito bem.

Leila registrou as palavras de Gina e ajoelhou-se próximo da cama. Pousou suas mãos sobre as do filho. Aproximou-se de seu ouvido e começou a sussurrar as palavras sugeridas por Gina.

— Vá, meu filho. Vá embora. Deixe este mundo e principalmente este corpo tão cansado e debilitado. Liberte seu espírito para uma nova etapa. Não tenha medo. Deixe-se partir.

Ela ficou por um bom tempo falando essas frases para o filho. Encorajava Vicente a deixar aquele corpo doente, coberto de feridas, e libertar seu espírito para uma outra etapa em seu caminho de evolução.

O espírito do filho registrava as palavras doces, carinhosas e encorajadoras da mãe. Aos poucos, a vontade de seu espírito foi se sobrepondo à de sua mente, antes presa e temerosa de partir para um local que ele acreditava lhe ser totalmente desconhecido. O medo foi se esvaindo e a vontade de morrer foi aumentando. Seu organismo, debilitado demais, não resistiu e, às onze horas daquela noite, uma terça-feira fria e chuvosa, o coração de Vicente parou de bater.

CAPÍTULO 30

O corpo de Vicente havia sofrido tanto com a doença que Leila decidiu não fazer velório. Tomada por uma força descomunal, firme e decidida, ela preferiu que o corpo do filho fosse direto para o crematório.

— Chega de sofrimento. Meu filho terminou sua missão neste mundo. Fiz tudo o que esteve ao meu alcance.

Sérgio abraçou-a e as lágrimas custavam a cair. Ele estava em choque.

— Sinto muito, Leila — balbuciou ele.

— Sinto por todos nós — disse ela, olhos marejados. — Vicente estava pronto para partir. Agora precisamos vibrar para que ele fique em paz. A vida continua. Temos de seguir em frente.

— Ele foi um bom amigo. Mesmo aprontando comigo, era boa pessoa.

— Você vai se refazer, Sérgio, tenho certeza.

— Tudo foi muito triste. Não quero mais saber de namorar.

— Diz isso agora porque está cansado, triste e abatido. Daqui a um tempo nossas vidas voltarão ao normal e não sabemos o que nos está reservado.

Sérgio nada disse. Afastou-se de Leila e aproximou-se da cama. Abaixou-se e beijou a testa de Vicente.

— Vá com Deus.

Em seguida, Sérgio saiu do quarto e trancou-se no banheiro. Jogou um pouco de água no rosto e, por mais que tentasse, não conseguia chorar.

Augusta despediu-se de Leila com os olhos cheios d'água.

— A senhora tem um coração de ouro. Espero poder revê-la.

Leila abraçou-a com profundo carinho.

— Obrigada por cuidar de meu filho com tanto carinho. Nunca vou me esquecer de sua dedicação.

Roberto e Vidigal preencheram o atestado de óbito, enquanto Nelson e Sérgio tomavam as providências com funerária e outras burocracias.

Eles vestiram Vicente com uma roupa de que ele gostava muito — conjunto de blazer e calça preta combinados com uma camisa de seda com gola de padre. Otacílio e Venceslau colocaram o espírito adormecido numa maca e rumaram para a colônia especializada em atender desencarnados de aids.

Gina deu um passe reconfortante em Leila e Sérgio. Depois, encheu o ambiente de energia tranquilizante e serena. Carlos e Dênis, ligados às forças espirituais superiores, fizeram uma espécie de ponte e ajudavam a manter harmonia no local.

Sérgio ligou para os parentes de Vicente. As irmãs deram graças a Deus que ele morrera, e os pais nem quiseram saber de se deslocar até São Paulo para o enterro. Uma das irmãs de Vicente ainda foi categórica antes de bater o telefone na cara de Sérgio:

— Aproveite e queime tudo o que for de Vicente. Espero que o infeliz apodreça no inferno!

Poucos amigos compareceram ao crematório. Foi uma cerimônia simples e, em vez de um padre ou pastor, Leila optou por música. Pediu que começassem com uma música de Vivaldi e terminassem com a *Ave-Maria*, de Charles Gounod, durante aqueles dez minutos em que o caixão fica exposto para os presentes.

Antes de colocarem o corpo de Vicente no caixão, Leila tirou a correntinha que ganhara de Roberto. Abriu a mão já fria do filho, colocou a correntinha e disse, entre lágrimas:

— Leve-a com você. Não se esqueça. Quando olhar para ela, repita: eu sou amado e protegido por Deus.

❦

As semanas foram se arrastando. Augusta recebeu seu pagamento e logo foi trabalhar na casa de uma amiga de Leila, cujo marido havia sofrido um derrame e precisava dos cuidados de uma enfermeira.

Sérgio agradeceu a ajuda prestada pelos amigos. Cláudio estava no exterior a trabalho e não pôde ir ao crematório. Assim que chegou ao Brasil, alterou seu voo e desceu primeiro em São Paulo. Precisava dar um abraço e confortar seu grande amigo.

Ainda em choque, Sérgio não derramou uma lágrima nos ombros de Cláudio. Contou-lhe sobre os momentos finais e como sentira sua falta. Cláudio não podia ficar na cidade, pois tinha de retornar ao trabalho no dia seguinte. Propôs a Sérgio de aproveitar as férias de julho e passar uns dias com ele no Rio de Janeiro.

— Acho que preciso de novos ares. Preciso juntar os pertences de Vicente. Eu e Leila vamos levá-los a uma instituição de caridade. Vamos doar os móveis e eletrodomésticos.

— Os abutres não vieram reclamar o imóvel?

— Vicente, nos momentos de lucidez, fez a venda para Leila. Ela prometeu a ele que, quando morresse, ela iria vender e doar o dinheiro para instituições ligadas a aids. A família dele enlouqueceu. As irmãs ficaram possessas.

A ÚLTIMA CHANCE

— Vicente teve um lindo gesto.

— Ele não era tão mal como você sempre o julgou.

— Não gostava dele. É diferente. Tenho o direito de gostar ou não das pessoas. Acho que no fundo pressentia que você fosse passar por esses momentos nada agradáveis.

— Mas tive de passar.

Cláudio o abraçou com ternura e o beijou na testa.

— Faça o que tem de fazer e vá para o Rio o mais rápido possível.

— Mais alguns dias e resolvo tudo. Vou passar a semana que vem em sua companhia.

— Ótimo. Você precisa descansar.

Sérgio correu para se desfazer dos pertences de Vicente. Queria enterrar essa fase de sua vida. Havia passado por tanta dor, tanto sofrimento e no momento queria esquecer-se de tudo. Em poucos dias ele se desfez do apartamento inteiro. Ficou com um aviãozinho em miniatura que Vicente adorava. Leila só quis o porta-retratos com aquela foto de Vicente que ela tanto adorava.

Ele entregou a chave do apartamento para Nelson e em seguida foi para casa. Quis tomar um banho, terminar de fazer sua mala e ir ao encontro de Cláudio.

No banho, enquanto se barbeava, Sérgio percebeu uma pequena mancha vermelha na altura do pescoço. Não quis dar trela para seus pensamentos.

— Deve ser uma espinha — disse para si, na tentativa de não pensar no pior.

Ele se enxugou, trocou de roupa e pegou a mala. Voltou para o espelho e ajeitou a roupa no corpo. Novamente notou a marquinha no pescoço.

— Bobagem!

Sérgio estava de jejum havia mais de dez horas. Para afastar os pensamentos conflituosos que se apoderaram de sua mente, decidiu fazer o tal do teste anti-HIV.

— Passo no laboratório, faço a coleta do sangue e vou para o Rio. Sei que vou voltar mais sereno e estarei preparado para o resultado. A morte de Vicente mexeu comigo. Se eu estiver com "isso", pelo menos posso sair na frente e brigar com o inimigo mortal. Não quero terminar como Vicente. Não quero! — bradou em alto tom.

Ele falou, pegou a mala e, quando ganhou a rua, fez sinal para um táxi. Deu o endereço do laboratório.

— Seja o que Deus quiser...

Como já demonstrado no início de nossa história, Sérgio voltou de viagem e foi ao laboratório pegar o resultado de seu exame. Ele abriu o envelope, respirou fundo mais uma vez. Seus olhos foram direto para o fim da página. Ele leu:

Reagente.

O teste anti-HIV dera positivo. Ele fora infectado pelo vírus da morte.

Sérgio apertou os olhos com força, leu de novo, acreditando que, talvez num passe de mágica, ele tivesse lido errado.

Reagente.

Ele fechou os olhos e moveu a cabeça para os lados; tentou, mas não conteve o pranto. Finalmente, conseguiu chorar. Chorou pelo sofrimento e morte de Vicente, chorou por ser gay, chorou por estar com o vírus. Num gesto desesperado, levou as mãos ao rosto e chorou, chorou como havia muito tempo não chorava. As lágrimas quentes inundavam suas faces e, entre soluços, ele pôde balbuciar uma única pergunta, que parecia corroer-lhe a alma:

— Por que eu, meu Deus? Por quê?

Leila recebia a visita de Roberto diariamente. Carlos e Dênis a visitavam também. Os rapazes procuravam inspirar-lhe bons pensamentos. Leila absorvia todo o teor positivo da conversa. A companhia do casal lhe fazia tremendo bem.

— Eu estou muito triste porque não tive oportunidade de ficar mais tempo ao lado de meu filho. Mas agradeço à vida porque o encontrei e o ajudei a partir para o lado de lá.

— Você é a verdadeira mãe coragem — disse Carlos.

— Fiz o que meu coração mandou. Certa vez eu sonhei com uma mulher e nesse sonho eu via cenas do passado. Era eu naquelas cenas, embora meu rosto e meu corpo fossem bem diferentes.

— Você deve ter tido acesso a alguma vida passada — concluiu Dênis.

— Tenho lido muito a respeito e chego à conclusão de que sonhei de fato com uma vida passada. De todas as cenas e situações aparentemente vividas, só consigo me lembrar de Vicente. Eu tenho certeza de que o abandonei. Agora sinto que fiz o meu melhor. Eu o procurei por toda a minha vida e, quando o achei, mesmo doente, não deixei de ampará-lo e o amei com toda a minha força.

— Creio que os laços que os unem vêm de muitas vidas.

— Se eu pudesse, teria mais filhos. Passei da idade — suspirou triste. — A experiência com Vicente me mostrou que tenho jeito para ser mãe.

— Pode tentar — asseverou Dênis.

— Já disse, está tarde demais.

— E por que não pensa em adotar?

— Como assim?

Dênis aproximou-se de Leila. Segurou em suas mãos.

— Querida, não vê que a vida está lhe dando a chance de ser uma supermãe?

— Não entendo.

— Quem disse que o filho tem de vir do seu ventre?

— Mas adoção? Para a sociedade eu sou solteira. Vivo com Nelson. Não assinamos papel.

— E daí? — Dênis apertou sua mão com carinho: — Como dissemos antes, você é uma verdadeira mãe coragem.

Passou feito um trator por cima de todo o preconceito e amou seu filho do jeito que ele era. Jamais recriminou Vicente pela orientação sexual ou pela aids.

— Eu agiria assim, mesmo que ele não fosse meu filho.

— Existem muitas crianças que nascem com o vírus HIV. Muitas são órfãs porque os pais padeceram da doença, outras são abandonadas por pura discriminação.

Leila levou a mão à boca, aterrada.

— Isso é um absurdo!

— Mas acontece aos montes, todos os dias. São muitas crianças abandonadas pela família e pela sociedade.

Carlos interveio:

— Você vai entrar em contato com essa realidade. Vai doar o dinheiro da venda do apartamento de Vicente para diversas instituições. Depois que conhecê-las, seu coração vai ser tocado.

— Não sei...

— Você tem dinheiro. Pode comprar uma casa e transformá-la numa espécie de instituição para abrigar essas crianças soropositivas.

— Leila, você poderá ser mãe de muitas crianças! De muitos Vicentes! — falou Dênis, animado.

Ela não conseguiu conter o pranto. Leila sempre teve o desejo de ser mãe e acreditava que só poderia exercer seu lado maternal via gravidez. O que Dênis e Carlos falavam abria-lhe uma nova e deliciosa oportunidade de exercer esse papel com toda a força que em seu coração de mãe pulsava. Leila os abraçou com ternura.

— Esse era o motivo que precisava para continuar vivendo e seguindo adiante. Eu vou fundar uma instituição com o objetivo de cuidar dessas criancinhas contaminadas pelo vírus HIV. Vou conversar com Roberto e sei que ele vai nos ajudar com medicamentos e consultas. Prestaremos um belo trabalho de assistência e, o mais importante, daremos muito amor a essas crianças.

— Tem razão, Leila — ponderou Carlos. — Essas crianças precisam estar rodeadas de amor. Nós nos juntaremos a você nessa tarefa.

Os três continuaram conversando e fazendo planos para o futuro. Gina, em um canto da sala, não conseguiu conter a emoção.

— Finalmente Leila conseguiu captar qual é a verdadeira tarefa que vai burilar seu espírito.

— Estaremos presentes ajudando e dando suporte no lado espiritual — anuiu Venceslau.

— Veja como a aura dos três está iluminada! — exclamou Otacílio. — Tenho certeza de que vão fazer um lindo trabalho.

— Os moralistas e fanáticos religiosos não mais poderão afirmar que a aids é uma punição divina aos gays. Dessa forma, o que dizer dessas crianças que vêm ao mundo com o vírus?

— Sim, Gina — concordou Venceslau. — Espíritos que apresentam um nível de evolução maior, às vezes reencarnam com dolorosas moléstias, mostrando evidentemente que não estão agindo no melhor do que conhecem.

— Essas crianças, embora aparentemente indefesas, abrigam um espírito que viveu muitas vidas, e muitas vezes não mudou os pensamentos e as crenças de forma adequada à sua evolução. A doença vai ajudá-las a reverem determinados padrões e mudar para melhor. Foram seres que viveram muitas vidas sem amor-próprio. Rodeados de carinho e amor, aprenderão o valor do amor incondicional por si e pelo próximo.

Gina concluiu e, após deixarem energias revigorantes no ambiente, os três partiram rumo à colônia espiritual.

CAPÍTULO 31

Sérgio entrou em desespero. Pensou em ligar para Cláudio, mas o amigo havia viajado a serviço e voltaria dentro de alguns dias. Ele teve medo de revelar a verdade para Leila. Ela perdera o filho havia pouco tempo e, de mais a mais, talvez o resultado do exame estivesse errado. Ele ouvira dizer que, quando alguém era diagnosticado com o vírus da aids, precisava repetir o teste, norma adotada pelo Ministério da Saúde.

— Eu vou morrer! Vou morrer — a cabeça não parava de lhe dizer.

As aulas haviam começado e ele pedira licença de alguns dias, inventando que um parente morrera. Como Sérgio era um professor que raramente faltava, a escola lhe concedeu a licença.

Por intermédio de um amigo, ele foi ao consultório de um conceituado médico. Marcou o último horário, a fim de não ser visto por ninguém. A recepcionista o atendeu de forma lacônica.

— Precisa de recibo?

— Sim.

— Sente-se ali naquela cadeira. O doutor Solano já vai atendê-lo. Quando terminar a consulta, eu lhe entrego o recibo.

— Obrigado.

Sérgio falou e se sentou. Podia notar a contrariedade nos olhos da recepcionista. Ela procurou não tocar nele de forma alguma e, quando Sérgio deu um espirro, os olhos dela brilharam indignados. Era como se todo paciente que frequentasse aquele consultório estivesse portando o mal que fosse aniquilar a humanidade.

Ele procurou ocultar esse sentimento de repulsa e pegou uma revista. Folheou-a e encontrou uma matéria falando de um ator famoso que acabara de morrer, provavelmente de aids, embora a família negasse que a causa da morte fosse decorrência da doença.

Sérgio fechou a revista e a jogou à distância.

— Não aguento mais este assunto. É aids em tudo.

Ele afastou os pensamentos com as mãos e o médico o chamou. Ar sério e sisudo, mandou que ele se sentasse numa cadeira à frente da mesa. Solano fechou a porta. Sérgio lhe entregou o envelope com o resultado. O médico colocou os óculos e leu.

— Você está com aids.

— Mesmo?

Solano largou o papel sobre a mesa e o encarou com expressão lacônica. Parecia que ele repetia aquela ladainha para todo e qualquer paciente que entrasse naquela sala, dia após dia. E, de forma mecânica, o médico disse:

— A aids é o conjunto de infecções em seres humanos resultantes do estrago do sistema imunológico, ocasionado pelo vírus da imunodeficiência humana — HIV, segundo a terminologia em inglês.

— Mas...

Solano o interrompeu com as mãos. Continuou, mecanicamente:

— O alvo principal são os linfócitos T-CD4, fundamentais, de extrema importância, para a manutenção da defesa do organismo. Assim que o número destes linfócitos diminui abaixo de certo nível — o padrão mundial define este nível como 200/mL —, o colapso do sistema imune é possível, abrindo caminho para doenças oportunistas e tumores que podem matar o doente.

— E agora, doutor?

— Bom, primeiro me diga, você é homossexual?

— Sou.

— Teve muitos parceiros?

— Não muitos.

— Quantos?

— Difícil precisar, doutor. Sei lá, talvez uns trinta ao longo da vida.

Solano deu uma risadinha.

— Não precisa mentir. Um homossexual na sua idade não transou somente com trinta homens.

— Mas é a pura verdade. Talvez até menos. Eu nunca fui de ter muitos parceiros.

— Relacionou-se com algum aidético?

Sérgio não gostou nadinha do tom do médico. Ainda naqueles tempos não se usava a palavra soropositivo — que viria com o advento do coquetel, anos depois — e todo paciente que fosse diagnosticado com o resultado positivo no teste antiaids era pejorativamente chamado de aidético. Sérgio remexeu-se na cadeira.

— Tive um companheiro que morreu em consequência da aids.

— Hum, hum. Vocês usavam camisinha?

— Não. Não era comum. Ninguém falava em usar preservativo. Começamos a usá-lo quando a aids se alastrou pelo mundo.

— Acredita que se infectou com ele?

— Não sei, doutor, mas por que pergunta? Estou infectado mesmo? Esse resultado não pode estar errado?

— Não. Se o teste desse inconclusivo, eu diria que estaríamos entre a cruz e a espada. Mas o teste deu positivo. Você tem o vírus.

— Ouvi dizer que temos de fazer outro teste. Quando um teste anti-HIV dá positivo, temos de refazê-lo.

Solano abanou a cabeça para cima e para baixo.

— Tem razão. Contudo, pelo resultado de seu exame e por essa mancha no seu pescoço — ele apontou —, você está com aids.

Sérgio levou a mão até a ferida no pescoço.

— Pode ser uma espinha.

— Que nada! Isso é sarcoma de Kaposi. Típico de aidético.

— Eu não sou aidético.

— Rapaz, você está com aids.

— Mas o teste pode dar falso-positivo. Eu não deveria fazer o *western blot* para confirmar o resultado? E, pelo que sei, quando um teste HIV dá positivo, o Ministério da Saúde obriga a fazer um segundo para não se ter dúvidas e...

Solano o interrompeu com as mãos.

— O diagnóstico de aids é naturalmente por sorologia, ou seja, detecção dos anticorpos produzidos contra o vírus com um teste ELISA. Contudo, esse teste não detecta a presença do vírus nos indivíduos recentemente infectados. O seu teste deu positivo. Encare a realidade.

— Mas não tenho de repetir?

— O *western blot* é um método para detectar proteínas em células bem trituradas ou um extrato de um tecido biológico. O exame custa caro. O seu resultado não vai mudar. Em todo caso, se quiser gastar dinheiro, eu lhe preencho uma guia.

— Gostaria de repetir o exame. É lei.

Solano meteu os lábios para a frente. Era um cacoete horrível que o deixava com aspecto mais aterrador.

— Tenha em mente que você tem aids, e a possibilidade de cura é nula. Existem tratamentos para a aids e o HIV que diminuem a progressão viral, mas não há nenhuma cura conhecida.

— Estão usando AZT nos pacientes.

— Seus efeitos colaterais são horríveis. Garanto que você iria preferir morrer a tomar essa droga.

— O que faço?

— Deixe seus documentos em ordem. Prepare-se para morrer.

— Quanto tempo?

— O máximo que você vai viver, deixe-me ver — Solano meteu o dedo no queixo e fez de novo aquele cacoete —, é, digamos, mais uns dois ou três anos. E olhe lá.

Sérgio deixou o consultório indignado. Teve vontade de estrangular o médico, teve vontade de denunciá-lo para o conselho de classe. Ele rodou nos calcanhares e saiu a toda brida. Nem pegou o recibo. Ganhou a rua e ficou aturdido com as duras e chocantes palavras. Que espécie de médico era aquele?

Sérgio mal conseguiu conciliar o sono. Estava condenado e ia morrer. Solano fora categórico. Uma voz o inspirava positivamente:

— Procure Leila. Por meio dela você vai chegar a Roberto e sua vida poderá ter um final bem diferente do que você está vislumbrando no momento.

— Leila sofreu muito com a doença e morte de Vicente. Não posso procurá-la. Ela não vai querer cuidar de outro aidético.

As palavras do médico continuavam rondando sua cabeça e, com muita dificuldade, quando amanhecia, Sérgio caiu no sono. Algum tempo depois de adormecido, seu perispírito desprendeu-se do corpo físico e seu espírito sentou-se na cama, meio zonzo. Ele olhou para Gina e fez cara de surpresa.

— De onde a conheço?

— De algum lugar do passado.

Ele sorriu.

— Como no filme do mesmo nome?

— Sim, mas de um passado bem distante. Como anda, Gérard?

Sérgio teve um lampejo de memória passada e lembrou-se da cunhada que tanto adorava.

— Gina! Quanto tempo!

Ela o abraçou com carinho.

— Como está?

— Não estou me sentindo bem hoje.

— Vim para conversarmos.

— Não quero conversar. Fui condenado à morte. Os médicos da Terra acreditam que eu não vá durar muito.

— Sérgio, quer ir comigo para um lugar bem bonito?

— Que lugar?

— Um lugar especial. Você vai gostar. Não gostaria de ver Vicente?

O perispírito dele estremeceu.

— Ver Vicente? Não.

— Por quê?

— Não aguentaria vê-lo naquele estado. A aids acabou com ele. Não suportaria ter de ver aquele corpo doente e castigado por esse vírus maldito.

— Dê-me sua mão, venha comigo. Garanto que você vai se surpreender.

Num gesto rápido, Sérgio ergueu as mãos para Gina, e num impulso volitaram até a colônia espiritual próxima do orbe.

— Há um segundo eu estava no meu quarto. Como é possível?

— Mistérios do Além — disse Gina, entre sorrisos.

— Que lugar lindo!

— Muito belo. Foi construído com muito amor para receber pessoas que necessitam justamente das energias curadoras do amor.

Eles foram caminhando até um edifício ladeado por lindo jardim. Sérgio aspirou o perfume gostoso das flores e sentiu agradável sensação de bem-estar. Gina o conduziu até a recepção, deu os nomes dela e dele, e uma simpática senhora os levou até a enfermaria.

— Ele está na enfermaria?

— Está. Recupera-se com rapidez.

— Não gostaria de vê-lo daquele jeito...

Gina assentiu com a cabeça, e um rapaz abriu as portas da enfermaria. Ela deu o nome de Vicente.

— Leito 764.

— Obrigada.

Ao entrarem na enfermaria, Sérgio surpreendeu-se.

— Quantas alas têm aqui?

— São vinte alas como esta. Cada uma delas comporta mil e quinhentos leitos.

— Trinta mil pacientes?

— Sim.

— É muita gente.

— Não. Eles se recuperam rapidamente. Siga-me.

Sérgio abaixou a cabeça e foi seguindo os pés de Gina. Não queria olhar para nenhuma cama e nenhum doente. Estava farto de tanto sofrimento, caras aterradas cheias de medo e pânico. Gina parou e ele levantou a cabeça.

— Chegamos.

Ele olhou por cima do ombro de Gina. Vicente dormia placidamente. E, para surpresa de Sérgio, seu rosto e seu corpo estavam em plena forma. O rosto de Vicente era o mesmo de anos atrás, antes de ele começar a desenvolver a doença. O corpo, forte e bem torneado, parecia jamais ter estado doente.

— Não pode ser! — exclamou em alto tom. — Quando Vicente morreu, seu corpo era uma massa magra coberta de feridas purulentas.

— O corpo físico de Vicente era uma massa magra coberta de feridas, não seu perispírito.

— Como pode ser possível?

— O milagre da morte. Muitos encarnados acreditam que a aids seja uma doença do mundo terreno. Por esse motivo, quando desencarnam, o espírito tem melhora imediata.

Sérgio queria fazer muitas perguntas, mas o tom de sua voz acordou Vicente. O jovem olhou para ele e sorriu.

— Você aqui. Que bom! É o primeiro rosto conhecido.

— Como está, Vicente?

— Nunca estive melhor. Estou tão aliviado. Meu corpo não tem mais erupções e eu consigo controlar meu intestino. Sinto-me revigorado a cada dia que passa.

— Vicente está melhorando seu padrão de pensamento — tornou Gina. — Conforme vai absorvendo padrões de pensamentos positivos acerca de si mesmo, mais seu espírito reage e melhora.

— Impressionante. Vicente está tão bonito, tão corado!

— Eu estou me sentindo cada dia melhor, Sérgio. Às vezes vem um pensamento triste, negativo, e daí eu reajo. Tenho de reagir e combater o negativo em mim. Só assim vou me curar.

As lágrimas corriam pelos olhos de Sérgio.

— Fico feliz que esteja bem.

— Estou. Devo muito dessa melhora a você, Carlos e Dênis. E, sobretudo, à minha mãezinha.

— Fizemos o melhor. Eu gosto de você.

— Mas nunca me amou.

— Eu sei, é que...

Vicente sorriu e pegou em sua mão.

— Eu também não o amava. Gina me explicou que vivemos juntos por afinidade de energias. A vida juntou a fome com a vontade de comer e nos deu a oportunidade de, juntos, aprimorar nosso espírito.

Fora do corpo físico a lucidez se amplia, e foi nesse instante que Sérgio teve um lampejo e imediatamente o rosto de Vicente se transformou. Ele gritou:

— O que se passa? Por que mudou o rosto?

Gina explicou.

— Vicente tem lampejos do passado e, quando a memória vem forte, seu perispírito adquire a forma da vida pretérita. Esse rosto que você vê é de Victor.

— Victor?

— Sim. Vicente na encarnação anterior.

— Inacreditável!

— Também lhe peço perdão por ter lhe passado o vírus.

— Quem pode afirmar que foi você? Eu não era nenhum santinho e, antes de sabermos da existência da aids, não nos preocupávamos em usar camisinha. Pode ser que eu tenha me infectado ou tenha até infectado você. E, de mais a mais, de que vai adiantar nos acusarmos? Se temos de passar por essas experiências, elas vão nos chegar de uma maneira ou de outra, mas vão chegar. Eu não tenho mágoa de você.

— Eu também não — ponderou o rapaz, já com as feições de Vicente. — Quero encher meu coração de amor. Só isso.

Gina interrompeu.

— Ele precisa descansar. Numa outra oportunidade vocês poderão se reencontrar — ela se virou para Vicente: — Agora, procure relaxar e dizer para si mesmo as frases que a enfermeira lhe passou.

— Eu me amo. Está tudo bem comigo.

— E onde está a correntinha que sua mãe lhe deu?

— Aqui! — ele exclamou levantando a mão e dizendo ao mesmo tempo: — Eu sou amado e protegido por Deus!

— Isso mesmo. Continue repetindo. Eu tenho de dar uma palavrinha com Sérgio.

— Está bem — Vicente apertou a mão de Sérgio. — Obrigado por tudo. Estarei sempre lhe enviando energias de amor e tranquilidade. Você não vai morrer disso.

— Como sabe?

— Eu sinto que você vai viver muito. A aids veio até você para que parasse de se colocar para baixo e resgatasse sua autoestima. Você é perfeito, como Deus.

— Obrigado pelas palavras gentis.

Gina despediu-se de Vicente e, mais alguns minutos, fora do prédio, ela e Sérgio sentaram-se num banco da pracinha ajardinada.

— Creio que precisamos conversar.

— Quer me preparar para a morte?

— Sim. De certa forma, mais dia, menos dia, você terá de deixar a Terra, concorda?

— É. Um dia todos nós vamos morrer.

Gina pousou delicadamente a mão sobre o braço dele. A modulação de sua voz era firme, porém doce.

— Você tem um ponto muito terrível contra você nessa competição, porque a crendice popular é muito forte de que câncer ou aids matam.

— Exato.

— A ciência e a crença nos médicos é muito forte e a crença na doença também, portanto, neste particular, por ser uma doença de conotação sexual, há muito preconceito da sexualidade, da pessoa doente, muito pavor... e os médicos ainda não estão compreendendo o que está acontecendo porque cada dia fica mais confuso. O problema está numa fase difícil e as pessoas estão muito iludidas e envolvidas por uma doença muito mais psicológica que física.

Sérgio prestava atenção. Gina continuou:

— Você é um simples homem tentando viver. E o soropositivo é uma pessoa entregue à sociedade que não tem mais em si o respeito e amor por si próprio. Não tem mais contato com a sua essência e está muito à mercê do mundo. Fica difícil de tirar as garras da sociedade e dos preconceitos que ele mesmo absorveu. E essa doença é uma manifestação de uma vontade de não viver, assim como a pneumonia e outras doenças similares. Todo doente na Terra, antes de morrer, fica aidético, embora eu não simpatize com o termo.

Ele arregalou os olhos.

— Todo mundo?

— Sim, porque o que morre em você é o sistema imunológico, qualquer que seja a doença, mesmo se tratando de uma simples operação.

— Mas como?

— Antes de morrer, você passa por uma perda de proteção da vida física, que é a perda do sistema imunológico. Quando o sistema não responde, a pessoa morre.

— Começo a entender...

— Vou exemplificar. Você é internado, faz exames e descobre que tem o vírus HIV. Nunca fez sexo, nunca esteve no grupo que é considerado de risco. Quer dizer, segundo a ciência oficial, você não teria condições de se contaminar.

Ou imagine uma cirurgia cardíaca. Há uma complicação séria na operação, mas os médicos vão focar só o coração.

— Para os médicos, o problema da complicação não é o sistema imunológico, mas o coração, certo?

— Isso mesmo. Opera-se o coração, faz-se o transplante. Digamos que a medicina não consiga sucesso e o paciente caminhe para a morte. O que está acontecendo? Ele está aidético, está morrendo. O sistema imunológico está desligando, enfraquecendo, até desencarnar. Todo doente, Sérgio, passou pela fase aidética, ou seja, de desligar o sistema imunológico. Isso sempre existiu. Então, o que acontece hoje com relação à aids?

Ele mordiscou os lábios e respondeu:

— As pessoas estão percebendo a morte.

— Exato! E, quando se começou a estudar profundamente a morte, começaram a perceber algo inusitado. As pessoas iam para se curar, fosse de câncer de pele, de pneumonia, daí os médicos davam remédio, tratavam do câncer de pele, de pulmão. Mas a pessoa não resistia ao tratamento e morria. Eram jovens.

— Daí veio o alerta, a preocupação.

— Hum, hum. Começaram a achar que o corpo não tinha resistência. Foram então procurar as causas da não resistência e começaram a chamar isso de uma síndrome especial. Acontece que em determinados grupos sociais a depressão faz parte intensa e, como o sistema para de funcionar pela vontade de morrer, essas pessoas apresentavam doenças enfraquecidas pela baixa atividade do corpo emocional.

— Baixa atividade do corpo emocional?

— Que significa a ausência da vontade de viver, a entrega para os processos de morte da afetividade, a ausência de amor, a falta de respeito por si. Isso cria a doença.

— Por quê?

Gina percebeu o interesse de Sérgio e animou-se. Ele absorvia as palavras com enorme prazer.

— Quando a homossexualidade era altamente perseguida, combatida e proibida, os gays não desenvolveram o problema.

Depois que trabalharam por sua libertação, a sociedade se tornou mais condescendente, houve mais compaixão, mais compreensão, e procurou desenvolver uma visão diferente da sexualidade feminina e masculina homossexual. Houve uma libertação nessa tolerância e ninguém mais poderia persegui-los. O que é que as pessoas fizeram com essa liberdade?

— Continuaram se odiando, se matando e dessa vez não mais por culpa da sociedade, mas por culpa deles próprios.

— Isso mesmo, Sérgio. Essas pessoas experimentaram a aceitação, a liberdade e assim mesmo continuaram conservando certos hábitos de rejeição. E não tinham mais o direito de fazer isso. Elas tinham que se amar, aproveitar a liberdade conseguida, emancipar-se e se tornar pessoas mais espirituais, mais dignas, com mais respeito por si e pelo próximo, pelo seu semelhante. Os que tinham essa maturidade e não o fizeram logo depois que se efetuou a liberação não tinham mais proteção cósmica e começaram a entrar em deficiência. Essa deficiência foi se alastrando, não só dentro da comunidade gay como também de heterossexuais que, apesar de viverem numa sociedade liberada de costumes, não exercem essa tal liberdade. Como exemplo, podemos citar a independência da mulher, que não é mais oprimida como no passado e é capaz de exercer sua liberdade e sua vida com mais dignidade. E, apesar de tudo, continua presa a antigos padrões.

— Essas e esses também estão sem a proteção e vão direto para a morte e não para a vida?

— Sim. O homem lutou pela liberdade, pela dignidade e agora não faz jus. A natureza, nesse caso, não vai protegê-lo. Quando os gays eram reprimidos e lutavam contra essa repressão, ainda tinham a fibra, a força e a vontade de viver. Depois, parece que liberou geral e eles não souberam lidar com isso. A aids não está relacionada ao HIV, mas o que está relacionado é toda a forma de morte que produz HIV e outras formas de vírus, porque o sistema imunológico está num processo de retração. Dentro do seu corpo existe pelo menos os vírus de milhares de doenças. O que seu sistema imunológico vai permitir desenvolver ou não?

— Não sei ao certo...

— Em termos de estruturação e captação áurica, você absorveu muitos modelos, e eles têm a chance — dependendo do seu comportamento, da sua situação — de se desenvolver num processo e apenas ficar como um modelo. Cada pessoa doente que você visita, o seu corpo aprende sobre aquilo. Cada doença que você teve ao longo das encarnações, seu perispírito aprende sobre aquilo. E depende dele a capacidade de reproduzir tudo isso, se houver condições; caso contrário, não.

Sérgio assentiu com a cabeça. As informações claras e desprovidas de preconceito lhe faziam muito bem. Gina apertou sua mão e declarou:

— Compreenda o seguinte: quando o homem não age no seu melhor, ele cria o problema. Quando o problema se apresenta epidêmico, refere-se a condições de grupos, pessoas que estão vivendo a vida social muito intensa e por isso eclode na sociedade. O que você tem a seu favor, na verdade, é o susto que o paciente com um diagnóstico desse apresenta. Ele acha que vai morrer — e talvez morra —, porquanto está num processo de morte, devido à falta de espiritualismo da verdade dele, dos sentimentos e da dignidade dele.

— Todo processo de dignificação do ser humano pode recuperar a vida?

— Sim, mas, para você dignificar-se, é necessário negar qualquer mal em você. É repetir para si: não há erro em mim. Não há mal em mim. Eu sou uma coisa bonita e bela!

— Adianta, Gina?

— Muito! Imediatamente o vigor espiritual entra em jogo, e o processo desliga, seja uma pessoa com o vírus da aids, seja apenas um problema no coração ou uma diabetes crônica. Se ela quiser viver, como se diz por aí... Ela acredita na vida? Ela se sente uma pessoa inteira e bonita? É amiga de si mesma? Então, ela vive.

— Acho que entendi o que você quer dizer. Vamos supor que um amigo meu operou o coração, mas acha a vida uma porcaria, tudo é ruim, então começa o processo de desliga-mento, de retração do sistema imunológico dele. É isso?

— Exato. Só o bem liberta porque a verdade é o bem. Você não pode pensar o mal. Pense o bem, procure o bem nas coisas, negue o mal.

— Vou tentar, Gina, vou tentar.

— Claro que uma pessoa que se deixou levar pela aids, ao desencarnar, sente um grande alívio porque o corpo fica com muitas impressões. E logo que desencarna fica bem, porque esse processo está bem relacionado à vida física. Às vezes, o restabelecimento é imediato.

— Como no caso de Vicente.

— Sim, porque a pessoa morre consciente de que vai morrer. Então já está trabalhando no desencarne. Vem para o mundo espiritual e se revigora, muito embora imediatamente comece o tratamento.

— Em que consiste o tratamento de quem desencarna por causa da aids?

— Primeiro lema nesta colônia: o mal não existe. Nunca pense o negativo. Depois de um tempo, o espírito vai para um campo, faz treinamento e fica por lá. Tem uma comunidade específica aqui perto desta colônia. Os funcionários de lá re-cebem esses espíritos e lhes implantam um dispositivo pró-ximo da nuca. Esses espíritos abnegados construíram esses campos porque já sabíamos da epidemia.

— E o que acontece com esse dispositivo?

— Esses espíritos são estimulados a só pensar coisas boas acerca de si mesmos. Quando vem pensamento negativo, o dispositivo capta a energia negativa e toca-se uma campainha.

— E então?

— O espírito faz prece e melhora, porque ele passa a acre-ditar que, na verdade, sua doença é física. Na maioria dos casos, as marcas da doença ficam no corpo físico e não no perispírito. Mesmo que venha uma ideia negativa, um pen-samento ruim, o espírito olha para si e vê que seu perispírito está, digamos, saudável. Durante esse estágio do tratamento, o perispírito repete para si até a energia se transformar em positiva: *Tudo vai bem! Agora estou livre e abraço a eternidade.*

— Isso posto, o espírito logo fica bem porque acredita!

— Precisamos aprender a deixar a pessoa portadora de aids morrer com alegria. Não ficar aflito, não entrar na crença da sociedade. Cada um é um.

— Estão certos todos os caminhos.

— Isso mesmo, Sérgio. Numa situação dessas, nada de negativo. É necessário dignificar a pessoa, falar da alegria da vida, da perfeição, mostrar o positivismo, o otimismo.

— E melhora, certo?

— Bem, a pessoa vai melhorar com ou sem o corpo. Que diferença faz o corpo? Já pegou tantos, já largou tantos. Ainda vai pegar tantos outros, ora! Claro que temos de preservar o corpo que temos, mas temos a eternidade pela frente.

— O que posso fazer para não ficar doente, Gina?

— Precisa aprender a sair desse condicionamento terreno e ser espiritualista de fato, de verdade. Ver a vida bonita, com outros olhos. Cada um é um processo de vida, um pedaço de Deus caminhando sempre rumo à evolução. É necessário treinar sua mente para atacar a doença.

— Visualização positiva ajuda?

— E muito. Perca seu tempo, reserve uma hora e converse consigo, mentalize, veja só beleza e positividade dando força mental e a posse de recuperação que seu espírito precisa.

Sérgio refletiu sobre toda aquela conversa.

— Eu peguei e terei de arcar com as consequências. Farei a minha parte e procurarei me amar a fim de evitar que a doença me vença.

— Assim é que se fala.

— Mas, Gina, e para quem não tem aids? O que fazer para não pegar ou desenvolver a doença?

— Só ver beleza na vida. Deixar vir o entusiasmo da vida, a grandeza, a beleza das coisas. Viver com dignidade, com respeito. Tratar-se com dignidade e respeito. Ter amor por si e orgulhar-se de si, de ser quem é!

Gina falou com tanta doçura que Sérgio absorveu cada palavra com extrema alegria. Ele sorriu para o espírito dela, fechou os olhos e aspirou o ar puro daquele jardim. Depois, abriu os olhos e notou quando uma estrela brilhou com força no céu. Sérgio olhou para ela e se emocionou. Foi então que sentiu ser perfeito e belo como Deus.

CAPÍTULO 32

Leila empolgou-se com a ideia e sentiu em seu peito que essa era uma tarefa que abraçaria com o maior amor do mundo. Iria acolher e ajudar bebês e crianças soropositivas. Primeiro veio o apoio de Nelson. Carlos e Dênis queriam participar do projeto, e a animação deles contagiou Eliana e Helena. Roberto propôs montar um ambulatório, enfermaria, e Vidigal, com seu prestígio, iria tentar desconto junto às indústrias farmacêuticas nos diversos medicamentos indispensáveis para o tratamento das crianças.

Com imensa alegria Augusta aceitou trabalhar na instituição. Estavam todos felizes e contentes com o projeto. Roberto estava se destacando como brilhante médico. Fora convidado para ser sócio de Vidigal em sua clínica particular, além de tornar-se seu braço direito no hospital. Médico conceituado e um dos maiores especialistas em infectologia do país, Roberto tratava seus pacientes com respeito e muito carinho. Era adorado pela comunidade médica, pela mídia e, principalmente, pelos pacientes.

Num jantar oferecido por Leila, Roberto surpreendeu-se com a presença de Dênis. Embora frequentassem a casa de Leila amiúde, nunca haviam se encontrado. Emocionaram-se e por fim se abraçaram; definitivamente, as mágoas e ressentimentos do passado ficaram para trás. Roberto emocionou a todos, principalmente a Dênis, quando finalizou a conversa:

— Sou médico e fã ardoroso da ciência, porém não posso negar que algo maior esteja governando o universo. Ainda não conheço muita coisa sobre as verdades da vida. A Leila — apontou para a amiga — tem me esclarecido muita coisa. Mas como convivo com doentes, eu posso afirmar uma verdade, para mim, irrefutável.

— O que é? — indagou Dênis encarando-o nos olhos.

— A doença é algo muito mais que uma deterioração do corpo físico. Sempre que estamos doentes, necessitamos descobrir a quem precisamos perdoar. Quando ficamos presos, emperrados num certo ponto, significa que precisamos perdoar mais e mais. A dor, a vingança, a raiva e a tristeza são sentimentos que brotaram de onde não houve perdão. Perdoar torna-nos livres, além de dissolver o ressentimento. E, por essa razão, eu perdoo a mim e a você, Dênis. Deixemos o passado onde ele merece estar: lá atrás.

Os olhos de Dênis marejaram e ele abraçou Roberto com muito carinho.

— Meu amigo! Você salvou minha vida anos atrás e agora me dá essa lição. Como você é iluminado!

— Não sou abajur. Sou o Roberto. Feito de carne e osso, ora.

Todos caíram na gargalhada. Continuaram a conversa animados e cada um dando opiniões sobre atendimento, tratamento etc. Rafaela, aspirante a médica, interveio na conversa. Sentou-se no colo de Roberto e passou o braço delicadamente pelo seu pescoço.

— Tio, eu quero ser como você. Uma médica dedicada, que ama a profissão.

— Tenho certeza de que vai ser ótima médica. Muitos escolhem o caminho da glorificação interior por meio do serviço no convívio com experiências profundas, com pessoas de experiências de vida marcantes, como doença e sofrimento. O convívio com isso é uma grande estimulação para o despertar de sua espiritualidade sem que você passe por aquilo. À medida que você assiste à dor e ao sofrimento, você está passando com eles, purificando-se e trazendo para si o bem. Quando você olhar para um paciente e trouxer em seu coração essa visão iluminada, você estará se iluminando. É você no serviço do bem. O seu serviço, minha sobrinha, será glorificar a beleza de Deus, a glória espiritual e, assim, glorificar o próximo. Isso é santidade, ou seja, é enxergar com os olhos da alma e despertar o espírito no paciente, facilitando que aquelas experiências, no caso as doenças, sejam verdadeiramente sublimes para seu espírito.

— Porque toda experiência do ser humano é sublime — complementou Rafaela.

— Exato! Isso é o que nos faz diferentes, especiais, como médicos e espiritualistas. Dar o cálice da sabedoria para a pessoa beber.

Ela o beijou nas bochechas.

— Eu também me sinto diferente. Sinto-me espiritualista. E também serei médica.

— O estágio em Paris eu lhe consigo, pode acreditar.

— Eu o amo, tio.

— Eu também, minha sobrinha. Amo você.

Eliana bateu na porta e entrou ofegante. Todos pararam de conversar e viraram os rostos em sua direção. Helena perguntou:

— O que foi, filha?

— O Ricardo acabou de ligar. Anne acabou de dar à luz!

— Mas era para a semana que vem — protestou Helena. — Eu queria ir para o Rio e...

Roberto levantou-se de um salto.

— O nenê nasceu! — disse emocionado. — Vamos comemorar.

Eles se abraçaram e em seguida ligaram para a materni-dade. Anne iria dar à luz dali a alguns dias, mas a bolsa es-tourou e Ricardo correu com a esposa até a Clínica São José, no bairro de Botafogo.

Ricardo não cabia em si de tanta felicidade. Agora era pai de Adriano, um menino lindo e saudável, com os traços de Ricardo e os cabelos ruivos de Anne.

Roberto decidiu que iriam para o Rio no dia seguinte. Ligou para uma amiga, dona de agência de turismo, e solicitou os bilhetes para ele, a mãe, a irmã e a sobrinha.

Depois de conversarem com Ricardo e mandarem felicita-ções para Anne, voltaram a se sentar e brindaram a chegada do novo rebento.

No dia seguinte eles pegaram a ponte aérea. Aterrissaram no Rio de Janeiro pouco depois das dez da manhã. Tomaram um táxi. Helena, Eliana e Rafaela espremeram-se no banco de trás e Roberto sentou-se na frente. Em vinte minutos es-tavam no hospital.

Adriano era um garoto muito bonito. Robusto e bem grande, chamava a atenção no berçário pelo tamanho e pelos cabelos avermelhados.

Ricardo, abraçado a Eliana e Roberto, apontava para o filho pelo vidro do berçário.

— Meu filho! Olhem que lindo.

— Lindo mesmo — assentiu Eliana.

— Nunca vi criança mais linda! Essa família tem melhorado a cada geração! — finalizou Roberto.

— Eu tenho novidades para vocês.

— O que é? — indagou Eliana.

— Eu e Anne vamos nos mudar para São Paulo. Recebi uma proposta para trabalhar na cidade. Vamos ficar juntos e criarei meu filho perto de vocês.

— Fico feliz de podermos estar juntos.

— Eu também, Roberto — Ricardo falou e encarou Eliana nos olhos: — Você vai embora hoje?

— Temos de ir. Rafaela precisa voltar à escola e eu tenho a loja para cuidar. Uma funcionária me cobriu hoje porque é dia de semana e o movimento é mais fraco. Contudo, fiquei de retornar amanhã ao trabalho.

— Deixe Roberto voltar com mamãe e Rafaela. Fique mais um dia.

— Por quê?

— Anne vai receber alta amanhã cedo.

— Vocês têm babá e empregada. E, se fosse para algum de nós ficar, seria a mamãe. Ela está radiante com o nascimento de Adriano.

— Eu sei, querida, mas preferia que você ficasse.

— Não estou entendendo.

— Há alguém que chega logo mais de Paris.

Eliana sentiu um frio no estômago.

— Não me diga...

— Sim. Nicolas vem nos visitar.

— Mas ele vem ver o sobrinho. Nossa história, se é que aquele encontro foi história, perdeu-se ao longo dos anos. Ele se casou e...

Eliana falava com rapidez. Estava ansiosa. Ricardo a silenciou pousando delicadamente o dedo em seus lábios.

— Chi! Calma. Nicolas perguntou por você.

— Jura?

— Sim. Perguntou se você estava casada, se estava vendo alguém. Disse que, se você estiver livre, gostaria de conversar.

A sua boca secou e Eliana sentiu certa fraqueza. Roberto aproximou-se e a amparou.

— O que é isso? Ela está doente? — indagou Ricardo.

— Não, meu irmão. Isso é comichão de amor, mais nada.

Ricardo caiu numa gargalhada gostosa. Eliana também riu. De que adiantava esconder? Nunca deixara de pensar em Nicolas. Tivera um ou outro encontro nesses anos, mas nada sério. Ela não queria admitir, mas seu coração era de Nicolas. Somente de Nicolas.

Roberto a abraçou e a enlaçou pelas costas.

— Eu volto com mamãe e Rafaela no fim do dia. Você fica.

— Mas a loja...

— Eu ligo para a proprietária. Explico que você terá de ajudar sua cunhada mais um dia. Você nunca faltou ao emprego, Eliana. É funcionária exemplar. Tenho certeza de que mais um dia aqui não vai atrapalhar em nada a rotina na loja.

— Nicolas não vai ficar muitos dias. Creio que vá embora no fim de semana. É melhor ficar. Precisam conversar. Pelo menos que seja uma conversa definitiva — disse Ricardo.

— Tem razão. Preciso acabar com essa história. Para o bem ou para o mal.

ᘓ✕ᘙ

Na tardinha do mesmo dia, Roberto pegou um táxi na porta do hospital, e com a mãe e a sobrinha partiram para o aeroporto.

Durante o trajeto, na altura do aterro do Flamengo, o táxi teve de desacelerar. O trânsito não fluía. Roberto perguntou ao motorista:

— É sempre assim?

— Assim o quê?

— Esse trânsito?

— Não. Deixa eu ligar o rádio e procurar por informações.

O rapaz ligou o rádio e procurou uma estação de notícias. Não demorou para saberem que um grave acidente ocorrera no meio da tarde. O locutor informava:

— No início da tarde, um grave acidente na avenida Perimetral parou o trânsito ao redor do centro da cidade. Um caminhão desgovernado bateu em vários carros e tombou na pista. Até o momento são seis as vítimas fatais. Duas já foram reconhecidas pelo Instituto Médico Legal, o médico Arthur Paulo Cavalcante e o executivo Cláudio Ramos Beneducci.

Helena fez o sinal da cruz.

— Que Deus os tenha!

Instintivamente Roberto e Rafaela fizeram o mesmo. Cerca de uma hora depois conseguiram chegar ao aeroporto. Perderam o avião, mas, em se tratando de ponte aérea, pegaram o voo seguinte e chegaram a São Paulo sem maiores incidentes.

oXo

Eliana felicitou a cunhada e passaram a tarde juntas na maternidade. Anne a encorajou a ir para sua casa, tomar um banho e arrumar-se com aprumo. Ela e Eliana tinham o corpo parecido.

— Ligarei para casa e pedirei para separar um vestido. Quero que fique radiante para Nicolas.

— Tenho medo.

— Oras, por quê?

— Faz tanto tempo. Seu irmão se casou, depois se separou, depois se casou... Talvez esteja desacreditado do casamento.

— Bobagem! Nicolas nunca a esqueceu. Foram os imperativos da vida que os mantiveram separados. Primeiro as viagens de negócios, depois a gravidez surpresa e o casamento à força. A sua última esposa, Giselle, conseguiu o que queria, ou seja, uma gorda pensão pelo resto da vida. Nicolas não se envolveu com mulher nenhuma depois desse golpe da barriga.

— Tem certeza?

— Acredito que ele tenha dado suas saídas, comum a qualquer pessoa divorciada, mas tudo não passa de extravasar os desejos sexuais. Meu irmão nunca foi de se apaixonar e eu tenho certeza de que ele a ama.

— Não quero me iludir.

— Pois bem. Vá para casa. Eu já avisei as empregadas e seu nome consta na portaria. Use minha suíte. Nicolas deve chegar logo mais.

Eliana fez sim com a cabeça. Levantou-se, despediu-se da cunhada. Quando estava para sair, a enfermeira trazia Adriano nos braços para ser amamentado. Eliana acalentou o sobrinho nos braços, rodou nos calcanhares e saiu à procura de Ricardo, que estava no saguão do hospital.

A ÚLTIMA CHANCE

— Você é boa pessoa. Merece um homem bacana ao seu lado. Eu estou tão feliz com Anne ao meu lado que adoraria ver você e Roberto também amando.

— Eu também tenho o sonho de ver os três irmãos apaixonados e felizes.

— Talvez sua hora tenha chegado.

Eliana nada disse. Beijou a bochecha do irmão e saiu em disparada. Tomou um táxi e foi para o apartamento de Ricardo. O porteiro autorizou sua entrada. Ela subiu, entrou no apartamento. Uma empregada a aguardava.

— Dona Anne me pediu para passar esse vestido — apontou.

— Nossa! É um Saint-Laurent autêntico.

— Vai ficar muito bonito na senhora.

— Obrigada.

A empregada conduziu-a até a suíte. Eliana despiu-se e tomou uma ducha reconfortante. Colocou o vestido e um colar que Anne pedira para que ela usasse. Ela se maquiou e, quando terminava de calçar o sapato, ouviu a campainha tocar. Seu coração veio à boca.

— Nicolas chegou — disse para si.

Ela respirou fundo, olhou pela última vez sua imagem refletida no espelho. Gostou do que viu. Eliana deu uma piscadinha e foi à sala. Ela jamais poderia descrever a emoção que sentiu ao ver Nicolas. Ele estava mais maduro, mais grisalho, mais bonito. Seu semblante aparentava tranquilidade, embora seus olhos brilhassem mais que o usual ao vê-la. Não pôde deixar de exclamar:

— Você está linda!

— Você também — Eliana aproximou-se e lhe deu um beijo no rosto. — Quantos anos!

— Confesso que está mais bela que antes. Está mais madura, porém continua linda.

— Obrigada.

Ela fez sinal para que se sentassem. A empregada perguntou se queriam beber algo. Eliana respondeu docilmente:

— Eu mesma vou preparar os drinques. Pode nos deixar a sós, por favor.

A empregada fez um gesto com a cabeça e se retirou.

— O que bebe?

— Um uísque, duplo.

— Está com uma carinha alegre, feliz.

Nicolas abriu largo sorriso:

— Tive a sorte de chegar ao quarto bem na hora da amamentação. Peguei meu sobrinho, quer dizer, nosso sobrinho no colo. Adriano é tão lindo!

Eliana sorriu.

— O sotaque aumenta seu charme.

— Creio que nunca vou perdê-lo.

Eliana preparou os drinques e levou o copo até Nicolas. Ele se levantou do sofá.

— Um brinde ao nosso reencontro.

— Um brinde!

Eles bebericaram e voltaram a se sentar. Nicolas tomou a palavra.

— Eu aprendi muitas coisas nesses últimos anos.

— É mesmo?

— Aprendi a me expressar — ele se aproximou. — Sabe, Eliana, quando a conheci, fiquei fascinado. Foi amor à primeira vista.

Eliana engoliu em seco. Agradeceu por estar sentada, pois suas pernas já estavam bambas. Nicolas continuou:

— Eu fiquei alucinado, apaixonado mesmo, no entanto tive de retornar à Europa. Depois, bem, você sabe o que aconteceu.

— Você se casou e teve um filho.

— Michel é um garoto adorável. Vive grudado a mim. A mãe não liga muito para ele.

— Anne me contou que seu casamento com Giselle foi sem amor.

— Não! Houve amor.

Eliana fez força para não demonstrar a contrariedade.

— Eu pensei que vocês não se amassem e...

Nicolas a interrompeu docilmente.

— Giselle se casou por amor ao meu dinheiro.

A ÚLTIMA CHANCE

373

— Ah, bom... tornou, desconcertada.

Ele pegou em suas mãos.

— Senti muito a sua falta. Soube que você se separou, arrumou emprego, tem criado sua filha sozinha. Tudo isso tem me despertado mais interesse, admiração e respeito por você.

— Fiquei sozinha e tive de me virar. No início Ricardo me ajudou, porém tive de ir à luta. Alaor fez de tudo para não me dar um tostão. Aprendi a me movimentar, a não ficar parada. É muito bom ser dona de meu nariz, ganhar e administrar meu próprio dinheiro. Sinto-me realizada.

— Totalmente realizada?

Eliana percebeu a face corar.

— Bom, profissionalmente eu consegui muito mais do que sonhei.

— Tem saído com alguém?

— Não. E você?

— Também não.

Nicolas apalpou os bolsos do paletó e de um deles retirou um cartão.

— É para você.

— O que é? — perguntou Eliana. — Um postal?

— *Oui*. Sim. Faz anos que o escrevi, mas nunca tive coragem de mandá-lo. Como eu havia lhe prometido, aqui está o cartão-postal.

Eliana pegou o cartão. Uma foto da torre Eiffel ilustrava a parte da frente. Nicolas solicitou:

— Vire.

Ela virou e leu: *"Quer se casar comigo?"*

— Quer? — indagou ele.

Eliana levou a mão à boca para evitar um gritinho de felicidade.

— Nicolas, eu...

— Por favor, depois de tantos anos, eu só quero uma resposta. Sim?

— Sim, claro!

Nicolas não se conteve. Tomou Eliana nos braços e a beijou demoradamente nos lábios. Ela se entregou ao beijo, às carícias, e foi tomada por forte emoção. Parecia que seu peito ia explodir, tamanho contentamento. Nicolas a pegou no colo e a conduziu para o quarto de hóspedes. Deitou-a na cama e, enquanto a beijava, também tomado sob forte emoção, misturava os idiomas.

— Case-se comigo, seja minha esposa. *Je t'aime.* Eu a amo.

CAPÍTULO 33

Sérgio abriu a janela da sala e meteu a cabeça para fora. A garoa continuava a cair sob a cidade. Poucas pessoas andavam na rua. O céu cinza e nublado parecia estar em acordo com seus sentimentos.

Desde que recebera a notícia do teste e o diagnóstico daquele médico insensível e desprovido de total tato para com os pacientes, Sérgio mal saía de casa. Esforçava-se para se levantar e dar as suas aulas. Ele podia estar doente e emocionalmente fragilizado, mas nunca deixaria seus alunos na mão. Aliás, era o carinho dos alunos e professores da escola que o animavam a continuar dando suas aulas, fazendo um esforço hercúleo para que ninguém suspeitasse de que ele estava vivendo uma fase infernal de sua vida.

Olhou de novo para fora, meteu a cabeça no vão da janela e deixou que algumas gotinhas de água caíssem sobre sua cabeça. Lembrou-se dos acontecimentos tristes que vinham permeando sua vida havia alguns anos. Enquanto se lembrava, as lágrimas se misturavam aos pingos da chuva fininha.

— Quanta saudade, Cláudio...

Imediatamente lembrou-se de quando decidira contar ao seu melhor amigo sobre o resultado de seu exame. Precisava conversar com alguém, ainda mais depois de receber o diagnóstico de que teria pouco tempo de vida. Sérgio ficou aterrorizado, não com a possibilidade de morrer, mas com a arrogância e falta de tato do médico em lhe decretar um fim certo e preciso, como se aquele homem de aparência sisuda sentado à sua frente no consultório fosse a personificação de Deus.

Sérgio fechou a janela e sentou-se numa poltrona. Sua mente voltou no tempo, anos antes...

Cláudio pediu licença na empresa e viria passar três dias na capital para dar todo suporte e apoio moral ao amigo do peito. Infelizmente, Cláudio falecera num acidente quando um caminhão desgovernado provocara um engavetamento, arrastando seu carro. Quando Sérgio recebeu a notícia, pensou que fosse morrer com o amigo.

— Como pode isso? — ele olhava para o alto e fitava algum ponto do céu, na tentativa de encontrar Deus. — Estou doente e agora, para piorar as coisas, Você arranca de mim meu melhor amigo? Que Deus é esse que só pune e maltrata? Estou com raiva de Você!

Ele passou dias num mutismo total. O corpo de Cláudio chegou a São Paulo na tardezinha de uma sexta-feira. O velório correu madrugada adentro e ele foi sepultado no sábado, no jazigo da família. Fora um baque duro para a família e para os amigos.

— Tanta gente ruim no mundo e meu filho morre nesse acidente estúpido? — bradava o pai, durante o sepultamento.

Sérgio pensou que não fosse resistir e talvez desmaiasse. Carlos e Dênis o acudiram. Ficaram lado a lado e puseram Sérgio no meio deles.

— Vamos para casa — ordenou Dênis.

A ÚLTIMA CHANCE

— Ele tem razão. Você está um trapo. Não pode ir para casa desse jeito.

— Eu não quero mesmo.

Os rapazes o conduziram até o carro e seguiram para a casa de Dênis. Ele morava numa quitinete não muito longe da casa de Sérgio. Percebendo o mutismo que nele se instalara, Carlos puxou conversa.

— Não repare na bagunça que está o apartamento do Dênis. É que ele está se mudando para a minha casa.

— Mesmo?

— Hum, hum. Decidimos que nos amamos. De que adianta ficarmos vivendo em casas separadas? Economizamos nas contas e dividiremos as despesas.

— Torço por vocês.

— Obrigado. Se você quiser acreditar no amor, aposto que uma pessoa legal vai aparecer para você.

— Imagine. Mesmo com a aids metendo medo em muitos de nós, os gays só querem saber de sexo e diversão. Ninguém quer relacionamento sério.

— Quem disse?

— Ninguém quer saber de nada. Quando se fala em namoro, todos correm, como se namorar fosse algo terrível.

— Não é bem assim. Existem pessoas que querem saber de envolvimento e outras que não querem. E isso não é exclusividade do mundo gay. Os héteros também sofrem com isso. Conheço homens e mulheres que reclamam da mesma coisa — declarou Carlos.

— E para piorar eu já levei alguns foras pelo fato de revelar ser soropositivo.

— Quem se rejeita atrai a rejeição. Fique do seu lado, conte consigo e esse novo teor de pensamentos vai lhe trazer pessoas que não ligam para o fato de você ser soropositivo.

— Será que é tão simples assim? — indagou Sérgio.

— Veja eu e Carlos. Estamos vivendo uma linda experiência a dois — disse Dênis.

— Vocês são exceção. Nenhum dos dois está infectado.

— Emerson e Josias estão juntos. Emerson é soropositivo e Josias não. Amam-se e vivem felizes.

— Não sabia.

— Pois agora sabe.

— Isso me dá esperanças.

— Por que deixar de tê-las? — indagou Dênis. — Você está vivo, ora!

Sérgio mordiscou os lábios. No fundo até acreditava num romance. Entretanto, o sonho de uma vida afetiva ruíra com o resultado de seu exame. Os meninos sabiam do resultado, porquanto, depois da morte de Cláudio, Sérgio resolveu abrir-lhes o coração. Carlos e Dênis, além de discretos, mostraram-se muito mais que amigos. Ofereceram a Sérgio todo tipo de ajuda, inclusive financeira, para ir a um bom médico — de preferência o oposto de Solano —, além de carinho e compreensão.

Dênis interveio:

— Tem saído?

— Não quero mais saber de sair. Levei muito pontapé da vida. Quero ficar sozinho no meu canto.

— Existe muita gente boa no mundo, Sérgio. Gente tão boa como você, eu, o Carlos.

— Mas eu agora tenho um defeito de fábrica, que vai me acompanhar pelo resto da vida. Já viram o preconceito que existe dentro do nosso meio? Basta apresentar sinais da doença e — Sérgio estalou os dedos — as pessoas que estão ao redor somem, afastam-se, tratam o doente de aids como se fosse um alienígena.

— Tudo depende da maneira como encaramos a doença. Se você mudar seus pensamentos, suas atitudes, ficar em paz consigo mesmo e, acima de tudo, ficar ao seu lado, não importa o que aconteça, tenho certeza de que alguém vai se interessar por você.

Carlos concordou:

— Sim. Uma pessoa que teve câncer não pode mais ter direito ao amor? Um diabético? Alguém que tenha problemas renais? Problemas, todo mundo tem, Sérgio.

— Mas o meu pode ser contagioso.

— Há como se prevenir. Usar camisinha durante as relações sexuais e adquirir hábitos de vida saudáveis. Pronto. Que risco poderá oferecer ao seu parceiro se usar camisinha? Nenhum.

— Bom, isso é...

— Eu e Dênis usamos camisinha. Confiamos um no outro, porém adotamos o uso contínuo do preservativo por ser mais higiênico.

— Camisinha tornou-se item indispensável.

— Verdade, Sérgio. Com ou sem aids, camisinha é acessório obrigatório. Não só nos previne da aids, mas de outras doenças sexualmente transmissíveis.

— Seu mundo afetivo não vai acabar porque se descobriu soropositivo. A não ser que você queira usar isso como desculpa para não ser feliz.

— Eu nunca amei de verdade.

— Nunca é tarde — observou Carlos. — Eu também não acreditava no amor. Depois que conheci Dênis, acreditei. E continuo acreditando — ele apertou a mão do companheiro, num gesto de carinho.

— O amor... o amor. Será que terei chances de amar e ser amado?

— Depende de você. Primeiro precisa melhorar o teor de seus pensamentos. Cabeça ruim atrai gente em desequilíbrio. Cabeça boa atrai gente legal.

— Você não pode ficar nesse estado depressivo. Precisa reagir.

Sérgio abriu os olhos e levantou-se da poltrona. Abriu a janela e aspirou o ar frio. Reagir... reagir. Essas palavras agora martelavam sua cabeça. Ele novamente olhou para fora e por uma fração de segundos viu um pedacinho de sol atrás das nuvens. Parecia um sinal de que as coisas podiam melhorar. Ele sorriu para aquele raio de luz dourado. A campainha tocou e, quando ele abriu a porta, surpreendeu-se com Carlos.

— O que faz aqui?

— Vim buscá-lo.

— Para quê? Não quero sair.

Carlos entrou e encostou a porta.

— De nada vai adiantar ficar desse jeito. Vicente morreu, você passou por maus momentos. Depois veio a morte de Cláudio. As perdas fazem parte da vida. Precisa saber lidar e aceitar isso. Os anos passaram e você não muda.

— Não aceito.

— Vai ficar emburrado em casa, metido nesse roupão?

— Eu saio para dar minhas aulas.

— Como se fosse um robô. Acha que esse comportamento vai mudar o resultado de seu exame?

Sérgio estremeceu.

— Está sendo duro comigo.

— Estou sendo realista, bicha! — Carlos tinha um jeito engraçado de falar com os amigos.

Sérgio sorriu.

— Faz tempo que não me chama assim.

— Esqueceu-se de nossa conversa muito tempo atrás? Reagir. Você precisa reagir.

— Sei disso, mas...

— Essa tristeza não vai trazer Cláudio de volta.

— Eu amava o Cláudio. Ele era o irmão que nunca tive. Depois de passar todo aquele sofrimento ao lado do Vicente, Deus arrancou de mim meu melhor amigo. Não foi justo.

— Deus não tirou seu amigo do mundo. Cláudio decidiu que era hora de partir do mundo. Já havia aprendido o que seu espírito precisava para galgar mais um degrau no caminho da evolução.

— Ele tinha toda uma vida pela frente. Não creio que quisesse morrer. Nem havia chegado aos quarenta anos!

— Deus não tirou Cláudio de nosso convívio. Aliás, não meta Deus nisso.

— Como não? Ele foi sacana, Carlos!

— Você tem uma visão humanista de Deus. Acredita que Ele seja um homem, talvez um velhinho, sentado cada dia numa nuvem e controlando nossas vontades, nossos desejos, criticando quando fazemos algo errado etc.

— E não é assim? Aprendi desde pequeno que Deus nos vigia ininterruptamente.

— E como ele poderia? Eu e Dênis acreditamos que nós, conscientemente ou não, escolhemos a nossa hora de ir embora deste mundo.

— Está me obrigando a acreditar que somos responsáveis por tudo o que nos acontece, inclusive pela nossa morte?

— Sim.

— Bobagem!

— Bobagem ou não, está na hora de sair de casa. Vamos respirar um pouco de ar fresco.

— Está chovendo.

— E daí? Meu carro não é conversível. Tem capota.

Sérgio riu.

— Dênis está lá embaixo, no volante, esperando-nos. É isso?

— Tudo planejado. Acordamos hoje inspirados a tirar-lhe de casa. Não me pergunte por que, contudo, tive uma vontade forte de vir até aqui e tirá-lo de casa. Nem que seja por meia hora.

— Está certo, você venceu. Vou me vestir.

Dez minutos depois estavam no carro. Sérgio cumprimentou Dênis e sentou-se no banco de trás. Carlos sentou-se no banco da frente.

— Para onde quer ir?

— Por aí. Não dá para ficar dando voltas pela cidade. Está garoando, e o trânsito, para variar, está horrível.

— Quer ir a um restaurante?

Sérgio naquele momento deu atenção ao estômago. Não vinha se alimentando muito bem.

— Estou com fome.

— Faz tempo que não vamos ao Sujinho. Gostaria de ir até lá?

Uma nuvem de tristeza esparramou-se sobre a mente de Sérgio.

— Era o restaurante predileto do Cláudio. Quantas noites e madrugadas passamos no Sujinho... Tanta conversa, tanta intimidade. Não sei se seria conveniente e...

— Se começar a evitar os lugares que frequentava com Cláudio, melhor ficar mesmo trancafiado em casa.

— Está sendo muito rude comigo.

— Está sendo muito dramático. Está se tornando um homem chato e amargo. Eu não quero andar com um amigo assim.

Sérgio surpreendeu-se.

— Como pode falar assim comigo, Carlos?

— Porque sou seu amigo e amigos são sinceros e verdadeiros. Você está muito chato, muito para baixo. Dessa forma vai atrair coisas ruins em sua vida. Pensamentos bons atraem coisas boas, pensamentos ruins... dá para imaginar o que se pode atrair com uma cabeça cheia de negatividade, certo?

— Concordo, mas é difícil colocar isso em prática.

— Vá tentando, no seu limite, mas vá tentando. O segredo é não desistir.

— Eu gostaria de ler esse livro de que vocês tanto falam.

— Como o próprio título diz, não tenho dúvidas de que você pode curar a sua vida.

— Mesmo, Carlos?

— Sim.

— Cláudio me falava sempre da importância de manter a cabeça com bons pensamentos.

— Cláudio é um espírito muito lúcido. Foi por esse motivo que ficou tão pouco tempo entre nós.

— Se quer saber, minha intuição me diz que Cláudio está muito bem — interveio Dênis.

Sérgio não respondeu. Fechou os olhos e imediatamente o rosto de Cláudio apareceu em sua mente. Ele lhe sorria. Uma lágrima escapou pelo canto do rosto de Sérgio. Os rapazes perceberam seu estado emotivo e nada disseram. Dênis ligou o rádio e sintonizou numa estação que tocava músicas antigas e agradáveis. Carlos pegou em sua mão e assim continuaram o trajeto.

A ÚLTIMA CHANCE

Enquanto isso, o espírito de Cláudio tentava mais uma aproximação com Sérgio. Desde que desencarnara tentava aproximar-se do amigo, mas as energias perturbadoras da mente de Sérgio o afastavam. Gina também tentava ajudá-lo a se lembrar do encontro que tiveram tempos atrás e conversaram muito sobre aids, mas Sérgio criara uma barreira e não aceitava aquelas ideias. Preferia sofrer.

No momento estava com o campo áurico menos perturbado e Cláudio pôde enfim se aproximar. O espírito cuja luminosidade era indescritível estava sentado ao lado de Sérgio e procurava levantar-lhe o astral.

— Estou bem, meu amigo. Foi só uma mudança.

Sérgio captava e acreditou estar conversando com a própria mente.

Será que está bem mesmo? Sua morte foi tão horrível.

— Aos olhos do mundo tive uma morte trágica, porém eu não senti um pingo de dor. Só me lembro de buzinas, freios e mais nada. Quando dei por mim, estava numa cama de hospital, sendo amparado por amigos espirituais.

Eu me sinto tão só. Estou doente e, quando mais precisei de sua amizade, de seu apoio, você partiu.

— Estarei sempre ao seu lado, mesmo que a distância, transmitindo-lhe coragem e força. Não serei sua babá espiritual, porquanto minha vida aqui deste lado continua seguindo em frente. Mas com certeza eu estarei presente, você pode acreditar.

Logo vou morrer...

Sérgio continuava de olhos fechados. A música que saía dos alto-falantes era uma bela canção, muito em voga nos anos sessenta, tema do filme *Ao Mestre com carinho*. Sérgio sorriu e disse para si:

Ah, Cláudio, lembra-se de quando eu lhe cantava esta música? Era uma de minhas prediletas.

— Lembro-me bem. Você sempre foi desafinado, mas, como bom amigo, eu escutava e às vezes também o acompanhava.

Será que vamos nos encontrar em breve? Eu vou morrer e...

Cláudio o interrompeu.

— Você vai morrer, assim como eu já morri. Dênis e Carlos também vão morrer. Todos que o cercam nesta vida vão morrer. Faz parte da natureza humana. Mais dia, menos dia, vamos deixar o corpo físico. Você teve um encontro maravilhoso com Gina, em que ela lhe explicou tanta coisa sobre essa doença, dando-lhe a chance de mudar suas ideias...

A mente de Sérgio voltou àquela noite do sonho, em que ele e Gina tiveram um agradável encontro. Envolvido nos problemas do mundo e preso à ideia de que iria morrer, ele se esquecera completamente do sonho. Cláudio encostou a palma da mão sobre a testa do amigo. De sua mão saíram fagulhas coloridas.

— Lembre-se do que conversaram, Sérgio. Você não vai morrer disso. É só se lembrar.

De repente, tudo veio à tona. Cada frase que Gina havia lhe dito, toda a explicação sobre ele ter atraído a doença. Sérgio abriu os olhos e disse em alto tom:

— Eu não vou morrer disso! Eu me recuso a morrer disso.

Os rapazes continuaram em silêncio. Dênis olhou de esguelha para Carlos e deram uma piscadinha cúmplice. Carlos fechou os olhos e orou pelo bem-estar de Sérgio. Ele continuava conversando consigo mesmo. Arregaçou as mangas da camisa e, conforme passava os dedos pelas veias, dizia:

Oi, vírus. Você entrou no meu corpo, mas não vai me derrotar. Eu sou forte para combatê-lo. Você pode estar correndo em meu sangue, mas vai ficar quietinho, invisível. O meu amor por mim mesmo é mais forte que tudo.

— Você está bem? — perguntou Carlos.

— Estou ótimo. Nunca me senti tão bem em toda a minha vida. Acabei de me lembrar de um sonho que tive tempos atrás.

— Será que você teve um sonho ou um encontro espiritual? — indagou Dênis.

— Não sei, mas foi tão real, me fez tão bem que não me importa se foi sonho ou não. — Sérgio cutucou Carlos nas costas: — Ei, será que seria chato eu me encontrar com Leila?

— Claro que não. Ela tem esperado que você se manifeste. Por que pergunta?

— Eu tenho algumas dúvidas em relação a minha saúde e ela tem um amigo médico.

— Um excelente amigo. E excelente médico — ponderou Dênis.

— Eu preciso falar com ela. Será que ela me receberia?

— Claro. Leila tem grande carinho por você. Mesmo que não fosse apaixonado por Vicente, você esteve do lado dele no momento mais difícil de sua vida. Ficou ao lado de seu companheiro até o fim.

— Não fiz mais que minha obrigação, quer dizer, eu quis ajudar. Foi de coração.

— E acha que Leila não sabe disso? Ela sempre pergunta de você. Creio que vai adorar recebê-lo.

O espírito iluminado de Cláudio sorria ao lado do amigo.

— Isso mesmo. Reaja. Pense de forma saudável. Já que está com um problema, nada melhor do que encará-lo de maneira positiva. Não se esqueça de que estarei ao seu lado, sempre.

Sérgio sentiu agradável sensação de bem-estar. Não sabia de onde havia retirado tanta força positiva, mas se sentia bem como havia muito tempo não se sentia. Imediatamente o carro foi invadido por agradável cheiro de perfume. Sérgio fungou várias vezes e perguntou aos meninos sentados no banco da frente:

— Sentiram o cheiro?

— Que cheiro? — indagou Dênis.

— Perfume. Não sentem o cheiro de Lacoste?

— Não.

Ele não saberia responder, mas naquele instante era como se Cláudio estivesse ali ao seu lado. Sérgio sentiu-se tão bem que esboçou um largo sorriso.

— Assim é que eu gosto de vê-lo, meu amigo. Cabeça erguida e bons pensamentos. O resto a vida dá um jeito. Logo muita coisa boa vai lhe acontecer. E, quanto a esse "probleminha" que lhe apareceu, isso você vai tirar de letra. Acredite.

As narinas de Sérgio ficaram inebriadas pelo perfume de Cláudio até ele descer do carro, próximo do restaurante.

— Não sentiram o cheiro?

— Não.

Dênis estacionou numa rua transversal e andaram alguns metros até a esquina da rua da Consolação. Quando entraram no restaurante, surpreenderam-se com Leila, Nelson e Roberto. Os três conversavam animados e teciam planos sobre a reforma e o aumento da instituição. Eles se aproximaram e se cumprimentaram.

Após os cumprimentos, Carlos apresentou Sérgio a Roberto. Foi tudo muito rápido. Dessa vez não foi uma sensação totalmente nova. Os olhos de Roberto e de Sérgio se encontraram, e ambos não conseguiam desviá-los. Ao se darem as mãos, Sérgio perguntou:

— Já não nos vimos antes?

— Não estou certo...

Roberto não conseguia concatenar os pensamentos. Não sabia se sua mente projetava o encontro rápido dos dois na boate, muitos anos atrás, ou se se tratava de memórias de vidas passadas. Memórias afetivas de Robert e Gérard. Uma mistura de sentimentos sacudiu mais uma vez o coração de ambos. Os mais românticos diriam se tratar de amor à segunda vista.

— Prazer.

— Prazer — respondeu Roberto.

Leila percebeu a emoção que se apossara de ambos. Chamou o garçom e pediu que juntasse mais uma mesa. Sentaram-se todos juntos e Roberto ficou de frente para Sérgio. Trocaram olhares significativos durante o almoço.

A refeição correu agradável e na hora em que a conta chegou, Sérgio pigarreou e tomou coragem. Perguntou a Roberto:

— Incomodaria se eu lhe pedisse seu cartão e agendasse uma consulta?

— Uma consulta?

Sérgio pigarreou.

A ÚLTIMA CHANCE

— Si... sim. Uma consulta. Meu ex-companheiro morreu de aids há alguns anos. Eu tenho o vírus e o médico que me atendeu quando fiz o teste não foi lá muito simpático.

— Terei o maior prazer em atendê-lo. Quer ir amanhã ao consultório?

— Sim.

Roberto tirou um cartão da carteira. Em seguida, consultou sua agenda.

— Pode ser no último horário?

— Pode.

— Assim ficaremos à vontade. Não se esqueça de levar todos os seus exames.

— Está certo.

Todos se despediram. Quando Sérgio chegou a casa, ele novamente dirigiu-se à janela da sala. Olhou para o sol que tentava timidamente se livrar das nuvens e sorriu.

— Obrigado!

Os espíritos de Cláudio e Gina estavam ao seu lado.

— Agora é com vocês. A vida os reuniu mais uma vez. Desta vez não há casamentos arranjados, trapaças, joguinhos de sedução. Não há motivos para que se separem. Vocês têm toda a chance de viverem uma linda história de amor.

— Como nós iremos viver a nossa — tornou Cláudio.

— Sim, meu Cláudio, meu Claude, meu amor. Como a nossa.

Gina beijou os lábios de Cláudio e em instantes seus espíritos desapareceram, deixando no ambiente agradável sensação de bem-estar e, mais uma vez, uma leve fragrância de perfume Lacoste no ar.

CAPÍTULO 34

Vidigal deu uma batidinha na porta e entrou.

— Vai ficar até tarde?

— Vou — respondeu Roberto.

— Quer jantar mais tarde em casa? Mirtes mandou fazer bife com batatas fritas. Seu prato predileto. Ela ligou há pouco e pediu que se juntasse a nós.

Roberto passou a língua pelos lábios.

— Hum, convite irresistível, mas terá de pedir a sua esposa que guarde um pouco para mim e comerei amanhã. Passo lá para pegar minha quentinha, pode ser?

— Por quê? Tem trabalhado muito.

— Tenho paciente novo.

— Ossos do ofício. Está certo, garotão. Amanhã, então, combinado?

Roberto consultou a agenda.

— Pode. Diga a Mirtes que amanhã eu jantarei com vocês.

— Humpf! — Vidigal resmungou. — Vou ter de jantar o mesmo prato por duas noites?

— Vai sim. Amanhã vou querer bife com batatas fritas.

— Mirtes está mimando-o demais. Estou com ciúmes.

— Ela me adora. Fazer o quê? Eu sou mesmo adorável.

Vidigal fez um gesto engraçado com os dedos.

— Convencido. Até amanhã.

— Até amanhã.

Vidigal se despediu e em seguida a recepcionista trouxe Sérgio até a sala. Ele entrou e ela perguntou a Roberto:

— A consulta vai demorar?

— Vai, Glória. Pode ir para casa. Eu apago as luzes do consultório.

— Obrigada, doutor Roberto. Até amanhã.

— Vá com Deus.

Sérgio sentou-se na cadeira em frente à mesa. Meio sem graça, entregou o envelope com os exames para Roberto. Enquanto ele abria o envelope, perguntou:

— Como tem passado?

— Bem. Anos atrás tive uma mancha no pescoço. Descobri ser sarcoma de Kaposi. Tratei e depois sumiu.

— Apareceram outras manchas?

— Não. Nunca mais tive nada.

— Você tem uma aparência saudável. Ninguém diria ser portador do vírus.

— Obrigado, doutor. Tenho me cuidado.

— É bom cuidar do corpo, com ou sem doença.

— Mudei meus hábitos alimentares e agora procuro fazer exercícios.

— Bom sinal. E a cabeça?

— O que tem ela?

— Como andam seus pensamentos?

— Procuro ter bons pensamentos.

— Esse é o diferencial entre meus pacientes. Os que têm uma boa cabeça, que mudam suas posturas, têm um resultado melhor ao tratamento.

— Mesmo?

— Sim. Eu diria que oitenta por cento do tratamento em pacientes soropositivos é mais resultado de uma mente sadia.

— Ouço muito que a medicação tem efeitos devastadores.

— Alguns pacientes respondem bem à medicação. Outros, nem tanto. Cada caso é único, porém eu acredito que a mente ajuda bastante para um tratamento eficaz.

— O senhor pensa diferente.

— O senhor não existe. Sou mais novo que você.

— Mas é médico.

— Prefiro que me chame de Roberto. Gosto de ter uma relação mais humana com meus pacientes. Como se fosse um amigo que estivesse tratando de você.

— Está bem — disse Sérgio, num sorriso largo.

— Você está com quarenta e cinco anos. Está bem conservado.

Sérgio enrubesceu. Roberto continuou a olhar os exames.

— Você não fez o exame de carga viral?

— Não. Eu fiz o teste anti-HIV e depois repeti o exame. Alguns anos atrás fui atendido por um médico muito rude, que afirmou com categoria que eu morreria no máximo em dois ou três anos.

— Infelizmente, alguns médicos ainda têm uma visão fatalista da doença. Eu não tenho.

— Ainda bem. Embora a homossexualidade seja considerada uma doença...

— De onde tirou isso?

— Tem um amigo meu que namorou um médico. Ele dizia que a homossexualidade é classificada como doença pela Organização Mundial da Saúde.

Roberto fez uma negativa com a mão.

— Seu amigo anda desatualizado. Para ter uma ideia, a Associação Americana de Psiquiatria revisou seu manual de doenças e, em 1973, a homossexualidade deixou de constar como transtorno mental. Aliás, até algum tempo atrás usava-se a palavra homossexualismo. Ela deixou de ser usada visto que o sufixo "ismo" está associado a patologias e ideologias[1].

— Não sabia.

— Agora sabe.

— Mas a decisão não fez diminuir a carga de preconceito, tampouco de discriminação.

Roberto parou de ver os exames e o encarou com um sorriso:

— No entanto, tal decisão foi importante para compreendermos a homossexualidade como identidade sexual que não carece de cura.

— Pensando por esse ângulo...

Roberto sorriu e mudou o assunto.

— Você sabia que a rede pública de saúde distribui gratuitamente o AZT.

— Sim, todavia sei que ele sozinho não consegue controlar a fúria do vírus.

— Recentemente surgiram os primeiros inibidores de protease...

Sérgio o interrompeu:

— O que é isso, doutor?

— Medicações que dificultam a multiplicação do HIV no organismo. Começamos há pouco tempo a utilizar em nossos pacientes a terapia antirretroviral, quer dizer, a prescrição de medicações para combater o vírus com mais eficácia, procurando causar efeitos colaterais menos danosos ao organismo.

— Então estamos próximos da cura?

— Eu não diria cura, mas perto de que a aids se torne uma doença controlada e crônica, como o diabetes, por exemplo.

— Esses inibidores são anjos no organismo? É isso?

— Pode se pensar assim — Roberto sorriu. — Os inibidores de protease são como uma pequena bomba que se lança sobre o vírus, matando-o. Muitas pessoas que tinham certeza de

---

1 No ano de 1985, o Conselho Federal de Medicina considerou que a homossexualidade não era um desvio de comportamento. Em 1990, a Organização Mundial de Saúde (OMS) alegou que a homossexualidade não era uma patologia, porquanto não havia razões médicas nem éticas para tal. Finalmente, em 2018, a OMS retirou a transexualidade do seu quadro de doenças.

que estavam diante de seus últimos anos de vida, de repente se deram conta de que não vão morrer.

— Essa notícia não poderia ser melhor, doutor.

— A expectativa de vida de um soropositivo passou de dez para vinte anos e estudos recentes apontam para trinta anos.

— Daqui a trinta anos estarei no bico do corvo. Estarei quase no fim da vida.

Roberto riu.

— Para ver como a aids hoje não é uma doença mortal. É perigosa e aconselho a todos os meus pacientes a fazerem sexo seguro. De qualquer forma, é melhor evitá-la. Mas, para aqueles que se infectaram, vai uma boa notícia: dá para ter uma vida normal.

Os olhos de Sérgio brilharam emocionados.

— Eu vou viver, doutor. Eu juro.

— Vai viver muito. De uma coisa tenho certeza.

— Qual?

— Você não vai morrer de aids.

— Eu digo isso para mim todos os dias.

— Confie. E acrescente aos seus dizeres uma frase que uso há anos.

— Qual é?

— Sou amado e protegido por Deus.

Sérgio repetiu as palavras.

— Sou amado e protegido por Deus.

Leve brisa adentrou a janela do consultório balançando graciosamente as persianas. Sérgio sentiu agradável sensação de bem-estar.

— Se eu soubesse que você era tão bom, teria vindo antes. Passei esses anos todos temeroso de ouvir outra declaração de morte.

— Chegou na hora certa. Acredito que nesse tempo teve chance de rever sua vida, mudar crenças e posturas. Minha intuição diz que hoje é um homem mais confiante, mais amadurecido. Afinal, depois que enfrentou a aids, você é capaz de enfrentar qualquer coisa.

— Verdade, doutor. Eu me sinto tão forte que sou capaz de enfrentar qualquer coisa. Até o preconceito. Hoje me aceito cem por cento. Se Deus me fez homossexual, é porque ele quis que eu aprendesse coisas boas dentro dessa condição.

— Concordo com você — Roberto pediu que ele se despisse, ficasse de cuecas e deitasse numa maca. Sérgio obedeceu. Enquanto ele o auscultava, prosseguia: — O mundo tem de agradecer por haver os gays. Afinal, se não existissem os homossexuais, imagine como esse consultório estaria decorado?

— É verdade. Somos sensíveis e muito bons em decoração.

— Gostamos de coisas bonitas, objetos de arte, bons restaurantes... E, como a maioria de nós não tem filhos, podemos viajar o mundo inteiro com nosso companheiro. Isso não é fantástico?

Sérgio pigarreou.

— Você se sente bem como gay?

— Sim.

— Não tem medo de que os outros façam gracinhas pelas suas costas?

— De maneira alguma. Eu me aceito do jeito que sou. Estou do meu lado. Hoje me sinto mais forte para enfrentar o preconceito.

— Você não aparenta ser gay. Não tem trejeitos.

— Na intimidade eu sou mais solto. Quando jovenzinho, era bem delicado, porém conforme fui me aceitando e me entendendo como homossexual, fiquei mais confiante e passei a não mais ligar para minha postura. Conclusão: tornei-me mais homem na aparência conforme fui me aceitando incondicionalmente. Quer dizer, quanto mais bicha por dentro, mais homem por fora!

Sérgio não cabia em si de tanta risada. As lágrimas rolavam de puro contentamento. Fazia tempo que não ria assim e muito mais tempo que não se sentia tão bem na presença de alguém.

— Eu mal o conheço, mas sinto que é um velho conhecido meu.

— Tive a mesma impressão no restaurante — rebateu Roberto.

— Você namora?

— Não.

— Por falta de opção, creio.

— Porque não senti atração por ninguém especial.

— Nunca namorou?

— Tive meus casos aqui e acolá. Nada sério. E você?

— Tive alguns relacionamentos. Meu último companheiro morreu em consequência da aids.

— Leila me contou. Afinal era o filho dela. Sinto muito.

— Não tem de quê.

— Ela me disse que você cuidou muito bem do Vicente.

— Sim. Mesmo não o amando, tive profundo sentimento de fraternidade. Independentemente de qualquer coisa, ele era meu amigo.

— Já amou na vida?

— Nesta, ainda não.

Roberto passou as mãos pelo ventre de Sérgio.

— Sente dor aqui?

— Não.

Ele terminou de fazer o check-up básico.

— Aparentemente está muito bem. Creio que seu exame de carga viral vai ser baixo.

— Preciso mesmo fazê-lo?

— Sim. Esse exame mede a quantidade de HIV no seu sangue. Por meio dele terei uma imagem de sua saúde e saberei quais as combinações de medicamentos que você terá de tomar.

— Isso me assusta.

— Por quê?

— Conheço gente que toma mais de dez comprimidos por dia. Uns têm de ser tomados em jejum, outros depois de comer, tornando a vida do paciente um inferno.

— Alguns casos são assim mesmo, não vou mentir. Mas você chegou ao meu consultório em boa hora. Dependendo da quantidade de vírus no seu sangue, poderemos iniciar o tratamento somente com dois comprimidos de manhã e dois à noite, fazendo ou não jejum.

A ÚLTIMA CHANCE

— Fala sério?

— Por que mentiria ao meu paciente? E, se quiser, poderá pegar seu medicamento na rede pública. Nosso país é um dos pioneiros na distribuição gratuita de medicamentos para o tratamento do HIV.

— Quem diria que o Brasil se tornaria referência em âmbito mundial para o tratamento da doença? Até sinto orgulho do meu país.

— Eu também. Pode se vestir.

Roberto fez a guia para o exame de carga viral e o entregou a Sérgio.

— Meu plano de saúde não cobre esse exame.

— Pode fazer através do Centro de Referência e Treinamento (CRT) DST/Aids da Secretaria de Estado da Saúde de São Paulo.

— Deve ser uma burocracia e tanto.

— Engana-se de novo. É tudo muito bem-feito. Coisa de primeiro mundo — Roberto fez uma cartinha redigida de próprio punho. — Entregue esta carta na recepção. Segue o endereço. Os médicos de lá são meus conhecidos.

— Eu posso pagar pela consulta. Gostaria de ser atendido aqui neste consultório. Todavia, não tenho como pagar os exames caros e os possíveis remédios que terei de tomar.

— Eu arrumarei uma maneira de você fazer os exames de sangue e pegar seus medicamentos, o que chamamos de "coquetel" pela rede pública de saúde. É um direito de todo soropositivo brasileiro, não importa cor, sexo, raça, condição social ou orientação sexual.

— Eu não tenho palavras para lhe agradecer, doutor.

— Este é meu trabalho.

Quando os exames ficaram prontos, Sérgio teve uma grata surpresa. Roberto colocou os exames sobre a mesa.

— Antes de falar do resultado, queria lhe explicar algo muito importante.

— Pode dizer, doutor.

— O vírus HIV destrói as células T, as quais combatem infecções. Se tiver uma carga viral alta, indica que tem muito HIV no seu sangue. Se tiver uma carga viral baixa, indica que tem pouco HIV no seu sangue. Se tiver uma carga viral indetectável — que é o desejo de todo médico e mais ainda de todo paciente —, indica que tem menos HIV do que o exame pode medir. Quando a sua carga viral é baixa, é muito mais fácil manter-se saudável. Mas lembre-se: mesmo que tenha uma carga viral indetectável, ainda é portador do vírus HIV. É importante proteger as outras pessoas. Use sempre preservativos quando tiver relações sexuais.

— Sem dúvida, doutor.

— No seu caso tenho boas notícias.

— Antes delas, pode me dar uma informação?

— Por certo.

— Por que a contagem das células T é tão importante para um soropositivo?

— Porque as células T moram, digamos assim, no seu sangue. Elas ajudam a combater infecções de todo tipo. Se tiver uma contagem de células T alta, isso indica que possui várias células, um exército forte para combate de infecções presentes no seu sangue. Se tiver uma contagem de células T baixa, isso indica que tem poucas células, por conseguinte, seu exército não é tão forte para combater o inimigo no seu sangue. Isso dificulta a capacidade do seu corpo de combater infecções.

— Dessa forma, quando apresentamos uma carga viral alta, o HIV é capaz de destruir as nossas células T mais depressa do que o nosso corpo produz células novas, fazendo com que a contagem de células T desça.

— Exatamente, Sérgio. Se a contagem de células T descer para menos de quinhentos, poderá adoecer com certa frequência. É importante manter a contagem de células T o mais alto possível para combater infecções. A medicação antiviral pode ajudar a aumentar a contagem dessas células, porque evita que o vírus se desenvolva. Pelo resultado de seu exame, poderemos adotar o uso de Biovir e Nevirapina. Muitos pacientes têm respondido bem a essa combinação de medicamentos[2].

— São os dois comprimidos que se toma de manhã e mais dois à noite?

— Sim. Você vai começar a tomá-los amanhã. Em catorze dias alguns sintomas podem se desenvolver, como vermelhidão pelo corpo ou certo mal-estar, como febre ou enjoo. Depois dessas duas semanas, se estiver tudo certo, esperaremos por mais outras duas semanas e repetiremos o teste de carga viral. Se ele estiver bem mais baixo ou indetectável, é sinal de que o coquetel está surtindo efeito positivo.

— Deus o ouça, doutor. Estou tão confiante!

— Há outras coisas que pode fazer para aumentar a contagem de células T e manter-se saudável.

— Além da medicação?

— Hum, hum. Isso inclui: ingerir alimentos saudáveis, descansar tanto quanto possível; evitar o tabaco, o álcool e as drogas; reduzir todo tipo de estresse; e, por último, mas não menos importante, manter uma atitude positiva diante da vida.

Sérgio sorriu triunfante e tirou um livro de sua pasta.

— Veja, doutor, este livro está mudando minha vida.

Roberto pegou o exemplar. Era *A vida em perigo*, de Louise Hay. Ele sorriu.

— Conheço esse livro. Indiquei para muitos pacientes. Lousie Hay tem feito um ótimo trabalho não só para pacientes de aids, mas para todos os que enfrentam doenças consideradas terminais.

---

2 Na época em que a história se passa havia poucos medicamentos ofertados ao paciente soropositivo. Ao longo das últimas décadas surgiram mais de 20 tipos de drogas indicadas para inibir o avanço do vírus HIV sobre as células CD4 do sistema imunológico. Em fins de 2021, a ANVISA autorizou o registro do Dovato, um medicamento de regime completo composto por duas medicações (Dolutegravir 50 mg e Lamivudina 300 mg) em dose única diária, ou seja, em um único comprimido, para o tratamento de HIV.

— Tornou-se uma bíblia para mim. Graças a ele e aos meus amigos, eu tenho adquirido outra visão de vida. Mais positiva, mais bonita. A aids me fez ver um mundo mais colorido.

— Às vezes somos pegos de supetão por algo desagradável. Acreditamos que a vida está nos punindo, quando na verdade está nos alertando para que mudemos nossa maneira de ser, para vivermos em harmonia e bem-estar.

A conversa fluiu agradável e Sérgio inesperadamente convidou Roberto para jantar.

— Aceito.

Depois desse jantar veio outro, mais outro. A amizade entre eles extrapolou a relação médico-paciente. Roberto convidou Sérgio para ser voluntário na instituição criada por Leila. Afinal de contas, Sérgio tinha o vírus e sabia o que era lidar com a aids.

— Estou para me aposentar e não sabia o que fazer da minha vida.

— Pensou que fosse se dedicar a bingos e tricô? — perguntou Roberto, em tom de deboche.

— Eu não ficaria bem fazendo tricô.

— Por que não? Homem não faz tricô? É uma terapia excelente.

— Não. Porque não tenho coordenação motora, mesmo.

Os dois caíram na gargalhada. Saíam bastante. Sérgio adorou reaproximar-se de Leila e Nelson. Empolgou-se com a instituição, emocionou-se com as crianças que ali chegavam. Em pouco tempo, estava envolvido de corpo e alma no trabalho com crianças soropositivas. Quando uma delas conseguiu reverter a presença do vírus no corpo, a emoção foi geral.

— Tudo é possível — disse Roberto.

— Tem razão — concordou Sérgio.

Os jantares foram aumentando, as idas ao cinema também. De repente, em poucos meses, os dois perceberam-se apaixonados. Roberto tomou a iniciativa.

— Quer me namorar?

— Adoraria. Mas tenho medo de infectá-lo.

— Eu sou médico. Sei com o que estou lidando. Não se pega aids tão fácil assim. E, de mais a mais, seus exames têm apresentado carga viral indetectável.

— Mesmo assim ainda tenho o vírus.

— As chances de você me contaminar são mínimas. Eu tenho uma boa cabeça para viver e namorar um portador de HIV.

— Mas eu...

Roberto o silenciou pousando os dedos delicadamente em seus lábios.

— Eu o amo. Do jeito que você é. Só quero saber se quer me namorar, ou não. Pode me dar uma resposta objetiva?

— Sim. Eu quero. Desde o primeiro dia em que o vi, sempre o desejei.

Roberto aproximou-se e o beijou demoradamente nos lábios.

— Vamos tentar. Algo me diz que seremos muito felizes juntos.

— Também acho.

EPÍLOGO

A notícia da oficialização do namoro de Roberto e Sérgio foi dada num almoço realizado por Leila. Assim que chegaram para o evento, Bonnie e Clyde, dois cockers lindos, filhos de Rex, que morrera anos antes, atiraram-se sobre Sérgio. Leila lembrou-se do dia em que Rex atirou-se sobre Roberto. Falou para Sérgio:

— Eles gostaram de você. Sinal de que é uma boa pessoa...

Roberto e Sérgio estavam se dando muito bem e decidiram comunicar à família que iriam juntar seus trapinhos em breve. A família de Sérgio não quis participar.

— Problema deles. Não sabem o que perdem. Se fosse anos atrás eu estaria chorando, porque minha família não estava me dando apoio. Hoje eu me dou apoio e percebo que, se eles não me aceitam, não podem viver comigo. Eu só quero conviver com pessoas que me aceitem e me respeitem e, acima de tudo, que me amem pelo que sou.

— Bravo! Assim é que se fala.

A tarde estava ótima, com temperatura bem agradável. Sérgio e Roberto decidiram dar uma volta no parque ali perto de casa. Roberto espremeu os olhos. Não podia acreditar no que via. Sérgio preocupou-se.

— O que foi?

— Aquele homem ali no parquinho brincando com uma criança...

— O que tem?

Roberto foi caminhando e estugou o passo. Chegou próximo e falou, emocionado:

— Davi!

O homem voltou as costas e, ao ver Roberto, seus olhos brilharam. Depois de muitos anos eles se reencontravam. O abraço foi meio desajeitado, visto que Davi carregava linda criança nos braços, com pouco mais de dois anos de vida.

— Meu Deus, como você está bem! — exclamou Davi.

— Digo o mesmo. Quanto tempo. E esse guri?

— Meu filho.

— Jura?

Davi fez sim com a cabeça. Roberto pegou a criança nos braços e apresentou Sérgio.

— Este é meu namorado — e, voltando-se para Sérgio, disse: — Esse é o Davi, um amigo de muitos anos atrás.

Eles se cumprimentaram. A criança simpatizou com Roberto e começou a puxar seu cabelo.

— Beto gostou de você — tornou Davi.

— O que disse?

— Beto. Meu filho se chama Roberto. Homenagem a você!

Roberto abraçou e beijou delicadamente a criança. Uma lágrima escorreu pelo canto de seu olho.

— Que honra! Obrigado.

— Espero que meu filho cresça e tenha um coração tão bom quanto o seu — Davi piscou para Sérgio e falou: — Esse rapaz é um tesouro, uma joia rara. Não desgrude dele.

Sérgio declarou:

— Por nada deste mundo!

Riram os três. Davi tornou, mais sério:

— Eu perdi o interesse por homens. Num voo, conheci Marisa. Ela era comissária de bordo. Flertamos, trocamos telefone e deu nessa coisa linda — apontou para o filho.

Sérgio interveio:

— Você é casado com Marisa Argollo?

— Sim. Você a conhece?

— Pois claro! Ela muito me ajudou anos atrás quando meu ex-companheiro ficou doente.

— Vicente — tornou Davi. — Eu sei do caso. Marisa tem muito carinho por ele, embora tenha sido uma fase triste de sua vida. Ela não gosta muito de falar no passado.

— Como ela está?

— Está bem. Saiu da companhia aérea. Montamos um café no bairro em que moramos. Estamos juntos e felizes. Encontrei o amor de minha vida.

Os três entabularam conversação por mais algum tempo. Depois, o pequeno Beto começou a resmungar que estava com fome. Davi deixou seu telefone para marcarem um jantar e despediram-se.

— O mundo é pequeno.

— E como, Roberto. No fim das contas, todo mundo conhece alguém que conhece a gente.

— Davi falava sobre ter um filho. Realizou seu desejo. E, por falar em desejo — Roberto deu uma piscadinha para Sérgio —, você gosta tanto daqui, deste bairro! Por que não vende ou aluga seu apartamento e vem morar comigo?

— Ainda é cedo.

— Cedo para quê?

— Não sei. É um passo muito importante.

— Gostamos um do outro. Nós nos amamos. Temos afinidades, a cama é boa — eles riram —, o que mais falta?

— Está bastante animado.

— Depois de ver Davi feliz com o filho nos braços... percebo que a vida precisa ser vivida em toda sua intensidade no hoje, no agora, no presente. Somos adultos, maduros, não somos mais crianças. Por que não viver juntos? Dormir toda noite abraçadinhos?

Sérgio meneou a cabeça para os lados e riu.

— Safadinho!

Roberto tirou uma carta do bolso.

— Parece que vejo sinais da vida por todos os lados mostrando-me que devemos nos "casar".

— Por que diz isso?

— Acabamos de encontrar Davi, e ontem recebi esta carta de um ex-namorado.

Sérgio levantou o sobrolho.

— O que ele quer? Que volte? Pode esquecer. Agora você é meu!

Roberto sorriu.

— Jean foi um namoradinho da época em que morei em Paris. Depois cada um seguiu seu rumo e ele me mandou esta carta. Está apaixonado e vive feliz com seu companheiro italiano, Paolo. Daí veio a pergunta: por que a gente não imita o Jean? E por que não fazemos como Davi e Marisa? As pessoas que se amam preferem viver juntas.

— Nem todas. Conheço casais que vivem juntos há anos e moram em casas separadas.

— Porque não respeitam a individualidade alheia. Prometo que vou deixar você ter seu espaço. Não vou ficar grudado no seu pé o dia todo. Vamos, considere essa maravilhosa possibilidade. Façamos assim: eu alugo o meu apartamento, você aluga o seu e vamos para um terceiro, *nosso* — Roberto enfatizou. — Se não der certo a vida sob o mesmo teto, voltamos para nossas próprias casas. Tudo muito prático. Mas que não custa tentar, ah, não custa...

— Está bem, você venceu.

— Sério?!

— Você foi convincente. Quando começamos a procurar casa?

Roberto o abraçou com carinho e o beijou.

— Eu o amo, Sérgio. Muito.

Outro almoço foi realizado na casa de Leila e Nelson. Dessa vez para anunciarem a vida a dois sob o mesmo teto. Leila fez questão de oferecer o almoço. Para não haver brigas, Dalva e Maria juntaram seus dotes culinários e prepararam deliciosa refeição, de que deveria constar bife à milanesa e batatas fritas.

Helena estava muito feliz com esse namoro. Percebia o quanto seu filho estava verdadeiramente apaixonado por Sérgio e, além do mais, ambos faziam um belo casal. Ela se entregou de corpo e alma ao trabalho na instituição e, de vez em quando, viajava com amigas em divertidas excursões.

✺

Eliana estava numa eterna lua de mel com Nicolas. Depois que se acertaram, ela pediu demissão do cargo de gerente da loja e foi viver sua história de amor. Rafaela fez o possível para que a mãe aceitasse que ela era uma mocinha e podia viver muito bem ao lado da avó e do tio. E, por outro lado, ela tinha Ricardo, Anne e o primo Adriano, que nutria por Rafaela sincera afeição. Eliana seguiu viagem com seu amado, tiveram mais duas filhas, Isabelle e Chloé, e seguiram suas vidas felizes para sempre.

✺

Depois de se separar de Carlos, Alaor atirou-se a uma vida desmedida de prazeres. Vivia de noitadas regadas a bebida e sexo, muito sexo. Depois de alguns anos, seu corpo começou a dar sinais desses excessos e ele não se tornou um tipo assim tão atraente, o que para muitos gays, principalmente os que carecem de amor-próprio, é considerado o fim da linha. Alaor escolheu o caminho do sexo pago. Contratava garotos por meio de anúncios no jornal.

Numa dessas visitas de sexo pago em sua casa, ele sofreu o que hoje se conhece como "Boa noite, Cinderela". O garoto de programa colocou um pozinho na bebida do cliente. Alaor perdeu os sentidos, foi amarrado e surrado e sua casa ficou de cabeça para baixo. O garoto de programa, na companhia de outros dois, levou todo tipo de aparelhos, eletrodomésticos, discos, dinheiro, cartões de crédito e talões de cheque.

A história rendeu dias de matérias nos jornais, porquanto Alaor era funcionário conceituado de um banco estrangeiro. Ele foi demitido e, depois desse susto, mudou seu estilo de vida. Decidiu ir para o interior do Estado e com o dinheiro da rescisão abriu uma pequena mercearia.

Nesse meio tempo, ele torrou o pouco que ainda tinha poupado num insano tratamento psicológico que apostava na "cura gay"[1]. Encontrou um grupo de ex-gays que se reunia uma vez por semana para trocar confidências e experiências, conheceu Janete, uma mulher da mesma idade que ele, que jurava ter deixado de ser lésbica. Casaram-se e Alaor evitou ao máximo se relacionar com homens. Dois anos depois do enlace, Janete apaixonou-se por uma moça do grupo e com ela se mudou para Goiânia. Montaram um pet shop e vivem juntas e felizes até hoje. Alaor, por sua vez, abandonou o terapeuta, o grupo e voltou a relacionar-se com rapazes.

❧❀❧

Carlos e Dênis, ainda apaixonados e felizes, organizaram a festa de despedida de solteiro de Roberto e Sérgio. Reuniram os familiares e amigos. Ricardo havia comprado uma bela casa num bairro elegante da capital e decidiram fazer a festa ali, ao lado da piscina, com direito a deliciosos quitutes, brincadeiras e até uma pequena orquestra para animar a festa.

---

1 Em 1999, O Conselho Federal de Psicologia proibiu tratamentos de "reorientação sexual", que visavam levar a pessoa a mudar sua orientação sexual.

Otávio, depois de morto, levou muitos anos para se recuperar do alcoolismo e precisou de muito tempo para lidar com suas emoções primitivas. Assim que seu órgão perispiritual referente ao fígado foi reconstituído, ele escolheu trabalhar com Venceslau e Otacílio na parte astral da instituição fundada por Leila. Tempos depois, Vicente juntou-se ao grupo. Ele melhorou muito o teor de seus pensamentos e a aids tornara-se parte de seu passado. Vicente emocionou-se tremendamente quando Leila inaugurou uma nova ala da instituição que levava o nome dele.

Roberto e Sérgio alugaram os respectivos apartamentos e com o dinheiro dos aluguéis mudaram-se para um terceiro, bem maior. A experiência a dois tornou-se algo agradável para ambos e tempos depois decidiram comprar uma casa, num elegante condomínio próximo da capital. Pelo que consta, vivem juntos, felizes e sob o mesmo teto até os dias de hoje.

Atualmente, Sérgio mantém um esquema de coquetel antirretroviral em que toma três comprimidos por dia, ao acordar — e tem uma saúde de ferro. O seu exame de carga viral — que detecta a quantidade de vírus HIV no sangue — tem apresentado resultado "indetectável" há alguns anos. Durante a semana, ele trabalha na instituição fundada por Leila, dorme a sua média de oito horas diárias de sono, pratica exercícios, é adepto de uma alimentação saudável, continua a ter uma vida sexual plena e prazerosa — obviamente tomando os cuidados necessários — e, o melhor de tudo: ama seu companheiro e é amado por ele.

Roberto tentava ajeitar a gravata do companheiro.

— Por que esse smoking? Por que a gravata borboleta? Não podia colocar um terno simples?

— Está maluco? Somos padrinhos de Rafaela. Ela quer que seus tios estejam lindos no altar — falou Roberto, enquanto terminava de dar o laço.

— Você não sabe como fico emocionado e feliz de ter sido acolhido pela sua família. Nunca me senti tão amado em toda a vida.

— Você merece, lindão! — emendou Roberto de forma divertida, dando um tapinha nas nádegas de Sérgio. — Pronto, você está um charme. Olhe-se no espelho.

Sérgio correu até o espelho e assentiu com a cabeça.

— É, se perder o emprego, pode se transformar em ajustador de gravatas, nível borboleta.

Riram, abraçaram-se, beijaram-se e saíram para o casamento de Rafaela.

A sobrinha de Roberto transformara-se numa linda mulher. Muito parecida com Eliana, seus olhos eram verdes e expressivos, os lábios rosados e os cabelos caíam-lhe pelos ombros. Ela perdera completamente o contato com o pai e convidou Nicolas para entrar ao seu lado na igreja. Eles se tratavam como pai e filha. Ela conhecera Juliano, um lindo rapaz de boa família e da mesma idade que ela, na época em que faziam residência médica. Apaixonaram-se e decidiram se casar.

A música começou, os convidados se levantaram. Isabelle e Chloé, filhas de Eliana e Nicolas, iam à frente esparramando pétalas brancas pelo caminho. Logo atrás, vinha Adriano, filho de Anne e Ricardo, com as alianças. Em seguida, a noiva e o padrasto. Eliana, Anne e Helena não conseguiam segurar as lágrimas.

Foi uma linda cerimônia. Alguns convidados estranharam um casal composto por dois homens no lado da noiva, mas a maioria conhecia Sérgio e Roberto, sabiam que eram gays e viviam sob o mesmo teto, e achavam natural que eles estivessem lado a lado no altar.

No finzinho da cerimônia, os espíritos de Gina e Cláudio apareceram e de suas mãos saíram floquinhos coloridos que jorraram sobre os noivos, iluminando suas auras.

— Veja como Sérgio está bonito.

— Tem muitas saudades dele, não, meu amor?

Cláudio deixou uma lágrima escapar pelo canto do olho.

— Muita saudade.

— Vá lá e lhe dê um abraço.

— Tenho medo de que ele se emocione por demais. Eu sempre me emociono quando me aproximo dele.

— Qual nada! Sérgio vai adorar sentir você por perto. Hoje é dia de festa.

Cláudio beijou Gina nos lábios e aproximou-se de Sérgio. Sussurrou em seus ouvidos:

— Sempre soube que você nunca morreria em consequência da aids. Continue mantendo pensamentos positivos sobre si mesmo e sobre a vida que o cerca. Eu o amo, meu amigo.

Cláudio pousou um beijo na bochecha de Sérgio. Em seguida, ele e Gina deram-se as mãos e seus espíritos sumiram, deixando no ambiente energias positivas.

Sérgio instintivamente passou a mão na bochecha. Lembrou-se de Cláudio e sorriu feliz. Ele percebeu a presença do espírito amigo, embora não soubesse distinguir o que sentia. Um cheiro forte de perfume Lacoste o envolveu.

Roberto fungou próximo de seu pescoço e perguntou:

— Que cheiro é esse?

— De quê?

— Perfume. Dos antigos.

— Nada, não. Acho que são as flores no altar... — respondeu, num sorriso maroto.

Sérgio não teve dúvidas de que Cláudio estivera ali.

Meu amigo, meu irmão, onde quer que esteja, saiba que eu o amo e estou bem. Muito bem!, disse em pensamento.

Naquele instante, Sérgio sentiu um amor tão grande por si mesmo que imediatamente tomou consciência de ser tão perfeito como o Pai que está no céu. Ele teve a nítida certeza de que tudo, mas absolutamente tudo na vida, tem jeito.

A quem nos dedica suas horas de leitura

Há mais de quarenta anos tenho contato com o espiritismo, e a minha vida se transformou positivamente, pois me encontrei diante da eternidade do espírito e da magnitude da existência. Os livros que psicografei me enriqueceram com valores, e sei que muitos leitores despertaram para a espiritualidade por meio desses romances.

Por intermédio dessas obras, eu e você construímos automaticamente um grande elo, invisível aos olhos humanos, porém forte e poderoso aos olhos espirituais. Mesmo distantes fisicamente, estamos ligados por esses laços que fortalecem nossos espíritos, unidos no mesmo objetivo de progresso e de sintonia com o bem, sempre!

Espero que, ao ler nossas histórias, você possa se conscientizar do seu grau de responsabilidade diante da vida e acionar a chave interior para viver melhor consigo e com os outros, tornando o mundo um lugar bem mais interessante e prazeroso.

Eu e Marco Aurélio desejamos que você continue trilhando seu caminho do bem e que sua vida seja cada vez mais repleta de felicidade, sucesso e paz. Sinta-se à vontade para me escrever e contar os sentimentos que nossos livros despertaram em você.

Sei que algumas pessoas preferem o anonimato, ou mesmo desejam contatar-me de maneira discreta, sem o uso das redes sociais. Por esse motivo, escreva para o e-mail: leitoresdomarcelo@gmail.com. Dessa forma, poderemos estabelecer contato.

Com carinho,

Marcelo Cezar

MARCELO CEZAR
ROMANCE PELO ESPÍRITO MARCO AURÉLIO

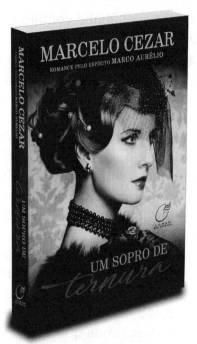

Romance | 16x23 cm | 400 páginas

Às vezes nos julgamos traídos pela vida e achamos que a felicidade depende da sorte. Julgando-nos pessoas de azar, optamos pelo vício da reclamação ao esforço da mudança de nossas crenças e atitudes. Acreditamos na ilusão do mal e preferimos nos entregar à vontade do destino, como se o destino fosse uma criação de nossa mente para burlar nossas responsabilidades perante o mundo. No entanto, quando tudo parece se precipitar pelas veredas sombrias do desengano, o amor e a amizade renascem no coração para mostrar que a centelha que nos dá vida permanece acesa dentro de nós. Embora adormecida, ela jamais se perde, e despertá-la é tarefa que todos podemos empreender com alegria, porque tudo o que vibra no bem é naturalmente alegre. É isso que vamos aprender no decorrer desta história sensível e fascinante: a felicidade é um estado da alma, conquistada dia após dia. Sorte é um acontecimento positivo gerado pela mente sadia. E amor é construção do espírito, que jamais se perde de sua essência quando viceja como um sopro de ternura no coração.

Entre em contato com nossos consultores e confira as condições
Catanduva-SP 17 3531.4444 | boanova@boanova.net | www.boanova.net

MARCELO CEZAR
ROMANCE PELO ESPÍRITO MARCO AURÉLIO

Romance | 16x23 cm | 400 páginas

A vida apresenta desafios para que todos possamos evoluir, isto é, sair do lugar, do comodismo, seguir em frente e conquistar o que é nosso por direito. Mas, às vezes, nem tudo ocorre como idealizamos e certas coisas acontecem porque têm que acontecer. Tudo tem um porquê revela que, embora nada aconteça por acaso, fomos criados para o sucesso. Se sofremos, é porque nos desviamos do rumo adequado e nos perdemos nas ilusões. E se para muitos a dor é maldição, para Deus o sofrimento é o remédio, porque só por meio de uma vivência marcada e profunda somos estimulados a mudar e retornar para coisas importantes às quais nossa alma almeja, como a felicidade, que apenas é possível quando valorizamos as coisas simples da vida.

Entre em contato com nossos consultores e confira as condições
Catanduva-SP 17 3531.4444 | boanova@boanova.net | www.boanova.net

TREZE ALMAS
MARCELO CEZAR
ROMANCE DITADO PELO ESPÍRITO MARCO AURÉLIO

Romance | 16x23 cm | 480 páginas

O incêndio do Edifício Joelma, ocorrido em São Paulo em 1974, ainda causa comoção. Um dos enigmas que rondam esta tragédia até os dias de hoje é que treze pessoas, das centenas que morreram, foram encontradas carbonizadas em um dos elevadores do prédio e jamais foram identificadas. Esses corpos foram enterrados no Cemitério São Pedro, na Vila Alpina, e desde então os treze túmulos viraram local de peregrinação e pedidos de toda sorte: curar uma doença, melhorar a vida afetiva, arrumar um emprego, adquirir a casa própria, reencontrar o carro roubado... Foram tantos os pedidos e tantos os atendidos que o local se transformou em um símbolo de esperança, conforto e fé. Anos depois, ao lado desses túmulos, construiu-se uma capela para oração, meditação, reflexão e agradecimento. Este romance conta a história de uma das treze almas. Por que ela foi enterrada e seu corpo não foi reclamado até hoje? Ela ainda está lá? Os outros doze também estão ali? Os pedidos são realmente atendidos? Como funciona esse trabalho entre o mundo astral e o mundo material? Mergulhe neste fascinante relato de vida, conheça as respostas, entenda como os milagres acontecem e desvende o mistério das treze almas.

LÚMEN
EDITORIAL

Entre em contato com nossos consultores e confira as condições
Catanduva-SP 17 3531.4444 | boanova@boanova.net | www.boanova.net

O AMOR É PARA OS FORTES

MARCELO CEZAR
ROMANCE PELO ESPÍRITO MARCO AURÉLIO

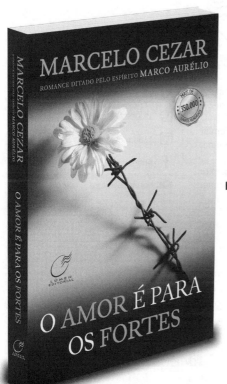

Romance | 16x23 cm | 352 páginas

Muitos de nós, perdidos nas ilusões afetivas e sedentos de intimidade, buscamos a relação amorosa perfeita. Este romance nos ensina a não ter a ideia da relação perfeita, mas da relação possível. É na relação possível que a alma vive as experiências mais sublimes, decifra os mistérios do coração e entende que o amor é destinado tão somente aos fortes de espírito.

LÚMEN EDITORIAL

Entre em contato com nossos consultores e confira as condições
Catanduva-SP 17 3531.4444 | boanova@boanova.net | www.boanova.net

Av. Porto Ferreira, 1031 | Parque Iracema
CEP 15809-020 | Catanduva-SP

www.**lumeneditorial**.com.br
www.**boanova**.net

atendimento@lumeneditorial.com.br
boanova@boanova.net

 17 3531.4444

 17 99777.7413

 @boanovaed

 boanovaed

 boanovaeditora

Acesse nossa loja

Fale pelo whatsapp